Europäische Vertragsfreiheit im deutschen Arbeitsrecht

Europäische Hochschulschriften Recht

European University Studies in Law

Publications Universitaires Européennes de Droit

Band/Volume 6153

Philipp Harländer

Europäische Vertragsfreiheit im deutschen Arbeitsrecht

Inhalt und Grenzen der Vertragsfreiheit nach Art. 16 der Charta der Grundrechte der Europäischen Union und deren Geltung und Auswirkungen auf das deutsche Arbeitsrecht

PETER LANG

Bibliografische Information der Deutschen Nationalbibliothek
Die Deutsche Nationalbibliothek verzeichnet diese Publikation in der Deutschen Nationalbibliografie; detaillierte bibliografische Daten sind im Internet über http://dnb.d-nb.de abrufbar.

Zugl.: Kiel, Univ., Diss., 2019.

D 8
ISSN 0531-7312
ISBN 978-3-631-80130-7 (Print)
E-ISBN 978-3-631-81770-4 (E-PDF)
E-ISBN 978-3-631-81771-1 (EPUB)
E-ISBN 978-3-631-81772-8 (MOBI)
DOI 10.3726/b16781

Diese Publikation wurde begutachtet.

www.peterlang.com

Meiner Familie

Inhaltsverzeichnis

Abkürzungsverzeichnis

AA	Andere(r) Ansicht
Abl.	Amtsblatt
AEUV	Vertrag über die Arbeitsweise der Europäischen Union
AGG	Allgemeines Gleichbehandlungsgesetz
Art.	Artikel
AÜG	Arbeitnehmerüberlassungsgesetz
AuR	Arbeit und Recht
BAG	Bundesarbeitsgericht
BB	Betriebsberater
BeckRS	Beck Rechtsprechung
BEEG	Gesetz zum Elterngeld und zur Elternzeit
Begr.	Begründer
BeschFG	Gesetz über arbeitsrechtliche Vorschriften zur Beschäftigungsförderung
BetrVG	Betriebsverfassungsgesetz
BGB	Bürgerliches Gesetzbuch
BGBl.	Bundesgesetzblatt
BT	Bundestag
BVerfG	Bundesverfassungsgericht
DB	Der Betrieb
EEA	Einheitliche Europäische Akte
EMRK	Europäische Konvention zum Schutze der Menschenrechte und Grundfreiheiten
EuG	Europäisches Gericht erster Instanz
EuGH	Europäischer Gerichtshof
EuGRZ	Europäische GRUNDRECHTE Zeitschrift
EuR	Europarecht
EUV	Vertrag über die Europäische Union
EuZA	Europäische Zeitschrift für Arbeitsrecht
EuZW	Europäische Zeitschrift für Wirtschaftsrecht
FG	Finanzgericht
FN	Fußnote
ggf.	gegebenenfalls
GRC	Charta der Grundrechte der Europäischen Union
GWR	Gesellschafts- und Wirtschaftsrecht

i.V.	in Verbindung
JZ	JuristenZeitung
KSchG	Kündigungsschutzgesetz
LAG	Landesarbeitsgericht
LPL	La Ley de Procedimiento Laboral
m.w.N.	mit weiteren Nachweisen
MuSch	Mutterschutz
MuSchG	Mutterschutzgesetz
NNVwZ	Neue Zeitschrift für Verwaltungsrecht
NZA	Neue Zeitschrift für Arbeitsrecht
NZA-RR	NZA – Rechtsprechungs-Report
NZG	Neue Zeitschrift für Gesellschaftsrecht
öAT	Zeitschrift für öffentlichen Arbeits- und Tarifrecht
RdA	Recht der Arbeit
TUPE	Transfer of Undertakings Protection of Employment-Regulations
TzBfG	Teilzeit- und Befristungsgesetz
u.a.	unter anderem
UNTS	United Nations Treaty Collection
vgl.	vergleiche
VO	Verordnung
VV	Vertrag über eine Verfassung für Europa
WVK	Wiener Übereinkommen über das Recht der Verträge
ZESAR	Zeitschrift für europäisches Sozial- und Arbeitsrecht
ZP I EMRK	Zusatzprotokoll zur Konvention zum Schutze der Menschenrechte und Grundfreiheiten
ZRP	Zeitschrift für Rechtspolitik
ZuG 2007	Gesetz über den nationalen Zuteilungsplan für Treibhausgas-Emissionsberechtigungen in der Zuteilungsperiode 2005 bis 2007 (Zuteilungsgesetz 2007)

Erster Teil: Einleitung

Mit Art. 16 GRC hat die unternehmerische Freiheit als eines der zentralen Wirtschaftsgrundrechte[1] Einzug in die GRC[2] gehalten. Aber lassen sich unternehmerische Freiheit und soziale Gerechtigkeit miteinander vereinbaren? Was genau schützt die unternehmerische Freiheit, und wo sind ihre Grenzen? Die Ziele der Europäischen Union[3] sehen ausdrücklich einen Ausgleich dieser gegensätzlich erscheinenden Interessen vor. Denn gemäß Art. 3 Abs. 3 UAbs. 1 Satz 2 EUV ist es eines der Ziele der Union, „auf die nachhaltige Entwicklung Europas auf der Grundlage eines ausgewogenen Wirtschaftswachstums und von Preisstabilität, eine in hohem Maße wettbewerbsfähige soziale Marktwirtschaft, die auf Vollbeschäftigung und sozialen Fortschritt abzielt", hinzuwirken. Die Gründungsidee der heutigen Union war mit dem Inkrafttreten des Vertrages über die Europäische Gemeinschaft für Kohle und Stahl am 23.07.1952 bereits auf Entwicklung und Förderung der gemeinsamen wirtschaftlichen Interessen ausgelegt.[4] Gut neun Jahre später rückte mit der Unterzeichnung der Europäischen Sozialcharta am 18.10.1961 im Rahmen des Europarates dann der Aspekt der sozialen Gerechtigkeit auf europäischer Ebene stärker in den Fokus. Die wiederum mehr als 50 Jahre später in Kraft getretene GRC spiegelt diesen „Dualismus" zwischen der Freiheit und Förderung unternehmerischer Tätigkeit durch die Aufnahme der unternehmerischen Freiheit in Art. 16 GRC und den Schutz der sozialen Gerechtigkeit in den Art. 27 bis 33 GRC ebenfalls wider. Relevant und spürbar ist der Gegensatz im gesamten Bereich der wirtschaftlichen Betätigung, der auch das Arbeitsrecht umfasst. In jüngster Vergangenheit hat sich dementsprechend die Bedeutung von Art. 16 GRC auch im Rahmen von arbeitsrechtlich geprägten

---

1 *Schubert*, in: Franzen/Gallner/Oetker, Kommentar zum Europäischen Arbeitsrecht 2018, Art. 16 GRC, Rz. 1; *Rengeling*, DVBl. 2004, S. 453 (456); vgl. auch *Schwarze*, EuZW 2004, S. 135 (139); *Schwarze/Voet van Vormizeele*, in: Becker/Hatje/Schoo/Schwarze, EU-Kommentar 2019, Art. 16 GRC, Rz. 1.

2 Charta der Grundrechte der Europäischen Union vom 12.12.2007, in Kraft getreten am 01.12.2009, ABl. 2010, C 83, S. 389.

3 Im Folgenden aus Darstellungsgründen auch als „Union" bezeichnet.

4 Siehe auch den dritten, vierten und fünften Erwägungsgrund der Präambel des Vertrages über die Europäische Gemeinschaft für Kohle und Stahl.

Sachverhalten gezeigt.[5] Der EuGH stellte bei den hierzu ergangenen Entscheidungen den jeweils betroffenen Arbeitnehmerrechten die von Art. 16 GRC geschützte unternehmerische Freiheit gegenüber.[6] Angesichts dieser möglicherweise zunehmenden Bedeutung von Art. 16 GRC für den Bereich des Arbeitsrechtes soll die unternehmerische Freiheit und insbesondere die Vertragsfreiheit des Unternehmens im Folgenden näher untersucht werden.

A. Problemstellung

Gemäß Art. 16 GRC wird die unternehmerische Freiheit „nach dem Unionsrecht und den einzelstaatlichen Rechtsvorschriften und Gepflogenheiten anerkannt". Bereits der Wortlaut dieser Regelung wirft zahlreiche grundlegende Fragen zur Rechtsnatur, zum Inhalt und zu den Grenzen der grundrechtlichen Gewährleistung auf.

Darüber hinaus gilt die GRC gemäß Art. 51 Abs. 1 Satz 1 GRC für die Mitgliedstaaten ausschließlich bei der Durchführung von Unionsrecht. Fraglich ist daher, in welchen Konstellationen die Grundrechte der GRC zur Anwendung kommen. Diese Frage stellt sich insbesondere in Bezug auf das Arbeitsrecht, da die Union in diesem Bereich gemäß Art. 153 Abs. 2, Abs. 4 Spiegelstr. 2 AEUV lediglich Mindestvorschriften erlassen kann. Da das Arbeitsrecht wegen der „realen Imparität der Arbeitsvertragsparteien"[7] im Grundsatz auf einen Schutz der Arbeitnehmer abzielt, könnte sich aus der grundrechtlichen Gewährleistung der unternehmerischen Freiheit auf Unionsebene ein abwägungsrelevantes Gegeninteresse zum Arbeitnehmerschutz ableiten lassen.[8] Ein solches unionsrechtlich determiniertes Gegeninteresse wäre dann – jedenfalls im Anwendungsbereich der GRC – bei dem Erlass oder der Anwendung von Arbeitnehmerschutzvorschriften zu berücksichtigen.

---

5 Vgl. EuGH, Rs. C-426/11, *Alemo-Herron*, ECLI:EU:C:2013:521; EuGH, Rs. C-201/15, *AGET Iraklis*, ECLI:EU:C:2016:972; EuGH, Rs. C-157/15, *Achbita*, ECLI:EU:C:2017:203; EuGH, Rs. C-680/15, *Asklepios*, ECLI:EU:C:2017:317.

6 EuGH, Rs. C-426/11, *Alemo-Herron*, ECLI:EU:C:2013:521, Rz. 32 ff.; EuGH, Rs. C-201/15, *AGET Iraklis*, ECLI:EU:C:2016:972, Rz. 62 ff.; EuGH, Rs. C-157/15, *Achbita*, ECLI:EU:C:2017:203, Rz. 38 ff.; EuGH, Rs. C-680/15, *Asklepios*, ECLI:EU:C:2017:317, Rz. 23 ff.

7 *Fischinger*, in: Kiel/Lunk/Oetker, Münchener Handbuch zum Arbeitsrecht 2018, § 3, Rz. 29.

8 *Hanau*, NZA 2010, S. 1 (3).

B. Gang der Untersuchung

Ausgangspunkt der Untersuchung ist eine kurze Darstellung der historischen Entwicklung der Grundrechte in der Union. Besonderes Augenmerk wird dabei auf die Entstehung der GRC, auf die Arbeit des Konventes und auf die Erläuterungen zur GRC gelegt.

Anschließend erfolgt eine Bestimmung des Inhaltes und der Grenzen von Art. 16 GRC mit besonderem Blick auf die Vertragsfreiheit des Unternehmens. Sofern es für das Verständnis der von Art. 16 GRC geschützten Vertragsfreiheit erforderlich ist, wird bei der Untersuchung auf das gesamte Grundrecht der unternehmerischen Freiheit abgestellt. Das gilt für die Klärung der Rechtsnatur von Art. 16 GRC, für die Frage, ob Art. 16 GRC einen inhaltlichen Ausgestaltungsvorbehalt zugunsten des unionalen und nationalen Gesetzgeber aufweist, und für die Klärung des Begriffes des Unternehmens im Sinne von Art. 16 GRC. Es wird sodann unter Berücksichtigung der zuvor dargelegten Entstehungsgeschichte der von der Vertragsfreiheit geschützte Bereich in sachlicher und personeller Hinsicht erörtert. Die Grenzen der grundrechtlichen Gewährleistung werden alsdann im Rahmen einer Analyse der Eingriffsmöglichkeiten und deren Rechtfertigung dargestellt. Bei der Frage nach der Rechtfertigung wird insbesondere die der Rechtsprechung des EuGH zugrunde liegende Dogmatik untersucht mit dem Ziel, eine etwaige Entwicklung und ggf. Systematisierung herauszuarbeiten. Insgesamt folgen diese Darstellungen dem Schema einer Grundrechtsprüfung nach deutschem Verständnis (Schutzbereich, Eingriff, Rechtfertigung des Eingriffes).

Nach Klärung von Inhalt und Grenzen der Vertragsfreiheit des Unternehmens widmet sich die Arbeit der Frage nach der Geltung der GRC unter besonderer Berücksichtigung der Geltung der gemäß Art. 16 GRC geschützten Vertragsfreiheit im nationalen Arbeitsrecht. Ausgangspunkt der Geltung ist Art. 51 Abs. 1 Satz 1 GRC. Gemäß dieser Vorschrift gilt die GRC für die Mitgliedstaaten ausschließlich bei der Durchführung von Unionsrecht. Bei der Untersuchung wird zunächst die Ansicht des BVerfG und anschließend die Ansicht des EuGH dargestellt. Eine abschließende Definition der Voraussetzungen für eine Geltung der GRC ist indes nicht das Ziel der Arbeit. In den Fokus der Untersuchung soll vielmehr ein für den Bereich des Arbeitsrechtes sehr relevanter Fall gestellt werden, nämlich die Geltung der GRC bei Umsetzungsspielräumen für die Mitgliedstaaten. Die große Relevanz ergibt sich daraus, dass die Union für den Bereich des Arbeitsrechtes gemäß Art. 153 Abs. 2, Abs. 4 Spiegelstr. 2 AEUV lediglich für den Erlass von Mindestvorschriften zuständig ist. Nach der Untersuchung der EuGH-Rechtsprechung sowie der Bewertung der Ausführungen und Argumente von BVerfG und EuGH wird sodann erörtert, ob sich die Geltung der GRC im Bereich des Arbeitsrechtes auch aus einer weiteren Regelung ableiten lässt. Ansatzpunkt hierfür ist Art. 153 Abs. 4 Spiegelstr. 2 AEUV, der die Kompetenz der Mitgliedstaaten für die Beibehaltung oder den Erlass strengerer Schutznahmen regelt, diese strengeren Schutzmaßnahmen der Mitgliedstaaten allerdings unter den Vorbehalt der Vereinbarkeit mit „den Verträgen" stellt. Ob sich aus dieser unionsrechtlichen Schranke Folgen für die Geltung der GRC gemäß Art. 51 Abs. 1 GRC ergeben oder sich die GRC aufgrund des Anerkenntnisses deren Rechte, Freiheiten und Grundsätze in Art. 6 Abs. 1 EUV als Bestandteil des Begriffes „die Verträge" im Sinne von Art. 153 Abs. 4 Spiegelstr. 2 AEUV verstehen lässt, wird im Anschluss und zusammen mit den sich daraus ergebenden Folgefragen und -problemen untersucht.

Zuletzt wird darauf eingegangen, welche Auswirkungen sich aus einer etwaigen Geltung der gemäß Art. 16 GRC geschützten Vertragsfreiheit auf das nationale Arbeitsrecht ergeben. Um eine möglichst große Bandbreite an Themenfeldern abdecken zu können, wird im Rahmen dieser Darstellungen auf die Bereiche des Sonderkündigungsschutzes nach dem MuSchG, auf die Frage nach dem Umfang der Fortgeltung dynamischer arbeitsvertraglich in Bezug genommener tarifvertraglicher Regelungen nach einem Betriebsübergang sowie auf die Auswirkungen zeitlicher Unterbrechungen auf die Rechtsmissbrauchskontrolle im Befristungsrecht eingegangen. Die Bandbreite der Darstellungen ergibt sich zum einen aus den unterschiedlichen Themengebieten, die untersucht werden. Zum anderen liegen den jeweils relevanten nationalen Vorschriften Richtlinien der Union zugrunde, die formell auf unterschiedlichen Kompetenzgrundlagen beruhen.

Im Bereich des Sonderkündigungsschutzes nach dem MuSchG wird die am 01.01.2018 in Kraft getretene Regelung des § 17 Abs. 1 Satz 3 MuSchG untersucht, die die Rechtsfolgen einer Kündigung während des Schutzzeitraumes den Rechtsfolgen bei der Vorbereitung einer Kündigung in dieser Zeit gleichstellt. Dabei wird zunächst der aus der Regelung ersichtliche Regelungsgehalt unter Berücksichtigung der Gesetzesbegründung und den unionsrechtlichen Grundlagen und Vorgaben sowie der bereits veröffentlichten Literatur dargestellt. In der sich anschließenden Stellungnahme werden die Erkenntnisse bewertet. Es folgt eine eigene Auslegung der Vorschrift unter Berücksichtigung der möglicherweise einschlägigen Chartagrundrechte.

Die Frage nach dem Umfang der Fortgeltung dynamischer arbeitsvertraglich vereinbarter Bezugnahmeklauseln nach einem Betriebsübergang ist eines der umstrittensten Themen des unionsrechtlich geprägten Arbeitsrechtes.[9] Die Arbeit zeigt daher lediglich die Grundlinien des Streites auf und legt den Fokus auf dessen Lösung. Im Rahmen der Problemlösung ist eine nähere Befassung mit der Rechtsprechung von EuGH und BAG unablässig. Die umfangreiche Literatur wird in den Kernaussagen, die in ihren verschiedenen Kategorien vergleichbar sind, dargestellt und zusammen mit den Ansichten der Rechtsprechung bewertet. Dabei wird auf die dogmatische Einordnung von arbeitsvertraglich in Bezug genommenen Tarifregelungen auf nationaler und auf unionsrechtlicher Ebene sowie auf die sich daraus ergebenden Erkenntnisse abgestellt. Anschließend stellt sich auch in diesem Bereich die maßgebliche Frage, welche Auswirkungen die gemäß Art. 16 GRC geschützte möglicherweise einschlägige Vertragsfreiheit auf die Rechtslage hat. Das Ergebnis stellt eine grundrechtskonforme und praxistaugliche Lösung des Problems dar.

Abschließend werden die Auswirkungen von zeitlichen Unterbrechungen auf die Rechtsmissbrauchskontrolle bei Befristungen untersucht. Hintergrund dieser Ausführungen ist die Rechtsprechung des EuGH, nach der auch bei Befristungen mit Sachgrund eine zusätzliche Rechtsmissbrauchskontrolle zu erfolgen hat, um zu verhindern, dass ein Arbeitgeber zur Deckung eines tatsächlich bestehenden Dauerbedarfes an Arbeitskräften auf aufeinanderfolgende befristete Arbeitsverträge zurückgreift. Welche Bedeutung zeitlichen Unterbrechungen zwischen den Abschlüssen von befristeten Arbeitsverträgen zukommt, ist noch nicht abschließend geklärt. Unstreitig ist lediglich, dass eine Unterbrechung ab einer gewissen Dauer dazu führt, dass die Befristungen vor der Unterbrechung nicht mehr in die Rechtsmissbrauchskontrolle einzubeziehen sind. Die Arbeit wird zeigen, welche Unterbrechungsdauer als erheblich anzusehen ist und welche Rolle hierbei die gemäß Art. 16 GRC geschützte Vertragsfreiheit spielt.

9 *Wiedemann*, BB 2016, S. 1400.

Zweiter Teil: Historische Entwicklung

Grundsätzlich kommt der historischen Auslegung von völkerrechtlichen Verträgen eine eher untergeordnete Rolle zu.[10] Es handelt sich dabei gemäß Art. 32 WVK[11] lediglich um ein ergänzendes Auslegungsmittel. Dieser ergänzenden Funktion kommt in Bezug auf die Auslegung der GRC, insbesondere in Bezug auf Art. 16 GRC, allerdings eine beachtliche Rolle zu.[12] Denn die im Folgenden näher darzustellende historische Entwicklung und Entstehung der GRC sind für das Verständnis und daher auch für die Auslegung insbesondere von Art. 16 GRC sehr hilfreich.[13]

A. Weg bis zur Proklamation der Grundrechte

Die GRC hatte auf dem Weg bis zur Proklamation mehrere Etappen zu durchlaufen, die im Folgenden näher dargestellt werden.

I. Anerkennung der Grundrechte

Bereits im Rahmen der Entscheidung in der Rechtssache *Stauder* im Jahr 1969 erkannte der EuGH die Existenz von Grundrechten als allgemeine Grundsätze der Gemeinschaftsrechtsordnung an, deren Wahrung der EuGH zu sichern habe.[14] Auch die weiteren Organe der Union, insbesondere das Europäische Parlament, verwiesen auf den großen Stellenwert der Grundrechte und wirkten auf deren Weiterentwicklung und Kodifizierung hin. In einer gemeinsamen Erklärung unterstrichen das Europäische Parlament, der Europäische Rat und die Europäische Kommission[15] im Jahr 1977 die „vorrangige Bedeutung, die sie der Achtung der Grundrechte beimessen, wie sie insbesondere aus den Verfassungen der Mitgliedstaaten sowie aus der Europäischen Konvention zum Schutze

---

10 *Weber*, in: Tettinger/Stern, GRC 2006, S. 222 f., Rz. 7 ff.

11 Wiener Übereinkommen über das Recht der Verträge vom 23.05.1969 (BGBl. 1985 II, S. 927).

12 Vgl. *Herresthal*, ZEuP 2014, S. 238 (243).

13 So auch *Schneider*, die unter Bezugnahme auf die Entstehung der GRC eine Berücksichtigung des Gesamtzusammenhangs für erforderlich hält (*Schneider*, Die unternehmerische Freiheit 2017, S. 55).

14 EuGH, Rs. 29/69, *Stauder*, ECLI:EU:C:1969:57, Rz. 7.

15 Im Folgenden auch als „Kommission" bezeichnet.

der Menschenrechte und Grundfreiheiten hervorgehen."[16] Sie gaben sich in dieser Erklärung darüber hinaus die Verpflichtung, bei der Ausübung ihrer Befugnisse und bei der Verfolgung der Ziele der Europäischen Gemeinschaften diese Rechte zu beachten.[17]

Die Anerkennung der Grundrechte setzte sich schließlich auch in den der Union und ihren Rechtsvorgängerinnen[18] zugrunde liegenden Vertragstexten fort. Die Präambel der am 01.07.1987 in Kraft getretenen EEA[19] bezieht sich dabei noch etwas vage auf die in den Verfassungen und Gesetzen der Mitgliedstaaten, in der EMRK[20] und der Europäischen Sozialcharta anerkannten Grundrechte, insbesondere Freiheit, Gleichheit und soziale Gerechtigkeit. Gemäß Art. 6 Abs. 2 des am 01.11.1993 in Kraft getretenen Vertrages über die Europäische Union[21] achtet die Union die Grundrechte, wie sie in der EMRK gewährleistet werden und wie sie sich aus den gemeinsamen Verfassungsüberlieferungen der Mitgliedstaaten als allgemeine Grundsätze des Gemeinschaftsrechtes ergeben.

II. Auftrag zur Erstellung einer Grundrechtecharta

Nachdem die Union die Achtung der Grundrechte im Vertrag von Maastricht primärrechtlich festgeschrieben hatte, beschloss der Europäische Rat Anfang Juni 1999 in Köln, diese Grundrechte in einer Charta zusammenzufassen.[22]

1. Inhaltliche Vorgaben des Europäischen Rates

Die Vorgaben für den auszuarbeitenden Grundrechtekatalog ergaben sich aus dem Kölner Beschluss des Europäischen Rates. Wörtlich lautet dieser Beschluss:

---

16 Gemeinsame Erklärung vom 05.04.1977, Abl. 1977, C 103, S. 1 (im Folgenden: Gemeinsame Erklärung vom 05.04.1977). Vertiefend hierzu *MOMBAUR*, in: Tettinger/Stern, GRC 2006, S. 214, Rz. 7 ff.

17 Gemeinsame Erklärung vom 05.04.1977.

18 Im Folgenden wird auch bei vergangenheitsbezogenen Ausführungen aus Darstellungsgründen stets auf die (Europäische) Union abgestellt, sofern eine Differenzierung nicht aus inhaltlichen Gründen zwingend erforderlich ist.

19 Einheitliche Europäische Akte vom 29.06.1987, ABl. 1987, L 169, S. 1.

20 Europäische Konvention zum Schutze der Menschenrechte und Grundfreiheiten vom 04.11.1950 (BGBl. 1952 II, S. 685 / Berichtigung BGBl. 1952 II, S. 953).

21 Vertrag über die Europäische Union vom 07.02.1992, ABl. 1992, C 191, S. 1; im Folgenden auch „Vertrag von Maastricht" genannt.

22 Schlussfolgerungen des Vorsitzes des Europäischen Rates von Köln vom 03./04.06.1999, Anhang IV: Beschluss des Europäischen Rates zur Erarbeitung einer Charta der Grundrechte der Europäischen Union, EuGRZ 1999, 364 (365).

„Die Wahrung der Grundrechte ist ein Gründungsprinzip der Europäischen Union und unerlässliche Voraussetzung für ihre Legitimität. Die Verpflichtung der Union zur Achtung der Grundrechte hat der Europäische Gerichtshof in seiner Rechtsprechung bestätigt und ausgeformt. Im gegenwärtigen Entwicklungsstand der Union ist es erforderlich, eine Charta dieser Rechte zu erstellen, um die überragende Bedeutung der Grundrunde und ihre Tragweite für die Unionsbürger sichtbar zu verankern.

Nach Auffassung des Europäischen Rates soll diese Charta die Freiheits- und Gleichheitsrechte sowie die Verfahrensgrundrechte umfassen, wie sie in der Europäischen Konvention zum Schutz der Menschenrechte und Grundfreiheiten gewährleistet sind und wie sie sich aus den gemeinsamen Verfassungsüberlieferungen der Mitgliedstaaten als allgemeine Grundsätze des Gemeinschaftsrechts ergeben. Die Charta soll weiterhin die Grundrechte enthalten, die nur den Unionsbürgern zustehen. Bei der Ausarbeitung der Charta sind ferner wirtschaftliche und soziale Rechte zu berücksichtigen, wie sie in der Europäischen Sozialcharta und in der Gemeinschaftscharta der sozialen Grundrechte der Arbeitnehmer enthalten sind (Art. 136 EGV), soweit sie nicht nur Ziele für das Handeln der Union begründen.“[23]

Das Mandat des Europäischen Rates bezog sich also darauf, die bislang auf europäischer Ebene etablierten Grundrechte sichtbar zu machen. Der Beschluss des Europäischen Rates sah vor, dass ein Entwurf der Charta bei der Tagung im Dezember 2000 in Nizza vorgelegt werden soll.[24] Die Rechtsverbindlichkeit der auszuarbeitenden Charta sah der Beschluss nicht vor.

2. *Zusammensetzung des Konventes*

Wie bereits in Köln vorgesehen, konkretisierte der Europäische Rat den Beschluss für die Erstellung einer Grundrechtecharta im Rahmen seiner Tagung im Oktober 1999 im Tampere. Für die Zusammensetzung des „Gremiums zur Ausarbeitung des Entwurfes einer EU-Charta der Grundrechte“[25] sah der Europäische Rat folgende Zusammensetzung vor:

- 15 Beauftragte der Staats- und Regierungschefs der Mitgliedstaaten
- Ein Beauftragter des Präsidenten der Europäischen Kommission
- 16 Mitglieder des Europäischen Parlamentes

---

23 EuGRZ 1999, 364 (365).

24 EuGRZ 1999, 364 (365).

25 S. Schlussfolgerungen des Vorsitzes des Europäischen Rates von Tampere vom 15./16.10.1999, Anlage: Gremium zur Ausarbeitung des Entwurfs einer EU-Charta der Grundrechte sowie einschlägige praktische Vorkehrungen (http://www.europarl.europa.eu/summits/tam_de.htm#annexe, vgl. auch *Mombaur*, in: Tettinger/Stern, GRC 2006, S. 215).

- Jeweils zwei Mitglieder der nationalen Parlamente, insgesamt also 30 Mitglieder, die sich jeweils durch einen Stellvertreter vertreten lassen konnten

Diese Zusammensetzung spiegelte also die Machtverhältnisse in den nationalen Parlamenten und dem Europäischen Parlament wider.[26]

III. Arbeit des Konventes

Das Zeitfenster für die Ausarbeitung des Entwurfes einer Grundrechtecharta war gemäß den Vorgaben des Europäischen Rates von Köln sehr eng.[27] Es herrschte ein großer Zeitdruck. Die Mitglieder des Konventes tagten in neun formellen und neun informellen Sitzungen an 32 Tagen innerhalb von neun Monaten.[28]

1. Programmatische Herangehensweise

Auf Empfehlung des Konventspräsidenten *Roman Herzog* konzentrierte sich die Arbeit der Konventsmitglieder zunächst auf die Entwicklung und Formulierung der aufzunehmenden Grundrechte und deren Schutzbereiche. Die Gestaltung der Schrankenregelung wurde zunächst zurückgestellt.[29] Schließlich einigten sich die Delegierten aus Gründen der Übersicht, der Lesbarkeit und der Visibilität auf eine für sämtliche Grundrechte geltende horizontale Schrankenbestimmung.[30]

2. Streit um die Aufnahme von Art. 16

Die politischen Gegensätze innerhalb der Mitglieder des Konventes traten insbesondere bei der Frage nach der Aufnahme und der Gewichtung von wirtschaftlichen und sozialen Grundrechten deutlich zu Tage. In der siebten Sitzung am 03. und 04.04.2000 diskutierten die Mitglieder des Konventes zwar die Verortung der Berufsfreiheit, einen möglichen Grundrechtsschutz für Unternehmen thematisierten die Mitglieder hingegen nicht.[31] Aus diesem Grund beklagte der britische Regierungsvertreter *Peter Goldsmith* zwischenzeitlich, dass sich ein Übergewicht zugunsten der sozialen Rechte feststellen lasse und wirtschaftliche

---

26 *Zachert*, NZA 2001, S. 1041 (1042).

27 Siehe hierzu oben unter Ziffer A. II. 1. in diesem Teil der Arbeit auf S. 32

28 *Mombaur*, in: Tettinger/Stern, GRC 2006, S. 217.

29 *Borowsky*, in: Meyer, Charta der Grundrechte der EU 2014, Art. 52 Rz. 2.

30 *Borowsky*, in Meyer, Charta der Grundrechte der EU 2014, Art. 52 Rz. 2.

31 Vgl. 7. Protokoll der siebten Sitzung des Konventes am 03. und 04.04.2000, abgedruckt in *Bernsdorff/Borowsky*, in: *Bernsdorff/Borowsky*, Die Charta der Grundrechte der Europäischen Union 2002, S. 211 ff.

Rechte – entgegen der Maßgabe des Europäischen Rates von Köln – überhaupt nicht berücksichtigt seien.[32] In gleicher Weise äußerte sich auch das deutsche Mitglied des Europäischen Parlamentes *Peter Michael Mombaur*, der darauf hinwies, dass die Charta zu stark auf die Rechte von abhängig Beschäftigten bezogen sei.[33] Auf Druck der konservativen Delegierten nahm das Präsidium Art. 16 dann in den ersten Entwurf mit einem vollständigen Text der Grundrechtecharta auf.[34]

Der Wortlaut beschränkte sich zunächst auf die Formulierung

> „Die unternehmerische Freiheit wird anerkannt".[35]

Dieser Vorschlag führte wiederum zu massiver Kritik von den sozialistischen und sozialdemokratischen Konventsmitgliedern. Art. 16 lege laut „dem niederländischen Regierungsvertreter Ernst" Hirsch Ballin keinen Rahmen für die Ausübung der unternehmerischen Freiheit fest, so die Kritik.[36] Das österreichische Mitglied des Europäischen Parlamentes *Johannes Voggenhuber* wies darüber hinaus auf ein unausgewogenes Verhältnis zwischen wirtschaftlichen und sozialen Rechten zu Lasten Letzterer hin. Aus seiner Sicht wurde mit der Aufnahme der unternehmerischen Freiheit ein neues Recht erfunden.[37]

Der Kompromiss sah die nunmehr endgültige Formulierung unter Aufnahme eines dreifachen Vorbehaltes (Anerkennung der unternehmerischen

---

32 Aussage von Peter Goldsmith, 14. Protokoll der vierzehnten Sitzung des Konvents am 10. und 11.07.2000, abgebdruckt in BERNSDORFF/BOROWSKY, in: BERNSDORFF/BOROWSKY, Die Charta der Grundrechte der Europäischen Union 2002, S. 321.

33 Aussage von Peter Michael Mombaur, 14. Protokoll der vierzehnten Sitzung des Konvents am 10. und 11.07.2000, abgebdruckt in BERNSDORFF/BOROWSKY, in: BERNSDORFF/BOROWSKY, Die Charta der Grundrechte der Europäischen Union 2002, S. 322.

34 BERNSDORFF/BOROWSKY, in: BERNSDORFF/BOROWSKY, Die Charta der Grundrechte der Europäischen Union 2002, S. 330.

35 BERNSDORFF, in Meyer, Charta der Grundrechte der EU 2014, Art. 16, Rn. 7.

36 Aussage von Ernst Hirsch Ballin, 16. Protokoll der Sitzung des Konvents am 11. und 12.09.2000, abgedruckt in BERNSDORFF/BOROWSKY, in: BERNSDORFF/BOROWSKY, Die Charta der Grundrechte der Europäischen Union 2002, S. 364. Diese Kritik ist indes nicht nachvollziehbar, weil sich die Ausübungsbeschränkung, wie für sämtliche Rechte und Freiheiten, aus der horizontalen Regelung in Art. 52 GRC ergibt.

37 BERNSDORFF/BOROWSKY, in: BERNSDORFF/BOROWSKY, Die Charta der Grundrechte der Europäischen Union 2002, S. 390. Diese Ansicht des österreichischen Europaparlamentariers stellt deshalb eine deutliche Kritik dar, weil Intention der Ausarbeitung der Charta eine Sichtbarmachung der bestehenden Grundrechte und gerade keine Neuschöpfung von Grundrechten beabsichtigt war (vgl. SCHORKOPF, in: Grabitz/Hilf/Nettesheim, Das Recht der EU 2019, Art. 6 EUV, Rz. 31).

Freiheit „nach dem Unionsrecht und den einzelstaatlichen Rechtsvorschriften und Gepflogenheiten") vor.[38] Während der Tagung des Europäischen Rates am 07.12.2000 in Nizza proklamierten schließlich das Europäische Parlament, der Europäischen Rat und die Kommission feierlich die GRC.[39]

B. Weg zur Rechtsverbindlichkeit

Die Frage nach der Rechtsverbindlichkeit spielte zwar bei der Beauftragung des Konventes zur Erarbeitung einer Grundrechtecharta keine Rolle. Allerdings zielten die Arbeiten des Konventes von Beginn an darauf ab, einen Text zu Stande zu bringen, der inhaltlich und sprachlich geeignet war, die GRC jederzeit rechtverbindlich werden zu lassen.[40] Diesem Ansatz entsprechend sah der zwischenzeitlich vorgesehene Verfassungsvertrag[41] die Inkorporation der GRC unter dem Teil II mit lediglich geringfügigen Anpassungen vor.[42] Durch diese Inkorporation wäre die GRC unmittelbarer Bestandteil des Vertragsrechtes und dadurch bindend für die Organe der Union und unter gewissen Umständen auch für die Mitgliedstaaten geworden. Bekanntermaßen lehnte aber sowohl eine Mehrheit der Franzosen als auch eine Mehrheit der Niederländer in Referenden am 29.05.2005 bzw. am 01.06.2005 den damals avisierten Verfassungsvertrag ab.[43]

Anstelle des Verfassungsvertrages traten am 01.12.2009 der EUV und der AEUV[44] in Kraft. Gemäß Art. 6 Abs. 1 UAbs. 1 Satz 1 EUV erkennt die Union die Rechte, Freiheiten und Grundsätze an, die in der GRC in der Fassung vom 12.12.2007[45] niedergelegt sind. Die GRC und der EUV sowie der AEUV sind gemäß Art. 6 Abs. 1 UAbs. 1 i.V. mit Art. 1 UAbs. 3 Satz 1 EUV rechtlich gleichrangig. Mit dieser Regelung erlangten jedenfalls die Rechte, Freiheiten und Grundsätze der GRC Rechtverbindlichkeit. Zur Vervollständigung schreibt

---

38 *Bernsdorff*, in: Meyer, Charta der Grundrechte der EU 2014, Art. 16, Rn. 8.

39 *Kingreen*, in: Callies/Ruffert, EUV/AEUV 2016, Art. 6 EUV, Rz. 10.

40 *Mombaur*, in: Tettinger/Stern, GRC 2006, S. 220.

41 Vertrag über eine Verfassung für Europa vom 29.10.2004, ABl. 2004, C 310. Zum Inhalt siehe *Meyer/Hölscheidt*, EuZW 2003, S. 613 (613 ff.).

42 Zu den Anpassungen *Mombaur*, in: Tettinger/Stern, GRC 2006, S. 220.

43 *Kaufhold*, in: Dauses/Ludwigs, Handbuch des EU-Wirtschaftsrechts 2018, Ziffer A. II., Rz. 52.

44 Änderungen des Vertrages über die Europäische Union und des Vertrages zur Gründung der Europäischen Gemeinschaften, ABl. 2010, C 83.

45 Zu den Änderungen der GRC durch die Anpassungen am 12.12.2007 im Vergleich zu der Fassung vom 07.12.2000 siehe *Terhechte*, Konstitutionalisierung und Normativität 2011, S. 73 f.

Art. 6 Abs. 1 UAbs. 3 EUV vor, dass die in der GRC niedergelegten Rechte, Freiheiten und Grundsätze „gemäß den allgemeinen Bestimmungen des Titels VII" der GRC, „der ihre Auslegung und Anwendung regelt, und unter gebührender Berücksichtigung" der in der GRC „angeführten Erläuterungen, in denen die Quellen dieser Bestimmungen angegeben sind", ausgelegt werden.

C. Erläuterungen zur Grundrechtecharta

Bei den in Art. 6 Abs. 1 UAbs. 3 EUV erwähnten Erläuterungen handelt es sich um die Erläuterungen zur GRC durch das Präsidium des Grundrechtekonventes.[46]

Ausweislich des Vorwortes zu den Erläuterungen zur GRC stellen diese eine „nützliche Interpretationshilfe dar, die dazu dient, die Bestimmungen der Charta zu verdeutlichen". Die Funktionsbestimmung als Interpretationshilfe findet sich sodann auch in den Regelungen der GRC selbst wieder. Gemäß § 52 Abs. 7 GRC sind die Erläuterungen zur GRC von den Gerichten der Union und der Mitgliedstaaten gebührend zu berücksichtigen.[47] Denselben Wortlaut enthält auch Absatz 5 der Präambel der GRC. Wie bereits dargestellt, schreibt auch das Primärrecht gemäß Art. 6 Abs. 1 UAbs. 3 EUV vor, dass die in der GRC niedergelegten Rechte, Freiheiten und Grundsätze unter gebührender Berücksichtigung der in der GRC angeführten Erläuterungen, in denen die Quelle dieser Bestimmungen angegeben sind, ausgelegt werden. Auch der EuGH verweist regelmäßig auf die Ausführungen in den Erläuterungen zur GRC und darauf, dass diese gemäß Art. 6 Abs. 1 UAbs. 3 EUV sowie gemäß Art. 52 Abs. 7 GRC bei der Auslegung der GRC zu berücksichtigen seien.[48] Die Erläuterungen zur GRC beschränken sich in Bezug auf Art. 16 GRC inhaltlich allerdings auf eine Differenzierung des sachlichen Anwendungsbereiches zwischen der Freiheit, eine Wirtschafts- und Geschäftstätigkeit auszuüben, sowie der Vertragsfreiheit. Darüber hinaus führen die Erläuterungen aus, dass sich Art. 16 GRC auf Art. 119 Abs. 1 und Abs. 3 AEUV stützt, in dem der freie Wettbewerb anerkannt wird. Schließlich findet sich dort der Hinweis, dass die unternehmerische Freiheit „natürlich" unter Einhaltung des Unionsrechtes und der einzelstaatlichen Rechtsvorschriften ausgeübt wird und nach Art. 52 Abs. 1 GRC beschränkt werden kann.

---

46 Erläuterungen zur Charta der Grundrechte vom 14.12.2007, ABl. 2007, C 303, S. 17 (33).

47 Sogenanntes Berücksichtigungsgebot (Schorkopf, in: Grabitz/Hilf/Nettesheim, Das Recht der EU 2019, Art. 6, Rz. 34).

48 EuGH, Rs. C-426/11, *Alemo-Herron*, ECLI:EU:C:2013:521, Rz. 32; EuGH, Rs. C-283/11, *Sky Österreich*, ECLI:EU:C:2013:28, Rz. 42; EuGH, Rs. C134/15, *Lidl*, ECLI:EU:C:2016:498, Rz. 28.

Dritter Teil: Inhalt und Grenzen der Vertragsfreiheit nach Art. 16 GRC

Die Darstellungen zum Streit über die Aufnahme von Art. 16 in die GRC und der sich als Kompromiss daraus ergebende Wortlaut zeigen, welchen Kontroversen Art. 16 GRC schon vor Inkrafttreten der GRC ausgesetzt war. Inhalt und Grenzen der nach Art. 16 GRC geschützten Vertragsfreiheit bedürfen daher einer eingehenden Untersuchung.

A. Rechtsnatur

Die Rechtsnatur der unternehmerischen Freiheit ist auf den ersten Blick nicht eindeutig, weil Art. 16 GRC nicht ausdrücklich ein Recht bzw. eine Freiheit gewährleistet. Die unternehmerische Freiheit wird lediglich „anerkannt". Art. 16 GRC könnte daher auch lediglich einen Grundsatz beinhalten. Die Klärung der Rechtsnatur ist aber von großer Relevanz für die praktische Bedeutung und Auswirkung der grundrechtlichen Gewährleistung.

Die Ausübung von „echten" Rechten und Freiheiten kann gemäß Art. 52 Abs. 1 Satz 1 GRC nur eingeschränkt werden, wenn dies gesetzlich vorgesehen ist und der Wesensgehalt dieser Rechte und Freiheiten beachtet wird. Unter Wahrung des Grundsatzes der Verhältnismäßigkeit dürfen Einschränkungen gemäß Art. 52 Abs. 1 Satz 2 GRC nur vorgenommen werden, wenn sie erforderlich sind und den von der Union anerkannten dem Gemeinwohl dienenden Zielsetzungen oder den Erfordernissen des Schutzes der Rechte und Freiheiten anderer tatsächlich entsprechen.

In Bezug auf reine Grundsätze ist hingegen Art. 52 Abs. 5 GRC einschlägig.[49] Gemäß Art. 52 Abs. 5 Satz 1 GRC können Bestimmungen der GRC, in denen Grundsätze festgelegt sind, „durch Akte der Gesetzgebung und der Ausführung der Organe, Einrichtungen und sonstiger Stellen der Union sowie durch Akte der Mitgliedstaaten zur Durchführung des Rechts der Union in Ausübung ihrer jeweiligen Zuständigkeiten umgesetzt werden". Grundsätze können gemäß Art. 52 Abs. 5 Satz 2 GRC vor Gericht „nur bei der Auslegung dieser Akte und bei Entscheidungen über deren Rechtmäßigkeit herangezogen werden". Die

---

49 KINGREEN, in: Callies/Ruffert, EUV/AEUV 2016, Art. 52 GRC, Rz. 13 ff.; JARASS, in: Jarass, Charta der Grundrechte der EU 2016, Art. 52, Rz. 69.

Tragweite und Justitiabilität von Rechten und Freiheiten sind also deutlich weiter als die von Grundsätzen.[50]

I. Wortlaut

Die Rechtsnatur der grundrechtlichen Gewährleistung von Art. 16 GRC lässt sich dem Wortlaut nicht entnehmen.[51] Die unternehmerische Freiheit wird lediglich unter Einbeziehung von drei Vorbehalten – Unionsrecht sowie den einzelstaatlichen Rechtsvorschriften und Gepflogenheiten – „anerkannt". Diese Vorbehalte finden sich auch in zahlreichen Vorschriften aus dem Titel IV Solidarität, z.B. Art. 17 GRC, Art. 28 GRC und Art. 30 GRC, bei denen heftig umstritten ist, welcher Rechtsnatur diese Vorschriften sind.[52]

II. Systematik

Zwar gibt der Wortlaut keine konkreten Hinweise über die Rechtsnatur der unternehmerischen Freiheit. Weitergehende Erkenntnisse lassen sich aber aus der Verortung von Art. 16 innerhalb der GRC gewinnen. Die GRC ist in sieben Titel unterteilt (Würde des Menschen, Freiheiten, Gleichheit, Solidarität, Bürgerrecht, Justizielle Rechte, Allgemeine Bestimmungen über die Auslegung und Anwendung der Charta). Art. 16 GRC findet sich in Titel II mit der Überschrift „Freiheiten". Aus dieser Verortung lässt sich ableiten, dass die grundrechtliche Gewährleistung in Art. 16 GRC eine Freiheit im Sinne von Art. 52 Abs. 1 Satz 1 GRC darstellt.

III. Erläuterungen zur GRC

Die Erläuterungen zur GRC geben ausdrücklich an, dass die unternehmerische Freiheit nach Art. 52 Abs. 1 GRC beschränkt werden kann. Art. 52 Abs. 1 GRC ist aber nur einschlägig, wenn Rechte oder Freiheiten und keine Grundsätze betroffen sind.[53] Daher ergibt sich auch aus den Erläuterungen zur GRC, dass Art. 16 GRC ein „echtes" Recht gewährleistet.

---

50 *Schubert*, in: Däubler/Hjort/Schubert/Wolmerath, Arbeitsrecht 2017, Art. 267 AEUV, Rz. 25; *Borowsky*, in: Meyer, Charta der Grundrechte der EU 2014, Art. 52, Rz. 45 ff.

51 *Jarass*, EU-Grundrechte 2005, S. 245.

52 Vgl. Streinz, in: Streinz, EUV/AEUV 2012, Vorbemerkung, Rz. 2 sowie *Brameshuber*, EuZA 2015, S. 46 (49). *Pache* geht von einer stark relativierten Bedeutung aus (*Pache*, EuR 2001, S. 475 (481 f.)), während *Rudolf* eine differenzierte Auslegung verlangt (*Rudolf*, in: Meyer, Charta der Grundrechte der EU 2014, Vorbemerkungen, Rz. 38 ff.).

53 Siehe hierzu oben unter Ziffer A. in diesem Teil der Arbeit auf S. 39.

IV. Ansichten in der Rechtsprechung und Literatur

In der Rechtssache *Spanien gegen Kommission* aus dem Jahr 1997[54] stuft der EuGH die Vertragsfreiheit, die gemäß den Erläuterungen zur GRC Bestandteil der unternehmerischen Freiheit ist, als Grundsatz ein. Da die GRC zu diesem Zeitpunkt aber noch nicht kodifiziert war, konnte der EuGH damit keine dogmatische Einordnung als Grundsatz im Sinne von Art. 52 Abs. 5 GRC beabsichtigt haben. Vielmehr prüfte und prüft der EuGH die Rechtmäßigkeit von Eingriffen in die unternehmerische Freiheit nach Art. 16 GRC stets am Maßstab von Art. 52 Abs. 1 GRC.[55]

Auch in der Literatur ist unstreitig, dass die unternehmerische Freiheit keinen Grundsatz, sondern ein „echtes" Abwehrrecht darstellt.[56]

V. Stellungnahme und Zwischenergebnis

In Übereinstimmung mit der Rechtsprechung, der absolut herrschenden Ansicht in der Literatur, der Systematik und den Erläuterungen zur GRC ist festzustellen, dass es sich bei der unternehmerischen Freiheit und der darin gewährleisteten Vertragsfreiheit gemäß Art. 16 GRC trotz des relativierenden Wortlautes um ein „echtes" Abwehrrecht im Sinne von Art. 52 Abs. 1 Satz 1 GRC und nicht lediglich um einen Grundsatz handelt.

---

54 EuGH, Rs. C-240/97, *Königreich Spanien vs. Kommission*, ECLI:EU:C:1999:479), Rz. 99.

55 Z.B. EuGH, Rs. C-201/15, *AGET Iraklis*, ECLI:EU:C:2016:972; EuGH, Rs. C-534/16, *BB construct*, ECLI:EU:C:2017:820; EuGH, Rs. C134/15, *Lidl*, ECLI:EU:C:2016:498; EuGH, Rs. C-70/10, *Scarlet*, ECLI:EU:C:2011:771; EuGH, Rs. C-283/11, *Sky Österreich*, ECLI:EU:C:2013:28.

56 *Jarass*, EU-Grundrechte 2005, S. 245; *Wollenschläger*, in: vdGroeben/Schwarze/Hatje, EU-Recht 2015, Art. 16 GRC, Rz. 1; *Schwarze/Voet van Vormizeele*, in: Becker/Hatje/Schoo/Schwarze, EU-Kommentar 2019, Art. 16 GRC, Rz. 6; *Schubert*, in: Franzen/Gallner/Oetker, Kommentar zum europäischen Arbeitsrecht 2018 2018, Art. 16 GRC, Rz. 2; *Bernsdorff*, in: Meyer, Charta der Grundrechte der EU 2014, Art. 16, Rz. 9; *Jarass*, in: Jarass, Charta der Grundrechte der EU 2016, Art. 16, Rz. 2; *Ruffert*, in: Callies/Ruffert, EUV/AEUV 2016, Art. 16, Rz. 1; *Grabenwarter*, in: *Grabenwarter/Pöcherstorfer/Rosenmayr-Klemenz*, GR des Wirtschaftslebens 2012, S. 25. A.A. nur *Heuschmidt* der wegen der drei Vorbehalte in Art. 16 GRC von einem Grundsatz ausgeht (*Heuschmidt*, AuR 2013, S. 500 (501)).

B. Schutzbereich

Der Inhalt einer grundrechtlichen Gewährleistung hängt von deren sachlichem und persönlichem Schutzbereich ab. Im Folgenden wird daher der Schutzbereich der nach Art. 16 GRC geschützten Vertragsfreiheit bestimmt.

I. Ausgestaltungsvorbehalt des Gesetzgebers?

Vor einer inhaltlichen Bestimmung des Schutzbereiches der Vertragsfreiheit ist allerdings zunächst zu klären, ob der Schutzbereich von Art. 16 GRC autonom zu bestimmen ist oder aufgrund der Formulierung von Art. 16 GRC einem Ausgestaltungsvorbehalt zugunsten des unionalen und nationalen Gesetzgebers unterliegt.

1. Wortlaut der unterschiedlichen Sprachfassungen

Der Wortlaut der deutschen Fassung spricht für eine Gestaltungsmöglichkeit des Schutzbereiches durch die drei in Art. 16 GRC genannten Vorbehalte (Unionsrecht, einzelstaatliche Rechtsvorschriften und Gepflogenheiten).[57] Denn die Vorbehalte gelten ausweislich der Formulierung für das Anerkenntnis der unternehmerischen Freiheit an sich und beziehen sich nicht z.B. auf deren Ausübung. Gleiches gilt für die französische Fassung, die folgenden Wortlaut hat:

> *„La liberté d'entreprise est reconnue conformément au droit communautaire et aux législations et pratiques nationales"*

Auch andere Sprachfassungen deuten auf eine Gestaltbarkeit des Schutzbereiches von Art. 16 GRC durch den Gesetzgeber hin, da sich die Vorbehalte jeweils auf das Anerkenntnis der unternehmerischen Freiheit und nicht auf deren Ausübung beziehen:

> *„Se reconoce la libertad de empresa de conformidad con el Derecho comunitario y con las legislaciones y prácticas nacionales"*
> *„De vrijheid van ondernemerschap wordt erkend overeenkomstig het Gemeeschapsrecht en de nationale wetgevingen en praktijken"*
> *„È riconosciuta la libertà d'impresa, conformemente al diritto comunitario e alle legislazioni e prassi nazionali"*

Im Gegensatz zu den bereits dargestellten Fassungen spricht der Wortlaut der englischen Fassung hingegen für eine in der Vorschrift angelegte

57 Jarass, EU-Grundrechte 2005, S. 73.

Beschränkungsmöglichkeit der Ausübung der unternehmerischen Freiheit. Diese Fassung lautet:

> „*The freedom to conduct a business in accordance with Community law and national laws and practices is recognised*"

In dieser Fassung beziehen sich die Vorbehalte auf die Ausübung der unternehmerischen Tätigkeit („...*conduct a business in accordance with...*"). Für eine wörtliche Übereinstimmung mit den anderen dargestellten Fassungen hätte sich für die englische Fassung folgender Wortlaut angeboten:

> „*The freedom to conduct a business is recognised in accordance with Community law and national laws and practices*"

2. *Ansichten in der Literatur*

In der Literatur herrscht keine einheitliche Sichtweise hinsichtlich der aus den Vorbehalten in Art. 16 GRC abzuleitenden Rechtsfolgen.

a. *Contra Ausgestaltungsvorbehalt*

Der wohl überwiegende Teil der in der Literatur vertretenen Ansichten verneint einen inhaltlichen Ausgestaltungsvorbehalt.[58] Es wird zum Teil argumentiert, dass es bereits dem Mandat des Grundrechtekonventes – Sichtbarmachen bestehender Grundrechte[59] – widersprechen würde, wenn die GRC nicht den Schutzbereich eines Grundrechtes selbst festlegen, sondern unter einen Ausgestaltungsvorbehalt des Gesetzgebers stellen würde.[60] Darüber hinaus wird darauf verwiesen, dass bei einer inhaltlichen Ausgestaltungsmöglichkeit die Reichweite von Art. 16 GRC in den Mitgliedstaaten unterschiedlich sein und kein einheitlicher grundrechtlicher Mindeststandard geschaffen worden wäre.[61]

---

58 *Willemsen/Sagan*, NZA 2011, S. 258 (262); *Bernsdorff*, in: Meyer, Charta der Grundrechte der EU 2014, Art. 16 Rn. 15; *Ruffert*, in: Callies/Ruffert, EUV/AEUV 2016, Art. 16 Rn. 5; *Schwier*, Der Schutz der „Unternehmerischen Freiheit" 2008, S. 260 ff; *Jarass*, EuGRZ 2011 (360), S. 360 (363); *Schwarze*, EuZW 2001, S. 517 (519); *Grabenwarter*, DVBl. 2001, 1 (5).

59 Siehe hierzu oben unter Ziffer A. II. 1. im zweiten Teil der Arbeit ab S. 32.

60 *Schwier*, Der Schutz der „Unternehmerischen Freiheit" 2008, 261.

61 *Jarass*, EuGRZ 2011 (360), S. 360 (363); *Magiera*, DÖV 2000, 1017 (1026).

b. Pro Ausgestaltungsvorbehalt

In der Literatur werden aber auch Ansichten vertreten, die von einer Begrenzbarkeit bzw. Gestaltbarkeit des Schutzbereiches ausgehen.[62] Es sei durch den Vorbehalt in Art. 16 GRC dem Gesetzgeber auf Unionsebene und auf Ebene der Mitgliedstaaten die Möglichkeit gegeben, den Schutzbereich durch Rechtssetzung näher auszugestalten. Begründet wird das Erfordernis einer Ausgestaltungsmöglichkeit zum Teil mit dem engen Zusammenhang zwischen Art. 16 GRC und der in der Union existierenden bzw. angestrebten Wirtschaftsordnung. Dieser Zusammenhang zeige, dass die unternehmerische Freiheit durch wirtschaftsrechtliche und allgemeine zivilrechtliche Regelungen ausgestaltet werden dürfe und müsse.[63] Darüber hinaus lasse sich die Ausgestaltungsmöglichkeit des Schutzbereiches damit begründen, dass in besonders sensiblen und auf nationaler Ebene divergierenden Bereichen die jeweilige Ausgestaltung der Rechte dem nationalen Gesetzgeber überlassen werden solle. Dadurch werde das auch im Rahmen der GRC zu beachtende Subsidiaritätsprinzip zum Ausdruck gebracht.[64] Als weiteres Argument wird auf die Wahrung der Balance zwischen den Grundrechten der Mitgliedstaaten und denen der Europäischen Union verwiesen.[65]

3. Ansicht in der Rechtsprechung

Der EuGH hat sich in keiner Entscheidung zu einem etwaigen inhaltlichen Gestaltungsvorbehalt in Art. 16 GRC zugunsten des Gesetzgebers geäußert. Allerdings hat sich der EuGH zu der Auslegung einer im Wortlaut teilweise vergleichbaren Richtlinienbestimmung, konkret Art. 2 Ziffer 1 der Richtlinie 93/104/EG vom 23.11.1993 über bestimmte Aspekte der Arbeitszeitgestaltung,[66] positioniert. Auch diese Richtlinienvorschrift verwies zur näheren Bestimmung eines in der Richtlinie verwandten Begriffes auf einzelstaatliche

---

62 *Eisner*, Die Schrankenregelung der GRC 2005, 134 f.; *Grosse Wentrup*, Die GRC im Spannungsfeld 2003, 91 f.; *Blanke*, in: Tettinger/Stern, GRC 2006, S. 429, Rz. 12; wohl auch *Vosskuhle*, der nationale Freiräume für eine eigene Gewichtung von Grundrechten im Wortlaut von Art. 16 GRC angelegt sieht (*Vosskuhle*, RdA 2015, S. 336 (342)).

63 *Grosse Wentrup*, Die GRC im Spannungsfeld 2003, 91.

64 *Eisner*, Die Schrankenregelung der GRC 2005, 135. Diese Begründung wird am Beispiel von Art. 9 GRC entwickelt. Allerdings wird die daraus resultierende Erkenntnis insgesamt und ohne Einschränkung auf den Vorbehalt einzelstaatlicher Gesetze und Gepflogenheiten bezogen. So wird Art. 16 auch ausdrücklich bei den unter diesen Vorbehalt gestellten Grundrechtsartikeln genannt.

65 *Blanke*, in: Tettinger/Stern, GRC 2006, S. 428, Rz. 8.

66 ABl. 1994, L 307 S. 18.

Rechtsvorschriften und Gepflogenheiten. Laut EuGH lasse sich aus einer solchen Formulierung aber nicht ableiten, dass die Mitgliedstaaten den Inhalt des Begriffes einseitig festlegen können.[67]

4. *Stellungnahme*

Die Argumente der Kritiker eines Ausgestaltungsvorbehaltes überzeugen nicht nur in quantitativer, sondern auch in qualitativer Hinsicht.

a. Mandat des Grundrechtekonventes

Das Argument von *Schwier*, ein Ausgestaltungsvorbehalt scheitere bereits an dem Mandat des Grundrechtekonventes, da dieser die bestehenden Grundrechte sichtbar machen sollte, überzeugt allerdings nicht. Unstreitig enthält die GRC Grundrechte, wie z.B. Art. 9 GRC, deren konkreter Gewährleistungsinhalt von einzelstaatlichen Gesetzen abhängt und somit einem Ausgestaltungsvorbehalt unterliegt.[68] Der allgemeine Verweis auf das Mandat des Konventes kann insofern nicht pauschal gegen einen möglicherweise in den Grundrechten aufgenommenen Ausgestaltungsvorbehalt des Gesetzgebers geltend gemacht werden.

b. Diskussion im Grundrechtekonvent

Die Ausführungen zur Diskussion im Grundrechtekonvent haben aber gezeigt, dass die Kritik an der vorbehaltslosen Aufnahme der unternehmerischen Freiheit in die GRC darauf beruhte, dass damit deren Ausübung (nicht der inhaltlichen Gestaltung) kein Rahmen vorgegeben sei.[69] Dementsprechend kann davon ausgegangen werden, dass auch diese Kritik mit der Ergänzung des Wortlautes aufgenommen und berücksichtigt werden sollte. Dies bedeutet aber im Umkehrschluss, dass die Vorbehalte nicht auf einen Ausgestaltungsvorbehalt abzielen sollten.

c. Entgegenstehender Wortlaut

Tendenziell deutet der Wortlaut eher auf einen Ausgestaltungsvorbehalt in Bezug auf den Schutzbereich hin.[70] Einzige Ausnahme stellt die englische Fassung dar.

---

67 EuGH, Rs. C-151/02, *Kiel / Jäger*, ECLI:EU:C:2003:437, Rz. 59.

68 BERNSDORFF, in: Meyer, Charta der Grundrechte der EU 2014, Art. 9 Rz. 12.

69 Siehe hierzu oben unter Ziffer A. III. 2. im zweiten Teil der Arbeit ab S. 34

70 SCHWIER, Der Schutz der „Unternehmerischen Freiheit" 2008, S. 260, der allerdings lediglich auf die deutsche Sprachfassung verweist. Siehe hierzu auch oben unter Ziffer B. I. 1. in diesem Teil der Arbeit ab S. 42.

Allerdings ist der Wortlaut kein entscheidendes Argument für die Auslegung von Unionsrecht. Das liegt insbesondere daran, dass die jeweils auszulegende Norm in unterschiedlichen Sprachfassungen existiert, die prinzipiell gleichrangig sind.[71] Bereits die Notwendigkeit einer einheitlichen Auslegung und Anwendung verbietet eine isolierte Betrachtung nur einer Sprachfassung.[72] Die mit einer wortlautorientierten Auslegung verbundenen Probleme zeigen sich geradezu exemplarisch bei der Formulierung in Art. 16 GRC. Insofern ist der Wortlaut kein Argument, das entscheidend für das Bestehen eines Ausgestaltungsvorbehaltes zugunsten des Gesetzgebers spricht.

d. Erläuterungen zur GRC

Die Verfasser der Erläuterungen zur GRC sind von einer weitergehenden Einschränkbarkeit bei der Ausübung der unternehmerischen Freiheit ausgegangen. In den Erläuterungen zur GRC zu Art. 16 wird ausgeführt, dass die unternehmerische Freiheit „natürlich" unter Einhaltung des Unionsrechtes und der einzelstaatlichen Rechtsvorschriften ausgeübt werde. Die Formulierung in den Erläuterungen gibt zwar nicht vollständig den Wortlaut von Art. 16 GRC wieder. Er scheint sich aber an den Vorbehalten in Art. 16 GRC zumindest anzulehnen. Jedenfalls verbleibt die unmissverständliche Feststellung einer weitergehenden Einschränkungsmöglichkeit bei der Ausübung der unternehmerischen Freiheit. Aufgrund des in Art. 52 Abs. 7 GRC und in Art. 6 Abs. 1 UAbs. 3 EUV festgelegten Berücksichtigungsgebotes der Erläuterungen zur GRC bei der Auslegung der GRC kann über diese Feststellung trotz der irritierenden Formulierung nicht hinweggegangen werden und wird daher im Rahmen der Rechtfertigungsmöglichkeiten eines Eingriffes vertiefter untersucht werden müssen. Auf einen etwaigen Ausgestaltungsvorbehalt durch den Gesetzgeber gehen die Erläuterungen indes nicht ein. Das ist bei anderen Grundrechten, wie Art. 9 GRC (Recht, eine Ehe einzugehen und eine Familie zu gründen), die der näheren Ausgestaltung durch den Gesetzgeber ausdrücklich offen gegenüberstehen, nicht so. Zu Art. 9 GRC heißt es in den Erläuterungen zur GRC, dass das darin verbriefte Recht eine größere Tragweite haben kann, wenn die einzelstaatlichen Rechtsvorschriften dies vorsehen. Es zeigt sich also, dass die Verfasser der Erläuterungen zur GRC nicht von einem Ausgestaltungsvorbehalt, sondern stattdessen von einer weitergehenden Einschränkbarkeit der Ausübungsmöglichkeiten bei Art. 16 GRC ausgegangen sind.

---

71 Wegener, in: Callies/Ruffert, EUV/AEUV 2016, Art. 19, Rn. 13.

72 EuGH, Rs. 29/69, *Stauder*, ECLI:EU:C:1969:57, Rz. 3.

e. *Einheitliches Schutzniveau*

Gegen einen Vorbehalt zur inhaltlichen Ausgestaltung von Art. 16 GRC u.a. durch den nationalen Gesetzgeber spricht darüber hinaus, dass dadurch die gebotene Gewährleistung eines einheitlichen Schutzniveaus von Art. 16 GRC verhindert werden würde. Im Unterschied zu Art. 9 GRC ist das unterschiedliche Schutzniveau in Art. 16 GRC nicht ausdrücklich geregelt. Hintergrund für die Abhängigkeit der grundrechtlichen Gewährleistung von Art. 9 GRC vom nationalen Gesetzgeber dürfte die fehlende primärrechtliche materiell-rechtliche Kompetenz der Union in diesem Bereich sein. So wurde der erste Textvorschlag des Präsidiums für Art. 9 ohne Verweis auf nationale Rechtsvorschriften auch wegen des damit verbundenen Verlustes der „Definitionsmacht" der Mitgliedstaaten kritisiert.[73] Bei einem der zentralen Wirtschaftsgrundrechte der GRC wie Art. 16 GRC[74] ist eine Ausgestaltungsmöglichkeit indes abzulehnen, weil anderenfalls jeder Mitgliedstaat über den Schutz durch Art. 16 GRC disponieren und somit seine grundrechtliche Abwehrfunktion nach Belieben relativieren könnte.

5. *Zwischenergebnis*

In Übereinstimmung mit dem überwiegenden Teil der Literatur und der Rechtsprechung ist davon auszugehen, dass die Vorbehalte in Art. 16 GRC keine inhaltliche Ausgestaltungsmöglichkeit des Gesetzgebers in Bezug auf den Schutzbereich der unternehmerischen Freiheit und damit auch nicht in Bezug auf die Vertragsfreiheit darstellen.

II. Inhalt der Vertragsfreiheit

Im Folgenden ist zu klären, welchen Schutz die nach Art. 16 GRC gewährleistete Vertragsfreiheit in sachlicher und personeller Hinsicht bietet.

1. *Sachlicher Schutzbereich*

Da Art. 16 GRC von dem Anerkenntnis der unternehmerischen Freiheit spricht, lässt sich dem Wortlaut lediglich ein Bezug zur unternehmerischen Tätigkeit entnehmen.[75]

---

73 *Bernsdorff*, in: Meyer, Charta der Grundrechte der EU, Art. 9 Rz. 7.

74 *Schubert*, in: Franzen/Gallner/Oetker, Kommentar zum europäischen Arbeitsrecht 2018, Art. 16 GRC, Rz. 1; *Rengeling*, DVBl. 2004, S. 453 (456); vgl. auch *Schwarze*, EuZW 2004, S. 135 (139); *Schwarze/Voet van Vormizeele*, in: Becker/Hatje/Schoo/Schwarze, EU-Kommentar 2019, Art. 16 GRC, Rz. 1.

75 *Jarass*, EU-Grundrechte 2005, § 21 Rz. 6.

a. *Begriff des Unternehmens nach Art. 16 GRC*

Ausgangspunkt einer Bestimmung des sachlichen Schutzbereiches der im Rahmen der unternehmerischen Freiheit gewährleisteten Vertragsfreiheit ist somit die Definition des Unternehmensbegriffes.

aa. Wettbewerbsrechtlicher Unternehmensbegriff

Der im unionalen Wettbewerbsrecht gemäß Art. 101 AEUV verwendete Unternehmensbegriff umfasst unabhängig von der Rechtsform und der Art der Finanzierung jede eine wirtschaftliche Tätigkeit ausübende Einheit.[76] Wirtschaftlich ist jede Tätigkeit, die darin besteht, Güter oder Dienstleistungen auf einem bestimmten Markt anzubieten.[77] Eine Gewinnerzielungsabsicht ist nicht erforderlich.[78] Es fallen also auch gemeinnützige Unternehmen unter den wettbewerbsrechtlichen Unternehmensbegriff.[79] Grund für deren Einbeziehung in das Wettbewerbsrecht ist, dass sich auch gemeinnützige Unternehmen im Wettbewerb mit anderen Unternehmen befinden und ihr wirtschaftliches Überleben davon abhängt, sich gegen die anderen Wettbewerber zu behaupten.[80] Keine wirtschaftliche Tätigkeit ist hingegen die Festlegung von Preisen durch Gesetz[81] oder die sonstige Ausübung von hoheitlichen Befugnissen[82] durch staatliche Stellen.[83]

---

76 EuGH, Rs. C-41/90, *Höfner und Elser*, ECLI:EU:C:1991:161, Rz. 21; EuGH, Rs. C-159/91, *Poucet*, ECLI:EU:C:1993:63, Rz. 17; EuGH, Rs. C-138/11, *Compass-Datenbank GmbH*, ECLI:EU:C:2012:449, Rz. 35.

77 EuGH, Rs. C-49/07, *MOTOE*, EuZW 2008, S. 605, Rz. 22; EuGH, Rs. C-437/09, *AG2R Prévoyance*, ECLI:EU:C:2011:112, Rz. 42.

78 EuGH, Rs. C-244/94, *FFSA*, ECLI:EU:C:1995:392, Rz. 21; EuGH, Rs. C-437/09, *AG2R Prévoyance*, ECLI:EU:C:2011:112, Rz. 43.

79 *Weiss*, in: Callies/Ruffert, EUV/AEUV 2016, Art. 101 AEUV Rz. 25; *Mestmäcker/Schweitzer*, in: Mestmäcker/Schweitzer, Europäisches Wettbewerbsrecht 2013, Kapitel 3, § 9, Rz. 32.

80 EuGH, Rs. C-49/07, *MOTOE*, EuZW 2008, S. 605, Rz. 28; EuGH, Rs. C-222/04, *Cassa di Risparmio di Firenze*, ECLI:EU:C:2006:8, Rz. 123. Vgl. auch *Grave/Nyberg*, in: Loewenheim/Meessen/Riesenkampff/Kersting/Meyer-Lindemann, Kartellrecht 2016, Art. 101 Abs. 1 AEUV, Rz. 141.

81 EuGH, Rs. C-9/99, *Echirolles Distribution SA*, ECLI:EU:C:2000:532, Rz. 25.

82 EuGH, Rs. C-327/12, *SOA Nazionale Costruttori*, ECLI:EU:C:2013:827, Rz. 27; EuGH, Rs. C-138/11, *Compass-Datenbank GmbH*, ECLI:EU:C:2012:449, Rz. 36.

83 Vgl. auch *Bechtold/Bosch/Brinker*, in: EU-Kartellrecht 2014, Art. 101 AEUV, Rz. 11.

Grundsätzlich können aber der Staat oder staatliche Einheiten als Unternehmen im Sinne von Art. 101 AEUV in Erscheinung treten.[84]

bb. Grundrechtlicher Unternehmensbegriff

Der EuGH hat sich bislang nicht mit der Bestimmung eines grundrechtlichen Unternehmensbegriffes auseinandergesetzt. Ob sich der EuGH an der Definition des wettbewerbsrechtlichen Unternehmensbegriffes orientiert, ist somit ungewiss.

In der Literatur ist die Definition des grundrechtlichen Unternehmensbegriffes umstritten.[85] Die herrschende Ansicht bezieht sich auf den wettbewerbsrechtlichen Unternehmensbegriff, fordert aber zusätzlich wegen der inhaltlichen Nähe von Art. 16 GRC zu Art. 15 GRC eine Gewinnerzielungsabsicht.[86] Dem wird entgegengehalten, dass gerade die Unterscheidung zwischen Art. 16 GRC und Art. 15 GRC einen unterschiedlichen Umfang des Schutzbereiches bedinge und dass daher kein funktionaler Unternehmensbegriff zu entwickeln sei.[87] Darüber hinaus wird auch vertreten, dass eine Tätigkeit gegen Zahlung eines Entgeltes erforderlich sei, um als Unternehmen im Sinne von Art. 16 GRC angesehen werden zu können.[88]

cc. Unabhängigkeit von der mitgliedstaatlichen Klassifizierung

Weitestgehende Einigkeit besteht darin, dass die Anerkennung als Unternehmen im Mitgliedstaat für die unionsrechtliche Definition irrelevant ist und daher auch Freiberufler Unternehmer im Sinne des Art. 16 GRC sein können.[89]

---

84 EuGH, Rs. C-138/11, *Compass-Datenbank GmbH*, ECLI:EU:C:2012:449, Rz. 37; EuGH, Rs. C-49/07, *MOTOE*, EuZW 2008, S. 605, Rz. 25. Vertiefend *Kling*, NZKart 2017, S. 611 (612 ff.).

85 Allerdings wird diese Frage auch in der Literatur teilweise nicht thematisiert vgl. *Ruffert*, in: Callies/Ruffert, EUV/AEUV 2016, Art. 16 GRC, Rz. 1 f.; *Streinz*, in: Streinz, EUV/AEUV 2012, Art. 16 GRC, Rz. 6 ff.

86 *Blanke*, in: Tettinger/Stern, GRC 2006, S. 429, Rz. 10; *Frenz*, Handbuch Europarecht 2009, Rz. 2687; *Bernsdorff*, in: Meyer, Charta der Grundrechte der EU 2014, Art. 16 Rz. 10a; wohl auch *Nowak*, in: Heselhaus/Nowak, Handbuch Europäische GR 2006, S. 885 ff.

87 *Schneider*, Die unternehmerische Freiheit 2017, S. 62.

88 *Jarass*, in: Jarass, Charta der Grundrechte der EU 2016, Art. 16. Rz. 7; *Frenz*, Handbuch Europarecht 2009, S. 2687. Eine Tätigkeit gegen Entgelt setzt aber nicht zwingend eine Gewinnerzielungsabsicht voraus, sondern könnte auch lediglich mit dem Ziel der Kostendeckung betrieben werden.

89 *Ruffert*, in: Callies/Ruffert, EUV/AEUV 2016, Art. 16 GRC Rz. 1; *Frenz*, Handbuch Europarecht 2009, Rz. 2686; *Grabenwarter*, § 13 Wirtschaftliche Grundrechte,

dd. Stellungnahme

Zunächst ist darauf hinzuweisen, dass das Wettbewerbsrecht und die GRC gegensätzliche Ziele verfolgen. Die in das Wettbewerbsrecht einbezogenen Unternehmen werden den regulierenden Vorschriften der Art. 101 AEUV ff. unterworfen. Eine Einbeziehung in den Schutzbereich von Art. 16 GRC hingegen führt zu einem grundrechtlichen Schutz vor Eingriffen. Diese gegensätzlichen Ziele lassen auf den ersten Blick ein unterschiedliches Verständnis des Unternehmensbegriffes und damit auch die Argumente der Befürworter einer Gewinnerzielungsabsicht plausibel erscheinen. Allerdings würde eine im Vergleich zum Wettbewerbsrecht restriktivere Bestimmung des grundrechtlichen Unternehmensbegriffes zu dem Verlust des Grundrechtsschutzes für solche Einheiten führen, die keine Gewinnerzielungsabsicht verfolgen. Diese wären zwar den Eingriffen durch das Wettbewerbsrecht ausgesetzt, könnten sich aber zur Abwehr nicht auf Art. 16 GRC berufen. Aufgrund der damit bestehenden Inkongruenz zwischen Eingriffsbefugnissen und grundrechtlichem Schutz ist eine unterschiedliche Definition des Unternehmensbegriffes abzulehnen. Denn das Argument für die Einbeziehung nicht gewinnorientierter Einheiten in den wettbewerbsrechtlichen Unternehmensbegriff – Konkurrenz zu anderen Wettbewerbern – kann gleichermaßen für das Erfordernis eines grundrechtlichen Schutzes durch Art. 16 GRC fruchtbar gemacht werden. Der wettbewerbsrechtlichen Gefährdungslage steht eine grundrechtliche Gefährdungslage gegenüber, der mit einer Einbeziehung der betroffenen Einheiten in den Schutzbereich von Art. 16 GRC zu begegnen ist. Der Schutz von Art. 16 GRC erstreckt sich also unabhängig von der Rechtsform und der Art der Finanzierung auf jede eine wirtschaftliche Tätigkeit ausübende Einheit. Wirtschaftlich ist jede Tätigkeit, die darin besteht, Güter oder Dienstleistungen auf einem bestimmten Markt anzubieten. Eine Gewinnerzielungsabsicht ist nicht erforderlich.

b. Erläuterungen zur GRC

Die Erläuterungen zur GRC zu Art. 16 führen lediglich aus, dass sich die unternehmerische Freiheit auf die Rechtsprechung des EuGH gründet, der die Freiheit, eine Wirtschafts- oder Geschäftstätigkeit auszuüben und die Vertragsfreiheit anerkannt hat sowie auf Art. 119 Abs. 1 und 3 AEUV, in dem der freie

---

in: Grabenwarter (Hrsg.), Europäischer Grundrechteschutz 2014, Rz. 29. Diese Erkenntnis stimmt mit der Einschätzung überein, dass Art. 16 GRC keinen inhaltlichen Ausgestaltungsvorbehalt für den unionalen und/oder nationalen Gesetzgeber beinhaltet (siehe hierzu oben unter Ziffer B. I. in diesem Teil der Arbeit ab S. 42.

Wettbewerb anerkannt wird. Die Erläuterungen weisen also ausdrücklich auf einen Schutz der Vertragsfreiheit hin.[90] Eine Konkretisierung des Schutzbereiches von Art. 16 GRC findet sich zwar nicht, allerdings nennen die Erläuterungen zur GRC Entscheidungen des EuGH, aus denen sich der Schutzbereich ergeben soll. In Bezug auf die Vertragsfreiheit sind dort die Entscheidungen in den Rechtssachen *Sukkerfabriken Nykøbing* und *Spanien gegen Kommission* genannt.

aa. Rechtssache 151/78 – *Sukkerfabriken Nykøbing*

In dieser Entscheidung vom 16.01.1979 ging es um die Verordnung Nr. 741/75 vom 18.03.1975 zur Aufstellung besonderer Regeln für den Kauf von Zuckerrüben,[91] die den Mitgliedstaaten unter bestimmten Umständen weitergehende Regelungsbefugnisse in Bezug auf die Einteilung von Zuckerrübenmengen im Rahmen eines gemeinschaftsweiten Quotensystems einräumte. Vor Inkrafttreten dieser Verordnung konnten die zuckerherstellenden Unternehmen und die Zuckerrübenerzeuger die Lieferbedingungen grundsätzlich privatautonom vertraglich gestalten. Das mit dem Rechtsstreit befasste nationale Gericht legte dem EuGH die Frage vor, ob diese in der Verordnung Nr. 741/75 vorgesehene Regelungsbefugnis der Mitgliedstaaten mit den EG-Verordnungen über Zucker vereinbar ist.[92]

Der EuGH stellte klar, dass die fragliche Regelung lediglich präzisieren soll, dass die gemeinsamen Marktorganisationen, die grundsätzlich eine ausschließliche Zuständigkeit der Gemeinschaft vorsahen, einem Eingreifen der Mitgliedstaaten aufgrund eigener Zuständigkeit und nach Maßgabe ihrer eigenen Rechtsordnungen in diesen Fällen nicht entgegenstehen.[93] Eine Ermächtigung zum Eingriff in die (nicht näher definierte oder abgeleitete) Vertragsfreiheit sei nicht beabsichtigt, weil anderenfalls die in Rede stehende Verordnung Vorschriften darüber enthalten müsste, nach welchem Verfahren, in welcher Form und durch welche zuständigen Behörden ein etwaiges Eingreifen zu erfolgen habe.[94]

---

90 Ob die Wettbewerbsfreiheit tatsächlich subjektiv-rechtlich geschützt ist, ist nicht abschließend geklärt und eher fraglich; vgl. hierzu Nowak, in: Heselhaus/Nowak, Handbuch Europäische GR 2006, S. 887 ff.

91 ABl. 1975, L 74, S. 2.

92 Die Sukkerfabriken Nykøbing rügte also nicht ausdrücklich eine Verletzung ihrer Vertragsfreiheit, sondern stellte auf die einschlägigen EG-Verordnungen ab.

93 EuGH, Rs. C-151/78, *Sukkerfabriken Nykøbing Limiteret*, ECLI:EU:C:1979:4, Rz. 19.

94 EuGH, Rs. C-151/78, *Sukkerfabriken Nykøbing Limiteret*, ECLI:EU:C:1979:4, Rz. 19.

bb. Rechtssache C-240/97 – *Spanien gegen Kommission*

Gegenstand dieser Entscheidung vom 05.10.1999 war eine Nichtigkeitsklage von Spanien gegen eine Entscheidung der Kommission.[95] Die Kommission hatte gegenüber Spanien u.a. die Übernahme von im Voraus an das betroffene Unternehmen gezahlten Beihilfen für die Verarbeitung von Zitrusfrüchten in Höhe von 58.804.012,00 ESP abgelehnt. Hintergrund des Streites war die Verordnung Nr. 2601/69 vom 18.12.1969 über Sondermaßnahmen zur Förderung der Verarbeitung bestimmter Apfelsinensorten,[96] die u.a. eine finanzielle Beteiligung des EAGFL vorsah, wenn sich die Verarbeiter der Zitrusfrüchte gegenüber den Erzeugern vertraglich verpflichten, einen vor Beginn jedes Wirtschaftsjahres festgesetzten Mindestpreis zu zahlen. Im Rahmen einer Betriebsprüfung bei dem betroffenen Unternehmen stellten Inspekteure des EAGFL fest, dass zahlreiche mit Erzeugern geschlossene Verträge vom 09.02.1993 auf den 13.02.1993 vordatiert worden waren. Auffällig war in diesem Zusammenhang, dass der den Erzeugern zu zahlende Mindestpreis aufgrund des Wechsels des Wirtschaftsjahres zum 12.02.1993 am 09.02.1993 höher war als am 13.02.1993. Das betroffene Unternehmen musste also aufgrund der Vordatierung einen geringeren Preis an die Erzeuger zahlen und erfüllte trotzdem formal die Voraussetzung für die Gewährung von Beihilfen. Die Kommission verdächtigte das betroffene Unternehmen aufgrund dieses Verhaltens (das Vordatieren der Verträge) der betrügerischen Handlung und lehnte die vorgesehene Beihilfe ab.

Der EuGH stellt hingegen fest, dass für die Vertragsparteien der Grundsatz der Vertragsfreiheit spreche, der auch das Recht der Parteien vorsehe, bereits geschlossene Verträge zu ändern, wenn es keine Gemeinschaftsregelung gebe, die besondere Beschränkungen festlege.[97]

cc. Zwischenergebnis

In den beiden in den Erläuterungen zur GRC genannten Entscheidungen zur Vertragsfreiheit äußert sich der EuGH nicht zum Inhalt der Vertragsfreiheit. Die Bedeutung der Entscheidungen beschränkt sich darauf, die Vertragsfreiheit als solche zu benennen („*Sukkerfabriken Nykøbing*“) bzw. im Rahmen der Prüfung

95 EuGH, Rs. C-240/97, *Königreich Spanien vs. Kommission*, ECLI:EU:C:1999:479.

96 ABl. 1969, L 324, S. 21, in der durch die Verordnung Nr. 2483/75 vom 29.09.1975 (ABl. 1975, L 254, S. 5) und die Verordnung Nr. 1123/89 vom 27.04.1989 (ABl. 1989, L 118, S. 25) geänderten Fassung.

97 EuGH, Rs. C-240/97, *Königreich Spanien vs. Kommission*, ECLI:EU:C:1999:479, Rz. 99.

der Rechtmäßigkeit des angegriffenen Rechtsaktes als relevanten Grundsatz zu berücksichtigen („*Spanien gegen Kommission*"). Festhalten lässt sich lediglich, dass aus beiden Entscheidungen abgeleitet werden kann, dass die Vertragsfreiheit die Freiheit der Vertragsparteien vor äußeren Einflüssen auf den Inhalt eines geschlossenen Vertrages umfasst.[98] Dieser Ansatz lässt sich mit der aus dem deutschen Verfassungsrecht bekannten vertraglichen Gestaltungsfreiheit beschreiben.

c. *Weiterentwicklung der Vertragsfreiheit durch den EuGH*

Die Vertragsfreiheit spielte auch in anderen EuGH-Entscheidungen eine maßgebliche Rolle. Diese Rechtsprechung wird im Folgenden auf eine etwaige Weiterentwicklung des Inhaltes der Vertragsfreiheit untersucht.

aa. Gestaltungsfreiheit

Die bereits darstellte Gestaltungsfreiheit von Vertragsparteien[99] hat der EuGH im Laufe seiner Rechtsprechung vertieft bzw. erweitert.

So entschied der EuGH im Rahmen eines Vertragsverletzungsverfahrens in der Rechtssache *Kommission/Belgien*, dass eine vertraglich vereinbarte Übernahme von Kosten durch eine regionale Steuer kein Verstoß gegen die Pflicht zur Gewährung der Steuerbefreiung zugunsten der Union darstelle, sondern vielmehr Ausdruck der Vertragsfreiheit der Vertragsparteien sei.[100]

---

98 *Jarass*, EuGRZ 2011 (360) 362.

99 Siehe hierzu den unmittelbar vorangegangenen Gliederungspunkt B. II. 1. b. ab S. 50.

100 EuGH, Rs. C-437/04, *Kommission/Belgien*, ECLI:EU:C:2007:178, Rz. 51. Zum Hintergrund der Entscheidung: Gemäß Art. 291 EG genoss die Europäische Gemeinschaft im Hoheitsgebiet der Mitgliedstaaten die zur Erfüllung ihrer Aufgabe erforderlichen Vorrechte und Befreiungen nach Maßgabe des Protokolls, das u.a. eine Befreiung von jeder direkten Steuer vorsah. Eine regionale Verordnung in Belgien sah für die Region Brüssel-Hauptstadt indes unter bestimmten Umständen eine Steuer für Hauseigentümer vor. Vor diesem Hintergrund schloss die Gemeinschaft mit einem Vermieter einen Mietvertrag ab. Der Mietvertrag sah vor, dass der Mieter (die Europäische Gemeinschaft) sämtliche Abgaben für die gemietete Immobilie zugunsten einer öffentlichen Behörde trägt. Ausgenommen hiervon waren solche Abgaben, für die der Mieter aufgrund seines spezifischen Status bei der Behörde eine Freistellung des Vermieters erwirkt. Nachdem die Region Brüssel-Hauptstadt gegenüber dem Vermieter die regionale Steuer erhoben und erhalten hatte, verlangte dieser die Erstattung der Beträge von der Europäischen Gemeinschaft. Diese lehnte die Aufforderung, vertreten durch die Kommission, ab. Nachdem die Europäische Gemeinschaft gerichtlich zur Zahlung der Beträge verurteilt wurde, erhob die Kommission

Auch die Entscheidung in der Rechtssache *F-Tex* beschäftigte sich mit der Gestaltungsfreiheit von Vertragsparteien. In dem zugrunde liegenden Verfahren war eine Frage über die gerichtliche Zuständigkeit für eine Klageforderung streitig. Entscheidend für den Ausgang des Rechtsstreites war die Auslegung einer Vereinbarung zwischen der Klägerin und einem Insolvenzverwalter, die von dem vorlegenden Gericht als potentielle Umgehung der Vorschriften der EuInsVO 2000[101] angesehen wurde.[102] Eine solche Vereinbarung stelle laut EuGH aber lediglich eine legitime Abrede über eine Zahlungsmodalität dar, die Ausprägung der Vertragsfreiheit sei.[103] In beiden Entscheidungen in den Rechtssachen *Kommission/Belgien* und *F-Tex* erwähnt der EuGH die Vertragsfreiheit eher beiläufig und ohne Bezug zur unternehmerischen Freiheit bzw. zu irgendeinem

---

Klage gegen Belgien wegen angeblichen Verstoßes gegen die gemeinschaftsrechtlich vorgeschriebene Gewährung der Steuerbefreiung. Die Europäische Gemeinschaft würde als Mieter mittelbar, nämlich aufgrund der Vereinbarung im Mietvertrag, mit der regionalen Steuer belastet werden.

101 Verordnung (EG) Nr. 1346/2000 29.05.2000 über Insolvenzverfahren, ABl. 2000, L 160, S. 1.

102 EuGH, Rs. C-213/10, *F-Tex*, ECLI:EU:C:2012:215. Zum Hintergrund der Entscheidung: Ein litauisches Unternehmen erhielt eine Zahlung von einem deutschen Unternehmen, als letzteres bereits insolvent war. Die Rückzahlungsforderung trat der Insolvenzverwalter an eine in Lettland ansässige Gläubigerin des deutschen Unternehmens, die *F-Tex SIA* ab. Im Gegenzug verpflichtete sich die *F-Tex SIA*, 33 % eines etwaigen Erlöses an den Insolvenzverwalter abzuführen. Sie erhob anschließend Zahlungsklage vor einem litauischen Gericht und dann vor dem Landgericht Duisburg als Insolvenzgericht gegen das litauische Unternehmen. Beide Gerichte erklärten sich für unzuständig. Letztlich setzte das litauische Gericht den Rechtsstreit aus und legte die Frage der Zuständigkeit dem EuGH vor. Bei der Frage der Zuständigkeit kam es entscheidend darauf an, ob sich die Zuständigkeit nach den Vorschriften der EuInsVO 2000 oder der EuGVVO (Verordnung Nr. 44/2001 vom 22.12.2000 über die gerichtliche Zuständigkeit und die Anerkennung und Vollstreckung von Entscheidungen in Zivil- und Handelssachen, Abl. 2001, L 12, S. 1) richtete. Hierbei war wiederum relevant, ob es sich um eine Klage handelte, die unmittelbar aus dem Insolvenzverfahren hervorging und mit diesem in einem engen Zusammenhang stand (dann EuInsVO) oder ob es sich um eine Zivil- oder Handelssache handelt (dann EuGVVO). Der EuGH entschied, dass die streitgegenständliche Klage nicht in einem engen Zusammenhang mit dem Insolvenzverfahren stand. Ein solcher Zusammenhang ergebe sich nach Ansicht des EuGH auch nicht aus der Vereinbarung zwischen der F-Tex SIA und dem Insolvenzverwalter, 33 % eines etwaigen Erlöses an den Insolvenzverwalter abzuführen.

103 EuGH, Rs. C-213/10, *F-Tex*, ECLI:EU:C:2012:215, Rz. 45.

Grundrecht oder allgemeinen Rechtsgrundsatz. Das verwundert jedenfalls in Bezug auf die Entscheidung in der Rechtssache *F-Tex*, da diese auf den 19.04.2012 und damit auf eine Zeit nach Inkrafttreten der GRC datiert. Dass es sich bei der in diesen Entscheidungen genannten Vertragsfreiheit nach Ansicht des EuGH aber tatsächlich um einen Bestandteil der unternehmerischen Freiheit gemäß Art. 16 GRC handelt, stellte der EuGH später in der Rechtssache *Sky Österreich* ausdrücklich klar.[104]

In mehreren Entscheidungen zur Auslegung von Art. 3 BÜ-RL[105] entschied der EuGH im Zusammenhang mit den Verpflichtungen des Erwerbers eines Betriebes, dass dieser aufgrund der gemäß Art. 16 GRC geschützten Vertragsfreiheit Einfluss auf die Entwicklung der Arbeitsbedingungen seiner Arbeitnehmer nehmen können müsse.[106]

bb. Abschlussfreiheit

Bereits Anfang der 1990er Jahre bezog sich der EuGH in einer Entscheidung auf einen weiteren Teilbereich der Vertragsfreiheit. Die Rechtssache *Jean Neu* handelte von der Auslegung der Verordnung Nr. 857/84 vom 31.03.1984 über Grundregeln für die Anwendung der Abgabe gem. Artikel 5c der Verordnung Nr. 804/68 im Sektor Milch und Milcherzeugnisse.[107] Die streitgegenständliche Verordnung sah für die Mitgliedstaaten die Möglichkeit vor, die erlaubte Menge zu veräußernder Milcherzeugnisse zu reduzieren, wenn ein Erzeuger seinen Abnehmer, z.B. die Molkerei, wechselte. Der luxemburgische Gesetzgeber machte von dieser Möglichkeit Gebrauch. Das vorlegende Gericht warf aus diesem Grund die Frage auf, ob eine solche Regelung unter anderem mit dem Grundsatz der freien Wahl des Geschäftspartners vereinbar sei. Zwar wies Generalanwalt *Darmon* in seinen Schlussanträgen darauf hin, dass sich ein solcher Grundsatz bislang nicht ausdrücklich in der Rechtsprechung des EuGH finden ließe. Er stelle aber eine Abwandlung des Grundsatzes der freien Berufsausübung oder

104 EuGH, Rs. C-283/11, *Sky Österreich*, ECLI:EU:C:2013:28, Rz. 43.

105 Richtlinie 2001/23/EG vom 12.03.2001 zur Angleichung der Rechtsvorschriften der Mitgliedstaaten über die Wahrung von Ansprüchen beim Übergang von Unternehmen, Betrieben oder Unternehmens- und Betriebsteilen, Abl. 2001, L 82 S. 16.

106 EuGH, Rs. C-426/11, *Alemo-Herron*, ECLI:EU:C:2013:521, Rz. 33; EuGH, Rs. C-328/13, *Österreichischer Gewerkschaftsbund*, ECLI:EU:C:2014:2197, Rz. 30; EuGH, Rs. C-680/15, *Asklepios*, ECLI:EU:C:2017:317, Rz. 23.

107 ABl. L 90, S. 13, in der Fassung der Verordnung Nr. 590/85 vom 26.02.1985 (ABl. L 68, S. 1).

der freien Wirtschaftsbetätigung dar.[108] Dieser Ansicht folgte der EuGH mit dem Unterschied, dass er den Grundsatz der freien Wahl des Geschäftspartners als besonderen Ausdruck der freien Berufsausübung ansah.[109] Seiner Meinung nach könne eine Regelung wie die luxemburgische zur Folge haben, dass der Erzeuger davon abgehalten werde, sich der Molkerei anzuschließen, die die günstigsten Konditionen anbiete. Dies würde die Gewährleistung der freien Wahl des Geschäftspartners verletzen.[110] Der EuGH hat diese Abschlussfreiheit in der später ergangenen Entscheidung in der Rechtssache *Sky Österreich* ausdrücklich als Teilaspekt der durch Art. 16 GRC geschützten Vertragsfreiheit bezeichnet.[111]

cc. Freiheit der Vertragsbeendigung

Neben der Gestaltungs- und Abschlussfreiheit fällt auch die Freiheit, einen Vertrag zu beenden, unter die von Art. 16 GRC geschützte Vertragsfreiheit. Diese Freiheit gilt nach Ansicht des EuGH insbesondere in Bezug auf Verträge zwischen Unternehmen und den bei ihnen beschäftigten Arbeitnehmern.[112] Die Feststellungen traf der EuGH in einer Entscheidung über die Rechtmäßigkeit einer griechischen Vorschrift, der zu Folge die zuständige Behörde einer beabsichtigten Massenentlassung unter bestimmten Voraussetzungen die erforderliche Genehmigung versagen und damit die Realisierung der beabsichtigten Massenentlassung verhindern konnte. Gegenstand des Ausgangsrechtsstreites war eine auf diese nationale Vorschrift gestützte Entscheidung der griechischen Behörde, eine von der Klägerin beantragte Massenentlassung nicht zu genehmigen. Da Hauptaktionär der Klägerin ein französischer Konzern war, sah der EuGH durch den damit verbundenen Eingriff in die Niederlassungsfreiheit auch den Anwendungsbereich der GRC als eröffnet an, so dass die einschlägigen Grundrechte zu beachten seien. Unter Bezugnahme auf die Entscheidung in den Rechtssachen *Sky Österreich*[113] und *Alemo-Herron*[114] führte der EuGH aus, dass die Schaffung einer Rahmenregelung für Massenentlassung eine Beschränkung der Ausübung der unternehmerischen Freiheit und insbesondere der Vertragsfreiheit darstelle. Ein auf diese Rahmenregelung gestützter Widerspruch gegen

---

108 Schlussanträge Rs. C-90/90, *Jean Neu*, ECLI:EU:C:1991:182, Rz. 18.

109 EuGH, Rs. C-90/90, *Jean Neu*, ECLI:EU:C:1991:303, Rz. 13.

110 EuGH, Rs. C-90/90, *Jean Neu*, ECLI:EU:C:1991:303, Rz. 13. Diese Entscheidung bestätigend EuGH, Rs. C-307/91, *Luxlait*, ECLI:EU:C:1993:940, Rz. 14.

111 EuGH, Rs. C-283/11, *Sky Österreich*, ECLI:EU:C:2013:28, Rz. 43.

112 EuGH, Rs. C-201/15, *AGET Iraklis*, ECLI:EU:C:2016:972, Rz. 69.

113 EuGH, Rs. C-201/15, *AGET Iraklis*, ECLI:EU:C:2016:972, Rz. 69.

114 EuGH, Rs. C-426/11, *Alemo-Herron*, ECLI:EU:C:2013:521.

eine beabsichtigte Massenentlassung könne offensichtlich dazu führen, deren Umsetzung durch den Arbeitgeber zu verhindern.[115]

d. Vergleich zur EMRK und deren Zusatzprotokollen

Gemäß Art. 52 Abs. 3 Satz 1 GRC haben Rechte der GRC, die den durch die EMRK garantierten Rechten entsprechen, die gleiche Bedeutung und Tragweite, wie sie ihnen in der EMRK verliehen wird. Diese Bestimmung verwehrt es indes gemäß Art. 52 Abs. 3 Satz 2 GRC nicht, dass das Unionsrecht einen weiter reichenden Schutz gewährt. In der Praxis zieht der EuGH einen Vergleich zwischen dem Wortlaut der Vorschriften der EMRK und der GRC und greift bei deren Übereinstimmung auf die zu der korrespondierenden Regelung der EMRK ergangene Rechtsprechung des EGMR zurück.[116] Zur weiteren Erschließung des Schutzbereiches der von Art. 16 GRC geschützten Vertragsfreiheit wird daher im Folgenden ein Vergleich zu den Gewährleistungen der EMRK gezogen.

aa. Schutz durch die EMRK?

Der Text der EMRK enthält keine Regelung zur Berufsfreiheit und/oder zur unternehmerischen Freiheit. Allerdings leitet der EGMR unter bestimmten Umständen den Schutz von geschäftlichen oder beruflichen Tätigkeiten aus anderen Artikeln der EMRK bzw. aus dem ZP I EMRK[117] ab.

Laut EGMR bezieht sich der Schutzbereich von Art. 8 EMRK (Recht auf Achtung des Privat- und Familienlebens) nicht lediglich auf den inneren Kreis des Privatlebens, sondern auch auf die Möglichkeit, Beziehungen zu anderen zu entwickeln. Davon erfasst sind nach Ansicht des EGMR auch berufliche und geschäftliche Tätigkeiten, da die meisten Menschen im Laufe ihres Berufslebens zahlreiche Möglichkeiten haben, Beziehungen nach außen aufzubauen.[118]

Darüber hinaus ist von dem Schutzbereich von Art. 10 EMRK (Freiheit der Meinungsäußerung) u.a. auch die kommerzielle Werbung erfasst.[119]

---

115 EuGH, Rs. C-201/15, *AGET Iraklis*, ECLI:EU:C:2016:972, Rz. 69.

116 EuGH, Rs. C-400/10 PPU, *J.McB.*, ECLI:EU:C:2010:582, Rz. 51.

117 Zusatzprotokoll zur Konvention zum Schutze der Menschenrechte und Grundfreiheiten in der Fassung des Protokolls Nr. 11 vom 20.03.1952 (BGBl. 1956 II S. 1879 (1880)).

118 EGMR, Urteil vom 16.12.1992, *Niemietz/Deutschland*, NJW 1993, 718, Rz. 29.

119 EGMR, Urteil vom 24.02.1994, *Casado Coca / Spanien*, ÖJZ 1994, 636, Rz. 35, 36.

bb. Schutz durch Zusatzprotokolle?

Als ausdrücklich normiertes Wirtschaftsrecht ist in Art. 1 Abs. 1 ZP I EMRK der Schutz des Eigentums verankert. Gemäß Art. 1 Abs. 1 Satz 1 ZP I EMRK hat jede natürliche oder juristische Person das Recht auf Achtung ihres Eigentums. Gemäß Art. 1 Abs. 1 Satz 2 ZP I EMRK darf niemandem sein Eigentum entzogen werden, es sei denn, dass das öffentliche Interesse es verlangt, und dann nur unter den durch Gesetz und durch die allgemeinen Grundsätze des Völkerrechts vorgesehenen Bedingungen. Aus dieser Bestimmung leitet der EGMR den Schutz von wirtschaftlichen Interessen ab, die auch die Ausübung eines Berufes oder den Betrieb eines Unternehmens betreffen.[120] Den Schutz der Vertragsfreiheit hat der EGMR entgegen der Auffassung zahlreicher Autoren nicht unter den Schutz des Eigentums gemäß Art. 1 ZP I EMRK gefasst.[121]

cc. Zwischenergebnis

Der Schutz unternehmerischer Interessen wird im Rahmen der EMRK nur im Kontext anderer Grundrechte und -freiheiten gewährleistet. Dieses Schutzniveau bleibt daher aufgrund dieses stets erforderlichen Kontextes hinter dem durch die Rechtsprechung des EuGH mit Blick auf den Schutz unternehmerischer Interessen bereits vor Inkrafttreten der GRC entwickelten Schutzniveaus

---

120 Siehe insgesamt zum Schutz der Berufsfreiheit durch den EGMR *Grabenwarter/Pabel*, in: Europäische Menschenrechtskonvention 2016, § 25 Rz. 38 ff.

121 Anderer Ansicht sind unter anderem *Grabenwarter*, in: *Grabenwarter/Pöchersstorfer/Rosenmayr-Klemenz*, GR des Wirtschaftslebens 2012, S. 22; *Frenz*, Handbuch Europarecht 2009, Rz. 2658; *Rengeling/Szczekalla*, GRC 2004, S. 624 f., Rz. 799; *Streinz*, in: Streinz, EUV/AEUV 2012, Art. 16 Rz. 3; *Bernsdorff*, in: Meyer, Charta der Grundrechte der EU 2014, Art. 16 Rz. 13; *Schwier*, Der Schutz der „Unternehmerischen Freiheit“ 2008, 129; *Wollenschläger*, in: vdGroeben/Schwarze/Hatje, EU-Recht 2015, Art. 15 Rz. 5; *Nowak*, in: Heselhaus/Nowak, Handbuch Europäische GR 2006, S. 870. Sämtliche der genannten Autoren nehm n Bezug auf EGMR, Urteil vom 25.03.1999, *Iatridis / Griechenland*, EuGRZ 1999, 316, obwohl der EGMR dort unter Rz. 54 „lediglich“ seine Rechtsprechung über den Schutz des Kundenstamms („clientele“) eines Unternehmens durch Art. 1 ZP I EMRK bestätigt und unter Rz. 55 ausführt, dass der Mieter eines Kinos, der aufgrund einer per Gericht für rechtswidrig erklärten behördlichen Zwangsräumung des Grundstücks weiterhin nicht seinem (Kino)Geschäft nachgehen kann, in einer von Art. 1 ZP I EMRK geschützten Rechtsposition beeinträchtigt ist („interference with the applicant's property rights“). Ein Schutz der Vertragsfreiheit ergibt sich daraus nicht. (Wie hier auch *Grabenwarter/Pabel*, in: Europäische Menschenrechtskonvention 2016, § 25 Rz. 41 sowie *Blanke*, in: Tettinger/Stern, GRC 2006, S. 415, Rz. 13.).

zurück.[122] Die unternehmerische Vertragsfreiheit wird also aktuell nicht durch die EMRK und/oder deren Zusatzprotokolle geschützt.

e. Ergebnis zum sachlichen Schutzbereich

In sachlicher Hinsicht schützt die gemäß Art. 16 GRC gewährleistete Vertragsfreiheit jede Einheit unabhängig von der Rechtsform und der Art der Finanzierung, die Güter oder Dienstleistungen auf einem bestimmten Markt anbietet, ohne dass dabei eine Gewinnerzielungsabsicht erforderlich ist. Der grundrechtliche Unternehmensbegriff entspricht somit demjenigen des Wettbewerbsrechtes.

Geschützt ist die Freiheit zur inhaltlichen Gestaltung, zum Abschluss und zur Beendigung von Verträgen. Es besteht damit ein umfassender Schutz sämtlicher Aspekte der positiven und negativen Vertragsfreiheit.[123]

2. Persönlicher Schutzbereich

Der persönliche Schutzbereich von Art. 16 GRC umfasst zunächst den Begriff des Unternehmers als „personelles Substrat“[124] der unternehmerischen Freiheit. Gemeint ist damit die Person, die das Unternehmen betreibt. Ob Art. 16 GRC nur natürliche Personen schützt oder ob der Schutz auch für juristische Personen ggf. auch für solche des öffentlichen Rechtes gilt, ergibt sich weder aus dem Wortlaut noch aus den Erläuterungen zur GRC.

a. Keine personelle Beschränkung

Der EuGH hat sich mit der Frage nach der persönlichen Reichweite von Art. 16 GRC bislang nicht auseinandergesetzt. Anders als z.B. bei Art. 10 GRC oder Art. 15 GRC erstreckt sich der Schutz von Art. 16 GRC nach dessen Wortlaut nicht ausdrücklich auf jede Person. Dem Wortlaut ist aber zu Recht auch keine personelle Einschränkung zu entnehmen. Denn die Eingriffsmöglichkeiten durch Union und Mitgliedstaaten in Bezug auf die unternehmerische Freiheit beziehen sich nicht nur auf Unionsbürger. Es könnten vielmehr auch Angehörige von Drittstaaten oder Staatenlose betroffen sein, so dass auch diese ein berechtigtes schutzwürdiges Interesse an einer Einbeziehung in den persönlichen Schutzbereich haben.[125] Wegen dieser Schutzbedürftigkeit und mangels

---

122 *Hilf/Hörmann*, NJW 2003, S. 1 (7); *Frenz*, Handbuch Europarecht 2009, Rz. 2658.
123 *Schneider*, Die Wirkung arbeitsvertraglicher Bezugnahmeklauseln 2017, S. 158 f.
124 *Frenz*, Handbuch Europarecht 2009, Rz. 2688.
125 *Bernsdorff*, in: Meyer, Charta der Grundrechte der EU 2014, Art. 16 Rz. 17.

ausdrücklicher Einschränkung in personeller Hinsicht ist zu konstatieren, dass sich jedermann auf Art. 16 GRC berufen darf.[126]

b. Schutz juristischer Personen

Die GRC enthält keine mit Art. 19 Abs. 3 GG vergleichbare Regelung, der zu Folge die Grundrechte auch für juristische Personen gelten, sofern sie ihrem Wesen nach auf sie anwendbar sind. Allerdings bestand die Aufgabe des Konventes darin, eine Bestandsaufnahme der Grundrechtsentwicklung auf europäischer Ebene vorzunehmen.[127] Nach der insoweit maßgeblichen Rechtsprechung des EuGH konnten und können sich insbesondere juristische Personen auf Art. 16 GRC berufen.[128] Da insbesondere juristische Personen ein Unternehmen im Sinne von Art. 16 GRC[129] darstellen können und damit in besonderer Weise schutzbedürftig vor Eingriffen in den Tätigkeitsbereich sind, ist in Übereinstimmung mit der Rechtsprechung des EuGH und der einhelligen Ansicht in der Literatur auch von dem Schutz juristischer Personen durch Art. 16 GRC auszugehen.[130]

126 *Bernsdorff*, in: Meyer, Charta der Grundrechte der EU 2014, Art. 16 Rz 17; *Rengeling*, DVBl. 2004, 453 (459); *Frenz*, Handbuch Europarecht 2009, Rz. 2675; *Jarass*, EuGRZ 2011 (360) (361); *Blanke*, in: Tettinger/Stern, GRC 2006 S. 430, Rz. 15; *Wollenschläger*, in: vdGroeben/Schwarze/Hatje, EU-Recht 2015, Art. 16 GRC, Rz. 6. A.A. ist *Streinz*, der auf einen Gleichlauf mit den Grundfreiheiten abstellt, die lediglich Unionsbürgern vorbehalten sind (*Streinz*, in: Streinz, EUV/AEUV 2012, Art. 16 GRC, Rz. 8).

127 Siehe hierzu oben unter Ziffer A. II. 1. in diesem Teil der Arbeit ab S. 32.

128 Tatsächlich ergingen sehr viele Entscheidungen zu Art. 16 GRC in Bezug auf juristische Personen (z.B. EuGH, Rs. C-201/15, *AGET Iraklis*, ECLI:EU:C:2016:972; EuGH, Rs. C-534/16, *BB construct*, ECLI:EU:C:2017:820; EuGH, Rs. C134/15, *Lidl*, ECLI:EU:C:2016:498; EuGH, Rs. C-426/11, *Alemo-Herron*, ECLI:EU:C:2013:521; EuGH, Rs. C-680/15, *Asklepios*, ECLI:EU:C:2017:317; EuGH, Rs. C-70/10, *Scarlet*, ECLI:EU:C:2011:771; EuGH, Rs. C-465/00, *Österreichischer Rundfunk*, ECLI:EU:C:2003:294; EuGH, Rs. C-435/02, *Springer*, ECLI:EU:C:2004:552.

129 Siehe hierzu oben unter Ziffer B. II. 1. a. in diesem Teil der Arbeit ab S. 48.

130 *Streinz*, in: Streinz, EUV/AEUV 2012, Art. 16 GRC, Rz. 7; *Borowsky*, in: Meyer, Charta der Grundrechte der EU 2014, Art. 16, Rz. 16; *Ruffert*, in: Callies/Ruffert, EUV/AEUV 2016, Art. 16 GRC, Rz. 3; *Sasse*, EuR 2012, S. 628 (629 ff.); *Wollenschläger*, in: vdGroeben/Schwarze/Hatje, EU-Recht 2015, Art. 16 GRC, Rz. 6; *Jarass*, in: Jarass, Charta der Grundrechte der EU 2016, Art. 16, Rz. 11; *Schwier*, Der Schutz der „Unternehmerischen Freiheit" 2008, S. 199 ff.; *Schneider*, Die unternehmerische Freiheit 2017, S. 59.

c. *Schutz öffentlich-rechtlicher juristischer Personen?*

Stark umstritten ist hingegen die Frage, ob sich auch öffentlich-rechtliche juristische Personen und öffentliche Unternehmen[131] auf den Schutz von Art. 16 GRC berufen können. Der EuGH hat sich mit der Frage der Grundrechtsberechtigung öffentlich-rechtlicher juristischer Personen hingegen noch nicht ausdrücklich auseinandergesetzt.

aa. Contra-Argumente

Nach Ansicht einer Gruppe von Autoren gilt der Schutz von Art. 16 GRC nicht für öffentlich-rechtliche juristische Personen. Staatliche Organisationseinheiten würden als Grundrechtsverpflichtete nicht zugleich auch Grundrechtsberechtigte sein können (Konfusionsargument).[132]

Blanke vertieft diese Argumentation noch. Nach seiner Ansicht könnten sich die Mitgliedstaaten durch die Gewährung von Grundrechten selbst begünstigen.[133] Es fehle darüber hinaus an einem normativen Anknüpfungspunkt für den Schutz öffentlich-rechtlicher juristischer Personen, wie in Art. 54 UAbs. 2 AEUV.[134] Des Weiteren leitet *Blanke* seine ablehnende Ansicht aus der Wertung von Art. 36 GRC ab. Gemäß Art. 36 GRC anerkennt und achtet die Union den Zugang zu Dienstleistungen von allgemeinem wirtschaftlichem Interesse, wie er durch die einzelstaatlichen Rechtsvorschriften und Gepflogenheiten im Einklang mit den Verträgen geregelt ist, um den sozialen und territorialen Zusammenhalt

---

131 Aus Darstellungsgründen ist im Folgenden für beide Organisationsformen von „öffentlich-rechtlichen juristischen Personen" die Rede, wenn der Kontext der Darstellung nicht zwingend eine Differenzierung voraussetzt.

132 *Blanke*, in: Tettinger/Stern, GRC 2006, S. 430 f., Rz. 16 f. („keine Flucht ins Privatrecht"); *Weiss*, EuR 2003, S. 165 (180 ff); *Jarass*, EU-Grundrechte 2005, S. 248; *Schmidt*, Die unternehmerische Freiheit 2010, S. 176 ff.; *Ruffert*, in: Callies/Ruffert, EUV/AEUV 2016, Art. 16 GRC Rz. 3; *Wollenschläger*, in: vdGroeben/Schwarze/Hatje, EU-Recht 2015, Art, 16 GRC, Rz. 6; *Ehlers*, § 14 Allgemeine Lehren der Unionsgrundrechte, in: Ehlers (Hrsg), Europäische Grundrechte und Grundfreiheiten 2014, Rz. 57, der aber öffentlich-rechtlichen Unternehmen die Berufung auf Verfahrens- und Prozessgrundrechte zugesteht; *Ruffert*, § 19 Berufsfreiheit und unternehmerische Freiheit, in: Ehlers (Hrsg.), Europäische Grundrechte und Grundfreiheiten 2014, Rz. 26 speziell zur unternehmerischen Freiheit.

133 *Blanke*, in: Tettinger/Stern, GRC 2006, S. 430, Rz. 16.

134 Gemäß Art. 54 UAbs. 2 AEUV gelten als Gesellschaften solche des bürgerlichen Rechtes und des Handelsrechtes einschließlich der Genossenschaften und die sonstigen juristischen Personen des öffentlichen und privaten Rechtes mit Ausnahme derjenigen, die keinen Erwerbszweck verfolgen.

der Union zu fördern. Laut *Blanke* ergibt sich hieraus ein Kontrahierungszwang für öffentliche Unternehmen als Erbringer solcher Dienstleistungen, der aber mit der GRC in Einklang steht.[135]

bb. Pro-Argumente

Eine andere Gruppe von Autoren hingegen erkennt die Möglichkeit öffentlich-rechtlicher juristischer Personen an, sich auf die Grundrechte der GRC berufen zu können, wenn die Voraussetzungen eines Unternehmens erfüllt sind.[136] Als Hauptbegründung geben die Autoren an, dass sich Unternehmen unabhängig von ihrer Organisationsform als Marktteilnehmer auf Unionsebene grundsätzlich den gleichen Wettbewerbsbedingungen ausgesetzt sehen, wie rein privatrechtliche juristische Personen.

cc. Stellungnahme

Die Beantwortung der Frage nach einer Grundrechtsberechtigung öffentlich-rechtlicher juristischer Personen und der damit verbundenen Einbeziehung in den Schutzbereich von Art. 16 GRC bedarf einer differenzierten Betrachtung.

(1) Keine Konfusion

Nach deutscher Verfassungsrechtsdogmatik beruht das Konfusionsargument der Vertreter der Contra-Argumente auf der Annahme, dass ein hoheitlicher Eingriff in dem Staat zugehörige oder zurechenbare Bereiche keine grundrechtstypische Gefährdungslage begründe.[137] Es handele sich hierbei lediglich um einen Verstoß gegen die Kompetenzordnung und somit nicht um ein

---

135 Blanke, in: Tettinger/Stern, GRC 2006, S. 431, Rz. 17. Anscheinend stellt ein solcher Kontrahierungszwang für *Blanke* eine Verletzung der gemäß Art. 16 GRC geschützten Vertragsfreiheit des Unternehmers dar, die bei einer Einbeziehung von öffentlich-rechtlichen Unternehmen in den Schutzbereich von Art. 16 GRC zu einem unauflösbaren Widerspruch führen würde.

136 *Schwarze*, Europarecht 2012, S. 439 f.; *Schwarze/Voet van Vormizeele*, in: Becker/Hatje/Schoo/Schwarze, EU-Kommentar 2019, Art. 16 GRC, Rz. 4; *Wunderlich*, Berufsfreiheit 2000, S. 120; *Bernsdorff*, in: Meyer, Charta der Grundrechte der EU 2014, Art. 16 Rz. 16; *Rengeling*, DVBl. 2004, S. 453 (455); *Schneider*, Die unternehmerische Freiheit 2017, S. 62 f.; *Schwier*, Der Schutz der „Unternehmerischen Freiheit" 2008Der Schutz der „Unternehmerischen Freiheit" 2008 2008, S. 175 ff.; *Sasse*, EuR 2012, S. 628 (643 ff.), der die Berechtigung von einer (erwerbs)wirtschaftlichen Bestätigung abhängig macht und ansonsten ablehnt; in diesem Sinne auch EuG, Rs. T-494/10, *Bank Saderat Iran*, ECLI:EU:T:2013:59, Rz. 40.

137 BVerfG, Beschluss vom 08.07.1982 – 2 BvR 1187/80, NJW 1982, S. 2173.

grundrechtsrelevantes Verhalten.[138] Das Konfusionsargument mag daher in einer „gewöhnlichen" verfassungsrechtlichen Situation mit zwei Ebenen (Staat – Bürger) überzeugen. In Bezug auf die Union besteht aber eine weitere, dritte Ebene (Union – Staat – Bürger). Daher lässt sich das Konfusionsargument nicht auf die Frage nach der Grundrechtsberechtigung in Bezug auf die GRC übertragen.[139] Die Unterschiede treten besonders deutlich mit Blick auf Verordnungen gemäß Art. 288 AEUV zu Tage. Ausschließlich der unionale Gesetzgeber erlässt solche Verordnungen. Sofern die Union bei Erlass der Verordnung im Rahmen der ihr übertragenen Kompetenzen handelt, liegt kein Verstoß gegen die Kompetenzordnung vor. Gleichwohl können aber öffentlich-rechtliche juristische Personen von einer Verordnung freiheitsverkürzend betroffen sein. Es fehlt in dieser Situation auch an einem Gleichlauf zwischen Grundrechtsverpflichtung und -berechtigung. Denn die Grundrechtsverpflichtung trifft im Falle der Verordnung die Union, während sich ggf. eine mitgliedstaatliche öffentlich-rechtliche juristische Person als etwaige Berechtigte auf Grundrechte berufen würde.

Dies gilt gleichermaßen bei der Umsetzung von Richtlinien durch die Mitgliedstaaten. Zwar setzen hier die Mitgliedstaaten selbst Recht und sind nach Maßgabe von Art. 51 Abs. 1 GRC auch selbst an die GRC gebunden.[140] Tatsächlich sind die Mitgliedstaaten aber auch bei Richtlinien durch den unionalen Gesetzgeber zur Rechtssetzung verpflichtet und damit nicht als eigentlicher Urheber des durch die betreffende Maßnahme verursachten Grundrechtseingriffes anzusehen.[141]

---

138 BVerfG, Beschluss vom 02.05.1967 – 1 BvR 578/63, NJW 1967, S. 1411; siehe hierzu vertiefend *Ludwigs/Friedmann*, NVwZ 2018, S. 22 (22 ff.), die darüber hinaus noch zwischen einem engen und einem weiten Konfusionsargument unterscheiden (*Ludwigs/Friedmann*, NVwZ 2018, S. 22 (24)).

139 Ausdrücklich a.A. *Sasse*, EuR 2012, S. 628 (649 f.), der argumentiert, dass die Union kein von den Mitgliedstaaten unabhängiges Rechtssubjekt sei, was angesichts der Verleihung eigener Rechtspersönlichkeit der Union in Art. 47 EUV aber nicht überzeugt.

140 Nur im Falle der Bindung an die GRC stellt sich überhaupt die Frage, welchen Umfang der persönliche Schutzbereich aufweist.

141 Der VGH Mannheim spricht sehr plastisch von „unionsrechtlich veranlassten Grundrechtseingriffen" (VGH Mannheim, Beschluss vom 20.01.2011 – 6 S 1685/10, EuGRZ 2011, 97 (102). Eine Ausnahme hierzu besteht im Bereich des Arbeitsrechtes; siehe hierzu und den sich daraus ergebenen Rechtsfolgen ausführlich oben unter B. IV. 2. im vierten Teil der Arbeit ab S. 136.

(2) Kein Zusammenhang zwischen Betroffenheit und Aufgabenwahrnehmung

Im deutschen Verfassungsrecht wird juristischen Personen des öffentlichen Rechtes nicht kategorisch die Grundrechtsberechtigung abgesprochen. Das BVerfG führt zur Frage der Grundrechtsberechtigung vielmehr aus, dass diese von der Funktion abhinge, in der die juristische Person des öffentlichen Rechtes von dem beanstandeten Akt der öffentlichen Gewalt betroffen werde.[142] Ein Zusammenhang zwischen Betroffenheit und hoheitlicher Aufgabenwahrnehmung ist bei Art. 16 GRC indes zwingend ausgeschlossen. Denn Unternehmen im Sinne des grundrechtlichen Unternehmensbegriffes[143] üben unabhängig von ihrer privatrechtlichen oder öffentlich-rechtlichen Rechtsnatur per Definition keine hoheitlichen Befugnisse aus.

(3) Grundrechtsberechtigung der Union?

Bemerkenswert ist, dass der EuGH sogar eine Grundrechtsberechtigung der Union anzuerkennen scheint. In der bereits erwähnten Entscheidung in der Rechtssache *Kommission/Belgien* verwies der EuGH auf die Vertragsfreiheit der Parteien eines Mietvertrages – ein privatrechtlicher Vermieter und die Kommission – und hatte sich damit gegen die Ansicht der Kommission gewandt, die in der streitgegenständlichen mietvertraglichen Regelung eine unzulässige Umgehung von Unionsrecht erkannt haben wollte.[144] In der Entscheidung in der Rechtssache *Sky Österreich* bezog der EuGH die in der vorstehend genannten Entscheidung erwähnte Vertragsfreiheit des privatrechtlichen Vermieters und der Kommission ausdrücklich in die von Art. 16 GRC geschützte Vertragsfreiheit als Bestandteil der unternehmerischen Freiheit ein.[145] Sofern der EuGH damit überhaupt eine allenfalls indirekte Aussage über die Grundrechtsberechtigung der Union machen wollte, wäre dieser Ansicht jedenfalls nicht zu folgen. In Bezug auf die Organe der Union greift vielmehr das Konfusionsargument vollständig durch. Unschädlich ist, dass die Kommission in der Rechtssache *Kommission/Belgien* privatwirtschaftlich in Erscheinung getreten ist und keine Hoheitsrechte ausgeübt, sondern einen privatrechtlichen Mietvertrag abgeschlossen hat. Denn die Organe der Union sind – anders als öffentlich-rechtliche juristische Personen

---

142 BVerfG, Urteil vom 09.06.2004 – 2 BvR 1248/03; auch *Sasse* stellt darauf ab, in welcher Funktion die öffentlich-rechtliche juristische Person durch das hoheitliche Handeln betroffen ist (*Sasse*, EuR 2012, S. 628 (650)).

143 Siehe hierzu oben unter Ziffer B. II. 1. a. in diesem Teil der Arbeit ab S. 48.

144 Siehe hierzu oben unter Ziffer B. II. 1. c. aa. in diesem Teil der Arbeit ab S. 53.

145 EuGH, Rs. C-283/11, *Sky Österreich*, ECLI:EU:C:2013:28, Rz. 43.

in den Mitgliedstaaten – unmittelbar an der potentiell in Grundrechte eingreifenden Setzung von Unionsrecht beteiligt.

(4) Argumente von *Blanke*

Blankes Rückschluss aus Art. 54 UAbs. 2 AEUV, der anders als Art. 16 GRC ausdrücklich öffentlich-rechtliche juristische Person einbezieht, überzeugt nicht. Denn die GRC enthält auch keine Regelung über den Ausschluss öffentlich-rechtlicher juristischer Person vom Grundrechtsschutz. Ein solcher ausdrücklicher Ausschluss wäre aber zu erwarten, wenn dieser Schutz nicht gewollt gewesen wäre, da juristische Personen grundsätzlich geschützt werden.[146] Darüber hinaus setzt sich *Blanke* in Widerspruch zu seinen Ausführungen über das Erfordernis einer Gewinnerzielungsabsicht für den grundrechtlichen Unternehmensbegriff. Art. 54 UAbs. 2 AEUV schließt Gesellschaften, die keinen Erwerbszeck verfolgen, ausdrücklich aus. Eine vergleichbare Regelung enthält Art. 16 GRC nicht. Trotzdem hält *Blanke* die Gewinnerzielungsabsicht für erforderlich, um unter den Schutz von Art. 16 GRC zu fallen. Für die Grundrechtsberechtigung zieht *Blanke* also Rückschlüsse aus einem Vergleich zur Regelung in Art. 54 UAbs. 2 AEUV, für die Definition des Unternehmensbegriffes zieht er die Rückschlüsse aber nicht. Richtig ist indes, dass ein Vergleich zu Art. 54 UAbs. 2 AEUV keinen rechtlichen Mehrwert aufweist, da es sich um eine mit Art. 16 GRC in keiner Hinsicht vergleichbare Vorschrift handelt.

Die von *Blanke* bemühten Wertungen aus Art. 36 GRC lassen sich ebenfalls nicht für einen Ausschluss des Grundrechtsschutzes für öffentlich-rechtliche juristische Personen fruchtbar machen. Art. 36 GRC begründet kein neues Recht, sondern achtet vielmehr die Regelung in Art. 14 AEUV.[147] Ein etwaig aus Art. 36 GRC abzuleitender Kontrahierungszwang für öffentlich-rechtliche juristische Personen trifft auch keine Aussage über deren Grundrechtsberechtigung. Selbst wenn unter bestimmten Umständen gemäß Art. 36 GRC ein Kontrahierungszwang bestehen würde, ließe sich daraus kein Ausschluss der Grundrechtsberechtigung schlussfolgern. Ein Kontrahierungszwang stellt zwar einen (massiven) Eingriff in den Schutzbereich der gemäß Art. 16 GRC gewährleisteten Vertragsfreiheit dar, der aber gemäß Art. 52 Abs. 1 Satz 2 GRC gerechtfertigt werden kann. Das Argument von *Blanke* würde daher lediglich dann überzeugen, wenn ein etwaiger Kontrahierungszwang gemäß Art. 36 GRC zwangsläufig einen stets unzulässigen Eingriff in den Wesensgehalt von Art. 16 GRC darstellen

---

146 Siehe hierzu oben unter Ziffer B. II. 2. b. in diesem Teil der Arbeit ab S. 60.

147 RUDOLF, in: Meyer, Charta der Grundrechte der EU 2014, Art. 36 Rz. 1; JARASS, in: Jarass, Charta der Grundrechte der EU 2016, Art. 36 Rz. 1.

würde. Dies ist aber allein aufgrund der Regelung in Art. 36 GRC nicht ersichtlich und wird auch von *Blanke* nicht behauptet. Vielmehr hat der EuGH bereits entschieden, dass ein Kontrahierungszwang nicht zwingend eine Missachtung des Wesensgehaltes von Art. 16 GRC und damit grundsätzlich einen rechtfertigungsfähigen Eingriff darstellt.[148]

d. Zwischenergebnis

Art. 16 GRC schützt jedermann vor Eingriffen in den sachlichen Schutzbereich der unternehmerischen Freiheit. Dies gilt auch für privatrechtliche sowie für öffentlich-rechtliche juristische Personen.

III. Ergebnis zum Schutzbereich

Der Schutzbereich von Art. 16 GRC unterliegt keinem inhaltlichen Ausgestaltungsvorbehalt, sondern schützt umfassend die positive und negative Vertragsfreiheit von Unternehmen, wozu sowohl privatrechtliche als auch öffentlich-rechtliche juristische Personen zählen, nicht hingegen die Organe der Union. Es bestehen in persönlicher Hinsicht keine Einschränkungen. Der Unternehmensbegriff entspricht demjenigen des Wettbewerbsrechtes, setzt also keine Gewinnerzielungsabsicht voraus.

C. Eingriffe in den Schutzbereich

Aufgrund des sehr weiten Schutzbereiches stellt der EuGH regelmäßig fest, dass die unternehmerische Freiheit einer Vielzahl von Eingriffen der öffentlichen Gewalt unterworfen werden kann.[149] Im Folgenden ist daher auf die Voraussetzungen eines grundrechtsrelevanten Eingriffes einzugehen.

I. Unmittelbare und mittelbare Eingriffe

Da der EuGH von einer Vielzahl von Eingriffen in Art. 16 GRC ausgeht, scheint der Ansicht des EuGH ein weites Eingriffsverständnis zugrunde zu liegen. Eine einzelfallunabhängige Definition ist noch ausgeblieben.[150] Entscheidend

148 EuGH, Rs. C-283/11, *Sky Österreich*, ECLI:EU:C:2013:28, Rz. 49.

149 EuGH, Rs. C-283/11, *Sky Österreich*, ECLI:EU:C:2013:28, Rz. 46; EuGH, Rs. C-101/12, *Schaible*, ECLI:EU:C:2013:661, Rz. 28; EuGH, Rs. C134/15, *Lidl*, ECLI:EU:C:2016:498, Rz. 34; EuGH, Rs. C-201/15, *AGET Iraklis*, ECLI:EU:C:2016:972, Rz. 86; EuGH, Rs. C-534/16, *BB construct*, ECLI:EU:C:2017:820, Rz. 36.

150 *Kingreen* hebt insoweit positiv hervor, dass der EuGH den Eingriff mittlerweile immerhin als eigene Kategorie prüft (Kingreen, in: Callies/Ruffert, EUV/AEUV

ist zunächst, ob einer Maßnahme eine beeinträchtigende Wirkung zukommt, so dass neben unmittelbaren[151] auch grundsätzlich mittelbare[152] Beeinträchtigungen als rechtfertigungsbedürftiger Eingriff anzusehen sind. Darüber hinaus wird in der Literatur auch die Zurechenbarkeit einer Beeinträchtigung zu einem Grundrechtsverpflichteten gefordert, um eine Eingrenzung der Reichweite von Art. 16 GRC zu erzielen.[153]

II. Mindestintensität

Welche Mindestintensität für die Einstufung als Eingriff erforderlich ist, ist indes nicht abschließend geklärt. In der Literatur wird zum Teil vertreten, dass eine „Spürbarkeitsgrenze" überschritten sein muss, um von einem rechtfertigungsbedürftigen Eingriff auszugehen.[154] Auch der EuGH hat sich in der Rechtssache *Springer* zu dieser Problematik indirekt geäußert.[155] In dem zugrunde liegenden Sachverhalt war unter anderem streitig, ob die Pflicht zur Offenlegung

---

2016, Art. 52 GRC, Rz. 56 mit Verweis auf EuGH, Rs. C-465/00, *Österreichischer Rundfunk*, ECLI:EU:C:2003:294, Rz. 73 ff; EuGH, Rs. C-92/09, *Schecke und Eifert*, ECLI:EU:C:2009:284, Rz. 58 ff.; EuGH, Rs. C-293/12, *Digital Rights Ireland Ltd.*, ECLI:EU:C:2014:238, Rz. 32 ff.

151 Unstreitig vgl. EuGH, Rs. C-200/96, *Metronome*, ECLI:EU:C:1998:172, Rz. 28; EuGH, Rs. C-219/91, *Ter Voort*, ECLI:EU:C:1992:414, Rz. 36 ff; *Jarass*, EU-Grundrechte 2005, S. 70 Rz. 20; *Frenz*, Handbuch Europarecht 2009, Rz. 2734; *Schubert*, in: Franzen/Gallner/Oetker, Kommentar zum europäischen Arbeitsrecht 2018, Art. 16 GRC, Rz. 12.

152 *Borowsky*, in: Meyer, Charta der Grundrechte der EU 2014, Art. 52 Rz. 19; *Schubert*, in: Franzen/Gallner/Oetker, Kommentar zum europäischen Arbeitsrecht 2018, Art. 16 GRC, Rz. 12; *Streinz*/Michl, in: Streinz, EUV/AEUV 2012, Art. 52 GRC, Rz. 6; *Frenz*, Handbuch Europarecht 2009, Rz. 2770. Auch der EuGH hat bereits in der Rechtssache *Jean Neu* eine Verletzung der freien Wahl des Geschäftspartners angenommen, weil die streitgegenständliche luxemburgische Regelung (mittelbar) davon abhalten könne, den Käufer seiner Erzeugnisse zu wechseln (siehe hierzu oben unter Ziffer B. II. 1. c. bb. in diesem Teil der Arbeit ab S. 55).

153 *Schubert*, in: Franzen/Gallner/Oetker, Kommentar zum europäischen Arbeitsrecht 2018, Art. 16 GRC, Rz. 12; *Jarass*, in: Jarass, Charta der Grundrechte der EU 2016, Art. 52 Rz. 13; *Schneider*, Die unternehmerische Freiheit 2017, S. 79; *Grabenwarter*, § 13 Wirtschaftliche Grundrechte, in: Grabenwarter (Hrsg.), Europäischer Grundrechteschutz 2014, Rz. 18.

154 *Borowsky*, in: Meyer, Charta der Grundrechte der EU 2014, Art. 52 Rz. 19; *Jarass*, in: Jarass, Charta der Grundrechte der EU 2016, Art. 52, Rz. 13.

155 EuGH, Rs. C-435/02, *Springer*, ECLI:EU:C:2004:552.

des Jahresabschlusses für Unternehmen eine Verletzung der Grundrechte der betroffenen Unternehmen darstellt. Der EuGH führt hierzu aus, dass im Falle einer hinreichend direkten und bedeutsamen Auswirkung auf die freie Berufsausübung ein Eingriff in das Grundrecht jedenfalls gerechtfertigt sei.[156] Diese Formulierung suggeriert den Eindruck, dass aus Sicht des EuGH eine solche hinreichend direkte und bedeutsame Auswirkung Voraussetzung für das Vorliegen eines Eingriffes ist.[157] Andererseits ist es nach Ansicht des EuGH für das Vorliegen eines rechtfertigungsbedürftigen Eingriffes nicht erforderlich, dass der Betroffene konkrete Nachteile erlitten haben muss.[158]

III. Qualifizierter Eingriff

Der EuGH scheint unterschiedliche Intensitätsstufen eines Eingriffes zu kennen. In der Rechtssache *Scarlet* hatte der EuGH über die Frage zu entscheiden, ob ein Anbieter eines Internetzugangsdienstes verpflichtet werden könne, ein aufwändiges System der Filterung elektronischer Kommunikationen durch Programme zum Austausch von Dateien einzurichten.[159] Hintergrund waren Verstöße gegen das Urheberrecht durch Internetnutzer, die unter anderem die Dienste des Internetproviders in Anspruch genommen haben. Das Filtersystem sollte unterschiedslos auf alle Kunden anwendbar, präventiv und zeitlich unbegrenzt sein und auf Kosten des Internetproviders betrieben werden. Inhaltlich nahm der EuGH letztlich eine Abwägung zwischen dem Schutz des geistigen Eigentums gemäß Art. 17 Abs. 2 GRC der betroffenen Inhaber von Urheberrechten auf der einen und dem Schutz der unternehmerischen Freiheit gemäß Art. 16 GRC des Internetproviders auf der anderen Seite vor. Da Gegenstand der Anordnung gegen den Internetprovider ein kompliziertes, kostspieliges, auf Dauer angelegtes und allein auf Kosten des Providers zu „betreibendes" Informatiksystem war, erkannte der EuGH darin eine „qualifizierte Beeinträchtigung" der unternehmerischen Freiheit.[160]

In einem weiteren Rechtsstreit in der Rechtssache *Netlog* hatte der EuGH über einen ähnlich gelagerten Sachverhalt zu entscheiden. Der EuGH konstatierte

---

156 EuGH, Rs. C-435/02, *Springer*, ECLI:EU:C:2004:552, Rz. 49.

157 So auch *Jarass*, in: Jarass, Charta der Grundrechte der EU 2016, Art. 52 Rz 13.

158 EuGH, Rs. C-465/00, *Österreichischer Rundfunk*, ECLI:EU:C:2003:294, Rz. 75; EuGH, Rs. C-293/12, *Digital Rights Ireland Ltd.*, ECLI:EU:C:2014:238, Rz. 33. Beide Entscheidungen behandelten Eingriffe in datenschutzrechtliche Regelungen.

159 EuGH, Rs. C-70/10, *Scarlet*, ECLI:EU:C:2011:771.

160 EuGH, Rs. C-70/10, *Scarlet*, ECLI:EU:C:2011:771, Rz. 48.

auch in dieser Entscheidung unter Verweis auf die Entscheidung in der Rechtssache *Scarlet* eine „qualifizierte Beeinträchtigung" der unternehmerischen Freiheit des Hosting-Anbieters, der kein angemessenes Gleichgewicht zwischen dem Schutz des geistigen Eigentums und der unternehmerischen Freiheit herstelle.[161]

IV. Stellungnahme

Beeinträchtigungen durch Rechts- und Realakte[162], die unmittelbar oder zielgerichtet freiheitsverkürzend wirken, führen unstreitig zu einem rechtfertigungsbedürftigen Eingriff in Art. 16 GRC. In Bezug auf mittelbare Beeinträchtigungen bedarf es hingegen einer differenzierten Ansicht.

1. Mittelbare Eingriffe

Auch mittelbare Beeinträchtigungen stellen einen rechtfertigungsbedürftigen Eingriff dar, wenn sie dem Grundrechtsverpflichteten zurechenbar sind und eine Mindestintensität aufweisen.

a. Zurechenbarkeit

Ein rechtfertigungsbedürftiger Eingriff kann nur dann vorliegen, wenn die mittelbaren Grundrechtsbeeinträchtigungen einem Grundrechtsverpflichteten zuzurechnen sind. Ohne eine solche Zurechenbarkeit würden speziell im Bereich von Art. 16 GRC sämtliche Maßnahmen, die eine Intensivierung des Wettbewerbes und damit ggf. einer Verschlechterung der Markt- und/oder Verhandlungsposition eines einzelnen Unternehmers zur Folge hätten, als rechtfertigungsbedürftige Eingriffe anzusehen sein. Der damit verbundene Schutz des Unternehmers vor Konkurrenz kann im Rahmen einer Wirtschaftsunion mit gemeinsamem Binnenmarkt und diesen schützenden Grundfreiheiten indes nicht beabsichtigt sein. Darüber hinaus kommt Art. 16 GRC eine wettbewerbsfördernde Funktion zu,[163] die durch einen etwaigen Schutz vor Konkurrenz ad absurdum geführt werden würde.

---

161 EuGH, Rs. C-360/10, *Netlog*, ECLI:EU:C:2012:85, Rz. 46.

162 Näheres zur grundrechtsrelevanten Einordnung von Realakten unter *Jarass*, EU-Grundrechte 2005, S. 71 Rz. 22.

163 *Jarass*, in: Jarass, Charta der Grundrechte der EU 2016, Art. 16, Rz. 13; *Frenz*, Handbuch Europarecht 2009, Rz. 2745.

b. Spürbarkeitsgrenze

Die Rechtsprechung des EuGH zum Erfordernis einer Mindestintensität ist widersprüchlich. Zum einen stellt der EuGH auf hinreichend direkte und bedeutsame Auswirkungen ab. Zum anderen erachtet der EuGH konkrete Nachteile als nicht erforderlich.[164] Da die Vertreter in der Literatur zum Nachweis ihrer Ansicht auf den EuGH verweisen,[165] besteht diesbezüglich Argumentations- und Klärungsbedarf.

aa. Negative Auswirkung

Ein Eingriff setzt voraus, dass eine negative Wirkung gegenüber einem Grundrechtsberechtigten vorliegt. Anderenfalls würde der Grundrechtsschutz dazu führen, dass bereits potentielle, theoretische oder hypothetische Beeinträchtigungen vermieden oder jedenfalls gerechtfertigt werden müssten. Aufgrund des umfassenden Schutzes der positiven und negativen Vertragsfreiheit des Unternehmers durch Art. 16 GRC ist die erforderliche Mindestintensität aber bereits dann erreicht, wenn Abschluss, Beendigung oder inhaltliche Gestaltung eines Vertrages durch den Unternehmer in (irgend)einer Form erschwert wird.[166]

bb. Kein hinreichend direkter und bedeutsamer Nachteil

Weitergehende Voraussetzungen, wie etwa ein hinreichend direkter und bedeutsamer Nachteil des Betroffenen, sind nicht erforderlich. Dies würde auch dem mit der GRC angestrebten hohen und umfassenden grundrechtlichen Schutzniveau nicht gerecht werden. Eine geringe Intensität des Eingriffes ist vielmehr im Rahmen der Rechtfertigung des Eingriffes zu berücksichtigen. Diese Ansicht steht zwar im Widerspruch zu den Andeutungen des EuGH in der Rechtssache *Springer*. Allerdings dürfte die Formulierung des EuGH der konkreten Sachverhaltskonstellation geschuldet sein, in der die Klägerin eine Verletzung ihrer freien Berufsausübungsfreiheit aufgrund von allgemeinen Offenlegungspflichten rügte.[167] Da sich der Zusammenhang zum Schutzbereich der freien Berufsausübung nicht unmittelbar erschlossen hat und auch mit Blick auf

---

164 Siehe hierzu oben unter Ziffer C. II. in diesem Teil der Arbeit ab S. 67.

165 Vgl. *Borowsky*, in: Meyer, Charta der Grundrechte der EU 2014, Art. 52 Rz. 19; *Jarass*, in: Jarass, Charta der Grundrechte der EU 2016, Art. 52, Rz. 13.

166 Daher ist laut *Ehlers* jede Beeinträchtigung rechtfertigungsbedürftig (*Ehlers*, § 19 Berufsfreiheit und unternehmerische Freiheit, in: Ehlers (Hrsg), Europäische Grundrechte und Grundfreiheiten 2014, Rz. 30).

167 EuGH, Rs. C-435/02, *Springer*, ECLI:EU:C:2004:552.

diesen Schutzbereich etwaige Nachteile nicht unmittelbar ersichtlich waren, war die Forderung des EuGH nach hinreichend direkten und bedeutsamen Auswirkungen auf die freie Berufsausübung nachvollziehbar, um einen Bezug zum (angeblich) betroffenen Grundrecht herzustellen. Darüber hinaus erfolgten die Ausführungen des EuGH im Rahmen einer Hilfsargumentation und sollten daher nicht als Festlegung allgemeiner Standards der Eingriffsdogmatik fehlinterpretiert werden.

cc. Besonderheiten beim Datenschutz

Das Erfordernis einer negativen Auswirkung auf das grundrechtlich geschützte Verhalten erfährt eine Ausnahme beim Schutz personenbezogener Daten. Vorschriften zum Schutz personenbezogener Daten können regelmäßig verletzt werden, ohne dass dem Betroffenen zwingend konkrete Nachteile entstehen. Nachteilige Auswirkungen bei einer Verletzung des Datenschutzes wird ein Betroffener auch nicht immer nachweisen können. Im Ergebnis würde das Erfordernis konkreter Nachteile also dazu führen, dass der Schutz durch Art. 8 GRC (Schutz personenbezogener Daten) massiv eingeschränkt wäre. Insofern hat der EuGH im Rahmen der zwei genannten Entscheidungen zum Datenschutzrecht[168] zutreffend darauf hingewiesen, dass konkrete Nachteile im Rahmen von Art. 8 GRC nicht erforderlich sind. Diese Rechtsprechung ist aber aufgrund der genannten Besonderheiten im Datenschutz nicht auf Art. 16 GRC übertragbar.

2. Eingriffe in die Vertragsfreiheit der Arbeitsvertragsparteien

Im Bereich des unionsrechtlichen Arbeitsrechtes ist unabhängig von den streitigen Voraussetzungen für einen Eingriff regelmäßig von einem Eingriff in den Schutzbereich von Art. 16 GRC auszugehen. Denn in einem Vertragsverhältnis wie dem Arbeitsverhältnis geht der Schutz einer Partei, konkret der Schutz der Arbeitnehmer durch Arbeitnehmerschutzvorschriften, zwingend zu spürbaren und unmittelbaren Lasten der Vertragsfreiheit der anderen Parteien, konkret also zu Lasten des Arbeitgebers.

V. Ergebnis zum Eingriff

Ein rechtfertigungsbedürftiger Eingriff liegt vor, wenn eine Maßnahme einem Grundrechtsverpflichteten zuzurechnen ist und unmittelbar oder mittelbar spürbar negative Auswirkungen auf den Grundrechtsberechtigten zeitigt.

---

168 Siehe hierzu oben unter Ziffer C. II. in diesem Teil der Arbeit ab S. 67.

D. Rechtfertigung eines Eingriffes

Während der Schutzbereich den Inhalt eines Grundrechtes bestimmt, kommt den Anforderungen an die Rechtfertigung eines Eingriffes die Funktion zu, die Grenzen für dessen Ausübung festzulegen.

I. Umfang der Beschränkungsmöglichkeiten

Der Untersuchung von Rechtfertigungsmöglichkeiten eines Eingriffes in Art. 16 GRC geht die Bestimmung des Umfanges der grundsätzlich vorgesehenen Beschränkungsmöglichkeiten voraus.

1. Beschränkungsvorbehalt in Art. 16 GRC?

Aus den im Wortlaut von Art. 16 GRC genannten Vorbehalten (Anerkennung nach Unionsrecht und einzelstaatliche Rechtsvorschriften und Gepflogenheiten) wird mitunter nicht nur eine inhaltliche Ausgestaltungsmöglichkeit durch den Gesetzgeber geschlussfolgert.[169] Darüber hinaus besteht die Frage, ob die genannten Vorbehalte zu einer in Art. 16 GRC angelegten Ausübungsbeschränkung führen.

a. Erläuterungen zur GRC

Die unternehmerische Freiheit wird ausweislich der Erläuterungen zur GRC „natürlich unter Einhaltung des Unionsrechtes und der einzelstaatlichen Rechtsvorschriften ausgeübt." Diese Formulierung deutet prima facie darauf hin, dass die unternehmerische Freiheit und damit auch die Vertragsfreiheit des Unternehmers einer Ausübungsbeschränkung durch das Unionsrecht und durch die einzelstaatlichen Rechtsvorschriften unterliegen.[170]

b. Ansichten in der Literatur

Der wohl überwiegende Teil der Literatur lehnt zwar einen inhaltlichen Ausgestaltungsvorbehalt für den Gesetzgeber ab.[171] Uneinigkeit besteht aber innerhalb dieses Kreises darüber, ob den Vorbehalten in Art. 16 GRC überhaupt eine Bedeutung, jedenfalls im Sinne einer Beschränkungsmöglichkeit, zukommt.

---

169 Siehe hierzu oben unter Ziffer B. I. in diesem Teil der Arbeit ab S. 42 mit dem Ergebnis, dass ein solcher Ausgestaltungsvorbehalt abzulehnen ist.

170 Siehe hierzu auch oben unter Ziffer B. I. 4. d. in diesem Teil der Arbeit ab S. 46.

171 Siehe hierzu oben unter Ziffer B. I. 2. in diesem Teil der Arbeit ab S. 43.

aa. Beschränkungsmöglichkeit durch Vorbehalte

Nach einer in der Literatur vertretenen Ansicht führen die drei Vorbehalte in dem Wortlaut von Art. 16 GRC zu einer im Wortlaut angelegten Möglichkeit zur Beschränkung der Ausübung der unternehmerischen Freiheit, die als vertikale Schranke[172] zu der horizontalen Schranke des Art. 52 Abs. 1 GRC hinzutritt.[173] Diesen Standpunkt einschränkend verweisen einige Autoren allerdings drauf, dass etwaige Beschränkungen durch mitgliedstaatliche Rechtsvorschriften und Gepflogenheiten wiederum der Schranken-Schranke in Art. 52 Abs. 1 GRC genügen müssen.[174]

bb. Keine Bedeutung der Vorbehalte

Nach anderer Ansicht haben die Vorbehalte in Art. 16 GRC keine Folgen für Inhalt und/oder Grenzen bei der Ausübung der unternehmerischen Freiheit und damit auch nicht für die Vertragsfreiheit des Unternehmers.[175]

c. Ansicht(en) des EuGH

Der EuGH verfolgt keine einheitliche Linie zur Frage der aus den Vorbehalten in Art. 16 GRC abzuleitenden Rechtsfolgen. In einigen Entscheidungen von EuGH und EuG finden sich gar keine Ausführungen zu den Vorbehalten und dementsprechend auch keine Ausführungen zu daraus etwaig abzuleitenden Rechtsfolgen.[176] In anderen Entscheidungen hingegen, insbesondere in Entscheidungen

---

172 *Calliess*, EuZW 2001, 261 (264).

173 *Willemsen/Sagan*, NZA 2011, S. 258 (262); *Bernsdorff*, in: Meyer, Charta der Grundrechte der EU 2014, Art. 16 Rn. 15; *Ruffert*, in: Callies/Ruffert, EUV/AEUV 2016, Art. 16 Rn. 5; *Schwier*, Der Schutz der „Unternehmerischen Freiheit" 2008, S. 260 ff; *Jarass*, EuGRZ 2011 (360), S. 360 (363); *Schwarze*, EuZW 2001, S. 517 (519); *Grabenwarter*, DVBl. 2001, S. 1 (5); *Everson/Correia Goncalves*, in: EU Charter, Art. 16, Rz. 16.50 ff.

174 *Bernsdorff*, in: Meyer, Charta der Grundrechte der EU 2014, Art. 16 Rn. 15; *Ruffert*, in: Callies/Ruffert, EUV/AEUV 2016, Art. 16 Rn. 5; *Streinz*, in: Streinz, EUV/AEUV 2012, Art. 16 GRC, Rz. 9.

175 *Wollenschläger*, in: vdGroeben/Schwarze/Hatje, EU-Recht 2015, Art. 16 GRC, Rz. 1; *Bernsdorff*, in: Meyer, Charta der Grundrechte der EU 2014, Art. 16 GRC, Rz. 10; *Rengeling/Szczekalla*, GRC 2004, S. 624, Rz. 797; *Shirvani*, VerwArch 2013, S. 83 (94); *Blanke*, in: Tettinger/Stern, GRC 2006, S. 429, Rz. 12f., jedenfalls in Bezug auf eine zusätzliche Beschränkbarkeit.

176 EuGH, Rs. C-101/12, *Schaible*, ECLI:EU:C:2013:661, Rz. 27; EuGH, Rs. C-534/16, *BB construct*, ECLI:EU:C:2017:820, Rz. 25; EuGH, Rs. C134/15, *Lidl*, ECLI:EU:C:2016:498, Rz. 30 und 34; EuGH, Rs. C-544/10, *Deutsches Weintor*, ECLI:EU:C:2012:526, Rz. 54;

der Großen Kammer, verweist der EuGH darauf, dass „angesichts des Wortlauts von Art. 16 der Charta, der sich von anderen grundrechtlich geschützten Freiheiten, die in ihrem Titel II verankert sind, unterscheidet und dabei dem Wortlaut einiger Bestimmungen ihres Titels IV ähnelt, die unternehmerische Freiheit einer Vielzahl von Eingriffen der öffentlichen Gewalt unterworfen werden [kann], die im allgemeinen Interesse die Ausübung der wirtschaftlichen Tätigkeit beschränken können."[177] In der Rechtssache *Sky Österreich* führt der EuGH anschließend aus, dass sich dies auf die Handhabung der Prüfung der Verhältnismäßigkeit gemäß Art. 52 Abs. 1 GRC auswirke.[178]

d. Stellungnahme

Die Argumente der Befürworter einer in dem Grundrecht angelegten Beschränkungsmöglichkeit überzeugen nicht. Vielmehr streiten die besseren Gründe gegen eine rechtliche Relevanz der in Art. 16 GRC genannten Vorbehalte.

aa. Widersprüchliche Ausführungen in den Erläuterungen zur GRC

Die Ausführungen in den Erläuterungen zur GRC – die unternehmerische Freiheit werde natürlich unter Einhaltung des Unionsrechtes und der einzelstaatlichen Rechtsvorschriften ausgeübt – sind inhaltlich nicht nachvollziehbar und widersprüchlich. Diese Ausführungen scheinen sich an den Vorbehalten im Wortlaut von Art. 16 GRC anzulehnen, geben diesen tatsächlich aber nicht vollständig wieder. Es fehlt vielmehr an der Erwähnung der einzelstaatlichen Gepflogenheiten. Damit bleibt unklar, ob sich die Vorgaben zur Ausübung der unternehmerischen Freiheit aus dem Wortlaut von Art. 16 GRC ergeben oder ob es sich hierbei um eine zusätzliche Maßgabe durch die Erläuterungen zur GRC handelt. Im letzteren Fall stellt sich die Frage, auf welcher Grundlage diese Ansicht beruht. Neben der Ausübungsbeschränkung durch das Unionsrecht und durch die einzelstaatlichen Rechtsvorschriften kann die unternehmerische Freiheit laut den Erläuterungen zur GRC nach Art. 52 Abs. 1 GRC beschränkt werden. Es ist nicht klar, worin der Unterschied zwischen der erwähnten Ausübungsbeschränkung durch das Unionsrecht und durch die einzelstaatlichen

---

EuGH, Rs. C-314/12, *UPC Telekabel Wien*, ECLI:EU:C:2014:192, Rz. 51; EuG, Rs. T-629/13, *Molda AG*, ECLI:EU:T:2014:834, Rz. 57.

177 EuGH, Rs. C-283/11, *Sky Österreich*, ECLI:EU:C:2013:28, Rz. 46; EuGH, Rs. C-201/15, *AGET Iraklis*, ECLI:EU:C:2016:972, Rz. 86; EuG, Rs. T-587/13, *cat & clean*, ECLI:EU:T:2015:37, Rz. 55.

178 EuGH, Rs. C-283/11, *Sky Österreich*, ECLI:EU:C:2013:28, Rz. 47.

Rechtsvorschriften auf der einen und einer (sonstigen) Beschränkung gemäß Art. 52 Abs. 1 GRC auf der anderen Seite liegen soll.

bb. Keine Darlegung konkreter Auswirkungen

Die Vertreter der Ansicht, dass eine Beschränkbarkeit aus dem Wortlaut von Art. 16 GRC abzuleiten sei, argumentieren damit, dass Art. 16 GRC keinen Ausgestaltungsvorbehalt zugunsten des Gesetzgebers begründe.[179] Diese Schlussfolgerung überzeugt aber lediglich dann, wenn die Vorbehalte zwingend rechtlich relevant sein müssen. Auch die Ansicht einiger Autoren innerhalb dieser Gruppe, die eine Beschränkung durch mitgliedstaatliche Rechtsvorschriften und Gepflogenheiten wiederum am Maßstab der Schranken-Schranke von Art. 52 Abs. 1 GRC messen wollen, ist nicht weiterführend. Auffällig bei der Analyse sämtlicher Ausführungen dieser Autoren ist, dass lediglich eine nicht näher konkretisierte zusätzliche Beschränkbarkeit aufgrund der Vorbehalte festgestellt wird. Wie sich diese konkret bei einem Eingriff in Art. 16 GRC äußert bzw. welchen rechtlichen Mehrwert die Vorbehalte im Vergleich zur Schranken-Schranke nach Art. 52 Abs. 1 GRC haben, führen die Autoren nicht aus. *Ruffert* spricht insoweit von einer nur „begrenzten Ausdehnung rechtfertigungstauglicher Gemeinwohlbelange".[180] Laut *Schwier* kommt den Vorbehalten „de facto kaum ein eigenständige[r] Gehalt" zu.[181]

Auch der EuGH führt zwar in den genannten Entscheidungen aus, dass die Vorbehalte in Art. 16 GRC Auswirkungen auf die Handhabung der Prüfung der Verhältnismäßigkeit im Rahmen von Art. 52 Abs. 1 GRC haben. Damit wird zunächst deutlich, dass der EuGH den Vorbehalten keinen eigenständigen Beschränkungscharakter beimisst. Da es aber an einer konkreten Anknüpfung an die Vorbehalte im Rahmen der sich anschließenden Verhältnismäßigkeitsprüfung nach Art. 52 Abs. 1 GRC fehlt, der EuGH die Vorbehalte dort nicht einmal erwähnt,[182] fehlt es auch seitens des EuGH an einer Darstellung konkreter Auswirkungen durch die Vorbehalte. Tatsächlich prüft der EuGH die Verhältnismäßigkeit eines Eingriffes in Art. 16 GRC so, wie auch bei den anderen

---

179 *Willemsen/Sagan*, NZA 2011, S. 258 (262); *Bernsdorff*, in: Meyer, Charta der Grundrechte der EU 2014, Art. 16 Rn. 15; *Ruffert*, in: Callies/Ruffert, EUV/AEUV 2016, Art. 16 Rn. 5; *Schwier*, Der Schutz der „Unternehmerischen Freiheit" 2008, S. 260 ff.; *Jarass*, EuGRZ 2011, S. 360 (363); *Schwarze*, EuZW 2001, S. 517 (519); *Grabenwarter*, DVBl. 2001, S. 1 (5).

180 *Ruffert*, in: Callies/Ruffert, EUV/AEUV 2016, Art. 16 GRC, Rz. 5.

181 *Schwier*, Der Schutz der „Unternehmerischen Freiheit" 2008, S. 269.

182 EuGH, Rs. C-283/11, *Sky Österreich*, ECLI:EU:C:2013:28, Rz. 48 ff.

Grundrechten und zwar auch bei denjenigen, die keine Vorbehalte im Wortlaut aufweisen.[183]

cc. Rhetorisches Zugeständnis

Aufgrund des Gesetzesvorbehaltes in Art. 52 Abs. 1 GRC und der selbst von Befürwortern einer zusätzlichen Beschränkbarkeit nicht dargelegten konkreten Auswirkung ist festzustellen, dass den Vorbehalten in Art. 16 GRC keine eigene rechtliche Relevanz zukommt. Ein solches Ergebnis erscheint auf den ersten Blick als zumindest fragwürdig, da hiermit ein (quantitativ) maßgeblicher Teil der Regelung in Art. 16 GRC für bedeutungslos erklärt wird. Gerade im Bereich der Grundrechte erscheint eine solche Ansicht jedenfalls dann unvertretbar, wenn sich nicht ein nachvollziehbarer Grund für die Aufnahme der Vorbehalte finden lässt, der gleichermaßen deren rechtliche Irrelevanz erklären kann. Ein solcher Grund liegt bei Art. 16 GRC aber vor. Wie bereits dargestellt, gingen der Aufnahme der unternehmerischen Freiheit in die GRC kontroverse Diskussionen zwischen den politischen Lagern des Konventes voraus. Sahen die ersten Entwürfe zunächst gar keine entsprechende Regelung vor, sollte die unternehmerische Freiheit zwischenzeitlich ohne Vorbehalte anerkannt werden. Da aber die Zeit für die Ausarbeitung mit ca. neun Monaten sehr knapp bemessen war, musste kurzfristig ein Kompromiss zwischen den widerstreitenden Interessen gefunden werden.[184] Es erscheint nachvollziehbar und naheliegend, dass die Gegner einer Aufnahme der unternehmerischen Freiheit der von ihnen befürchteten zu starken Betonung unternehmerischer Interessen zumindest die rhetorische Beschränkung angedeihen lassen wollten, die auch die von ihnen geforderten sozialen Rechte, z.B. in Art. 34 GRC, erfahren hatten. Aus Sicht der Befürworter stellte eine solche Kompromisslösung immer noch ein besseres Ergebnis dar als ein vollständiger Verzicht auf den Schutz der unternehmerischen Freiheit. Mit dem nunmehr kodifizierten Wortlaut war es beiden politischen Lagern möglich, ihr „Gesicht zu wahren" und kurzfristig zu einer Einigung zu kommen. Damit ist die Aufnahme der Vorbehalte als rein rhetorisches Zugeständnis an die Kritiker einer generellen Aufnahme von Art. 16 GRC anzusehen.[185]

---

183 *Wollenschläger*, EuZW 2015, 285 (286); *Grabenwarter*, § 13 Wirtschaftliche Grundrechte, in: Grabenwarter (Hrsg.), Europäischer Grundrechteschutz 2014, Rz. 47; *Ziegenhorn*, Anmerkungen zu EuGH Rs. C-283/11 (Sky Österreich), EuZW 2013, 347 (352).

184 Siehe hierzu oben unter Ziffer A. III. 2. im zweiten Teil der Arbeit ab S. 34.

185 Vgl. *Rengeling/Szczekalla*, GRC 2004, S. 624, Rz. 797; *Schubert*, in: Franzen/Gallner/Oetker, Kommentar zum europäischen Arbeitsrecht 2018, Art. 16 GRC,

e. *Zwischenergebnis*

Die Vorbehalte in Art. 16 GRC sind für den Umfang der Beschränkungsmöglichkeiten irrelevant. Beschränkungen ergeben sich vielmehr aus Art. 52 Abs. 1 GRC.

II. Horizontale Regelung zur Einschränkbarkeit nach Art. 52 Abs. 1 GRC

In Art. 52 GRC „schlägt das Herz der GRC".[186] Die Regelung gibt der GRC die normativen Vorgaben für deren Struktur und Auslegung. Maßgeblich für die Untersuchung der Grenzen einer grundrechtlichen Gewährleistung ist die Regelung in Absatz 1, die einen Gesetzesvorbehalt und Schrankenbestimmungen umfasst.

1. *Gesetzesvorbehalt*

Art. 52 Abs. 1 GRC schreibt vor, dass Einschränkungen von Rechten und Freiheiten der GRC gesetzlich vorgesehen sein müssen. Da sowohl die Union als auch die Mitgliedstaaten als Grundrechtsverpflichtete in Betracht kommen, ist bei den Anforderungen an das grundrechtseinschränkende Gesetz zwischen der unionalen und der mitgliedstaatlichen Ebene zu differenzieren.

a. *Unionale Gesetzesgrundlage*

Die Anforderungen an den Gesetzesvorbehalt aus Art. 52 Abs. 1 GRC erfüllen auf unionaler Ebene zunächst unproblematisch Verordnungen im Sinne von Art. 288 Satz 2 AEUV.[187] Gleiches gilt aber auch für Richtlinien.[188] Ungeachtet

---

Rz. 14. Wie hier nur ohne die Schlussfolgerung, dass den Vorbehalten dadurch keine rechtliche Relevanz zukommt: SCHWIER, Der Schutz der „Unternehmerischen Freiheit" 2008, S. 264 f.; FRENZ, Handbuch Europarecht 2009, Rz. 2666; im Ergebnis auch GRABENWARTER, § 13 Wirtschaftliche Grundrechte, in: Grabenwarter (Hrsg.), Europäischer Grundrechteschutz 2014, Rz. 42 ff., der seine Ansicht damit begründet, dass im Vergleich zu Art. 15 GRC unterschiedliche Schranken aufgrund des aus seiner Sicht teilweise einheitlichen Schutzbereiches nicht möglich seien. Auch *Ruffert* geht von einem „verbalen" Zugeständnis aus, vertritt aber dennoch die Ansicht, dass die Vorbehalte zu einer „Ausdehnung der Rechtfertigungsmöglichkeiten" führen (RUFFERT, in: Callies/Ruffert, EUV/AEUV 2016, Art. 16 Rn. 5).

186 KINGREEN, in: Callies/Ruffert, EUV/AEUV 2016, Art. 52 GRC, Rz. 1.

187 EuGH, Rs. C-92/09, *Schecke*, ECLI:EU:C:2009:284, Rz. 66; JARASS, in: Jarass, Charta der Grundrechte der EU 2016, Art. 52, Rz. 24.

188 EuGH, Rs. C-601/15, *J.N.*, ECLI:EU:C:2016:84, Rz. 51.

des auf Ebene der meisten Mitgliedstaaten geltenden Parlamentsvorbehaltes[189] dürfte der Gesetzesvorbehalt in Art. 52 Abs. 1 GRC als weiter gefasster Rechtsnormvorbehalt anzusehen sein, der eine Beteiligung des Europäischen Parlaments nicht zwingend erfordert.[190]

b. Mitgliedstaatliche Gesetzesgrundlage

Die verfassungsrechtlichen Vorgaben an einen Gesetzesvorbehalt in den Mitgliedstaaten weichen teilweise erheblich voneinander ab. Das wird bereits mit einem Blick auf den Unterschied zwischen den Rechtskreisen des Common Law und des Civil Law deutlich.[191] Daher ist auch nicht zwingend das Vorliegen eines formellen Gesetzes zu verlangen, sondern daneben auch Gewohnheitsrecht und Richterrecht als ausreichend anzusehen.[192]

c. Umsetzung im deutschen Arbeitsrecht

Im Bereich des deutschen Arbeitsrechtes beruhen Eingriffe in die Vertragsfreiheit des Unternehmers in aller Regel auf Parlamentsgesetzen.[193] Eine Ausnahme für Deutschland bilden insbesondere die Allgemeinverbindlichkeitserklärung eines Tarifvertrages sowie die Verordnungen zum Arbeitsschutz.[194] Da aber sowohl die Ermächtigung zur Allgemeinverbindlichkeitserklärung gemäß § 5 TVG als auch die zu den Verordnungen zum Arbeitsschutz gemäß § 18 Arbeitsschutzgesetz auf einem Parlamentsgesetz beruhen, ist auch hierbei unproblematisch von einer gesetzlichen Grundlage im Sinne von Art. 52 Abs. 1 GRC auszugehen.

---

189 Vgl. *Schwier*, Der Schutz der „Unternehmerischen Freiheit" 2008, S. 218 f.

190 EuGH, Rs. C-130/10, *Parlament vs. Rat*, ECLI:EU:C:2012:472, Rz. 83 f.; *Jarass*, in: Jarass, Charta der Grundrechte der EU 2016, Art. 52, Rz. 25. Vertiefend hierzu *Schwier*, Der Schutz der „Unternehmerischen Freiheit" 2008, S. 219 f.

191 Vgl. *Borowsky*, in: Meyer, Charta der Grundrechte der EU 2014, Art. 52, Rz. 20.

192 *Schwier*, Der Schutz der „Unternehmerischen Freiheit" 2008, S. 221; *Borowsky*, in: Meyer, Charta der Grundrechte der EU 2014, Art. 52, Rz. 20. Zu den Grenzen einer derart extensiven Auslegung *Philippi*, Die Charta der Grundrechte der EU 2002, S. 41 f.

193 Z.B. Arbeitszeitgesetz, Teilzeit- und Befristungsgesetz, Bundesurlaubsgesetz, Kündigungsschutzgesetz, § 613a BGB usw.

194 Z.B. Arbeitsstättenverordnung, Lastenhandhabungsverordnung, Baustellenverordnung, Betriebssicherheitsverordnung, Lärm- und Vibrations-Arbeitsschutzverordnung, Arbeitsmedizinische Vorsorge-Verordnung, Arbeitsschutzverordnung zu künstlicher optischer Strahlung, Gefahrstoffverordnung usw.

2. *Achtung des Wesensgehaltes*

Art. 52 Abs. 1 Satz 1 GRC beinhaltet nicht nur den dargestellten Gesetzesvorbehalt, sondern kodifiziert sogleich eine Wesensgehaltsgarantie für die Rechte und Freiheiten der GRC. Konkret ist in Art. 52 Abs. 1 GRC geregelt, dass jede Einschränkung der Ausübung der in der GRC „anerkannten Rechte und Freiheiten gesetzlich vorgesehen sein und den Wesensgehalt dieser Rechte und Freiheiten achten" muss. Allerdings bemerkte schon der Präsident des Konventes *Herzog*, dass die Wesensgehaltsgarantie schwierig zu bestimmen sei und deshalb nicht viel nütze, aber auch nicht schädlich sei.[195]

a. Absolute oder relative Achtung des Wesensgehaltes

Ob Art. 52 Abs. 1 GRC die Achtung eines absolut oder lediglich relativ geschützten Wesensgehaltes vorschreibt, ist für die Bestimmung der Grenzen der gemäß Art. 16 GRC gewährleisteten Vertragsfreiheit von untergeordneter Bedeutung. Es handelt sich vielmehr um eine theoretisch-dogmatische Frage, auf die lediglich in der für das Thema der Arbeit gebotenen Kürze einzugehen ist.

aa. Ansicht des EuGH

Der EuGH prüfte die Achtung des Wesensgehaltes in einer Vielzahl an Entscheidungen nicht als von der Verhältnismäßigkeit getrennten eigenen Prüfungspunkt. Der Obersatz der „Verhältnismäßigkeitsprüfung" lautete häufig vielmehr:

> *„Die Ausübung dieser Freiheiten kann daher Beschränkungen unterworfen werden, sofern diese tatsächlich den dem Gemeinwohl dienenden Zielen der Union entsprechen und keinen im Hinblick auf den verfolgten Zweck unverhältnismäßigen und untragbaren Eingriff darstellen, der diese Rechte in ihrem Wesensgehalt antastet."*[196]

Das durch diesen häufig verwendeten Textbaustein zum Ausdruck gebrachte Verständnis des EuGH, scheint für einen relativen Schutz des Wesensgehaltes zu streiten.[197]

---

195 Bernsdorff/Borowsky, Die Charta der Grundrechte der Europäischen Union 2002, S. 235.

196 So schon in EuGH, Rs. 143/88, *Zuckerfabrik Suederdithmarschen AG*, ECLI:EU:C:1991:65, Rz. 73; siehe auch EuGH, Rs. C-544/10, *Deutsches Weintor*, ECLI:EU:C:2012:526, Rz. 54 m.w.N.

197 Kingreen, in: Callies/Ruffert, EUV/AEUV 2016, Art. 52 GRC, Rz. 64. Vgl. auch Pernice, NJW 1990, S. 2409 (2416); Jarass, EU-Grundrechte 2005, S. 83; Schwier, Der Schutz der „Unternehmerischen Freiheit" 2008, S. 227.

Allerdings finden sich auch immer wieder Entscheidungen, in denen eine differenzierte Prüfung der Achtung des Wesensgehaltes und der Verhältnismäßigkeit erfolgt. Bereits in der Rechtssache *SMW Winzersekt* aus dem Jahr 1994 stellt der EuGH zunächst fest, dass kein Eingriff in den Wesensgehalt der freien Berufsausübung vorliege, um sich anschließend einer Prüfung der Verhältnismäßigkeit des Eingriffes zu widmen.[198] Gleiches gilt auch für Entscheidungen aus der Zeit nach Inkrafttreten der GRC.[199] Maßstab des EuGH bei der (eigenständigen) Prüfung einer Verletzung der Wesensgehaltsgarantie eines Grundrechtes war in jüngerer Vergangenheit, ob der Eingriff das jeweils betroffene Recht als solches in Frage stelle.[200]

Unabhängig von dem abstrakten Umfang des Wesensgehaltes hat der EuGH in der Vergangenheit fallbezogene Definitionen für die Bestimmung des Wesensgehaltes von Art. 16 GRC entwickelt. Laut EuGH liegt kein Eingriff in den Wesensgehalt von Art. 16 GRC vor, wenn eine Regelung lediglich die Modalitäten der Ausübung der unternehmerischen Freiheit betrifft und nicht die Ausübung als solche verbietet.[201] In Bezug auf die Vertragsfreiheit beschränkt sich die Wesensgehaltsgarantie entsprechend darauf, dass vertragliche Gestaltungen (auch in Form einer einseitigen Beendigung durch Kündigung) nicht kategorisch ausgeschlossen werden dürfen, sondern für diese lediglich ein Rahmen geschaffen werden darf.[202] Aus Sicht des EuGH kann der Wesensgehalt der Vertragsfreiheit auch beeinträchtigt sein, wenn ein Arbeitgeber keine Möglichkeit hat, die die Entwicklung der Arbeitsbedingungen seiner Arbeitnehmer bestimmenden Faktoren mit Blick auf seine künftige wirtschaftliche Tätigkeit auszuhandeln.[203]

---

198 EuGH, Rs. C-306/93, *SMW Winzersekt*, ECLI:EU:C:1994:407, Rz. 24.

199 EuGH, Rs. C-283/11, *Sky Österreich*, ECLI:EU:C:2013:28, Rz. 49; EuGH, Rs. C-277/16, *Polkomtel*, ECLI:EU:C:2017:989, Rz. 52.

200 EuGH, Rs. C-537/16, *Garlsson*, ECLI:EU:C:2018:193, Rz. 45 ff; EuGH, Rs. C-190/16, *Fries*, ECLI:EU:C:2017:513, Rz. 38; EuGH, Rs. C-528/13, *Léger*, ECLI:EU:C:2015:288, Rz. 54.

201 EuGH, Rs. 116/82, *Kommission/Deutschland*, ECLI:EU:C:1986:322, Rz. 27; EuGH, Rs. C-306/93, *SMW Winzersekt*, ECLI:EU:C:1994:407, Rz. 24; EuGH, Rs. C-283/11, *Sky Österreich*, ECLI:EU:C:2013:28, Rz. 49; EuGH, Rs. C-277/16, *Polkomtel*, ECLI:EU:C:2017:989, Rz. 52.

202 EuGH, Rs. C-201/15, *AGET Iraklis*, ECLI:EU:C:2016:972, Rz. 88.

203 EuGH, Rs. C-426/11, *Alemo-Herron*, ECLI:EU:C:2013:521, Rz. 34.

bb. Ansichten in der Literatur

In der Literatur ist streitig, ob die GRC einen absoluten oder einen relativen Wesensgehalt der Grundrechte schützt.[204]

b. Stellungnahme

Die ausdrückliche und gesonderte Erwähnung der Wesensgehaltsgarantie in Art. 52 Abs. 1 Satz 1 GRC spricht aufgrund der damit verbundenen redaktionellen und systematischen Abgrenzung zur Verhältnismäßigkeit gemäß Art. 52 Abs. 1 Satz 2 GRC entscheidend für eine eigenständige Bedeutung und absolute Geltung des Wesensgehaltes.[205] Die dogmatisch methodisch „unsaubere" Arbeit des EuGH in vergangenen Entscheidungen ist nicht geeignet, dieses Argument zu entkräften. Vielmehr zeigt die Entwicklung in der jüngeren Rechtsprechung zum einen, dass der EuGH eine separate Prüfung der Wesensgehaltsgarantie und der Verhältnismäßigkeit vornimmt.[206] Zum anderen hat der EuGH mittlerweile eine eigenständige Definition für den Wesensgehalt von Art. 16 GRC entwickelt. Es zeigt sich also, dass wohl auch der EuGH von einem absolut geschützten Kernbereich eines Grundrechtes ausgeht.

3. Verhältnismäßigkeit

Gemäß Art. 52 Abs. 1 Satz 2 GRC dürfen Einschränkungen der Ausübung der in der GRC anerkannten Rechte und Freiheiten unter Wahrung des Grundsatzes der Verhältnismäßigkeit nur vorgenommen werden, wenn sie erforderlich sind und den von der Union anerkannten, dem Gemeinwohl dienenden Zielsetzungen oder den Erfordernissen des Schutzes der Rechte und Freiheiten anderer tatsächlich entsprechen.

---

204 Für einen absoluten Schutz: *Borowsky*, in: Meyer, Charta der Grundrechte der EU 2014, Art. 52, Rz. 23; *Kingreen*, in: Callies/Ruffert, EUV/AEUV 2016, Art. 52 GRC, Rz. 64; *Jarass*, in: Jarass, Charta der Grundrechte der EU 2016, Art. 52, Rz. 28; *Schwier*, Der Schutz der „Unternehmerischen Freiheit" 2008, S. 227 ff. Von einem relativen Schutz gehen hingegen aus *Bühler*, Einschränkungen von Grundrechten 2005, S. 257 ff.; *Pernice*, NJW 1990, S. 2409 (2416); *Hilf*, in: Merten/Papier – Europäische Grundrechte 2010, Band VI/1, § 164, Rz. 62; *Cornils*, § 5 Schrankendogmatik, in: Grabenwarter (Hrsg.), Europäischer Grundrechteschutz 2014, Rz. 104 ff.

205 *Borowsky*, in: Meyer, Charta der Grundrechte der EU 2014, Art. 52, Rz. 23; *Jarass*, in: Jarass, Charta der Grundrechte der EU 2016, Art. 52, Rz. 28 *Schwier*, Der Schutz der „Unternehmerischen Freiheit" 2008, S. 227 ff.

206 Siehe hierzu oben unter Ziffer D. II. 2. a. aa. in diesem Teil der Arbeit ab S. 79.

a. Rechtsprechung des EuGH

Wie bei der Rechtsprechung zur Wesensgehaltsgarantie hat sich die Vorgehensweise des EuGH bei der Prüfung der Verhältnismäßigkeit eines Grundrechtseingriffes im Laufe der vergangenen Jahrzehnte verändert.

aa. Grundsatz der Verhältnismäßigkeit als allgemeiner Rechtsgrundsatz

Bei der Analyse der Rechtsprechung des EuGH zu dem Prüfungspunkt der Verhältnismäßigkeit gilt es zunächst zwischen dem Grundsatz der Verhältnismäßigkeit als allgemeinem Grundsatz des Gemeinschaftsrechtes auf der einen Seite und der Verhältnismäßigkeit eines Eingriffes in ein Grundrecht nach Art. 52 Abs. 1 Satz 2 GRC auf der anderen Seite zu differenzieren. Der Grundsatz der Verhältnismäßigkeit gehört nach der Rechtsprechung des EuGH zu den allgemeinen Grundsätzen des Unionsrechtes.[207] Die Prüfung der Verhältnismäßigkeit stellt somit unabhängig von der Prüfung einer Grundrechtsverletzung einen eigenen Prüfungspunkt im Rahmen der Entscheidungsgründe des EuGH dar.[208] Der allgemeine Grundsatz der Verhältnismäßigkeit gibt vor, dass Handlungen der Gemeinschaftsorgane nicht die Grenzen dessen überschreiten dürfen, was geeignet und erforderlich ist, um die mit der fraglichen Regelung zulässigerweise verfolgten Ziele zu erreichen. Dabei ist bei mehreren geeigneten Maßnahmen, die am wenigsten belastende zu wählen. Darüber hinaus müssen die verursachten Nachteile in einem angemessenen Verhältnis zu dem angestrebten Ziel stehen.[209]

Die Prüfungsvoraussetzungen sind daher mit denen des Verhältnismäßigkeitserfordernisses nach Art. 52 Abs. 1 Satz 2 GRC vergleichbar,[210] weshalb im

---

207 Vgl. EuGH, Rs. C-265/87, *Schräder*, ECLI:EU:C:1989:303, Rz. 21; EuGH, Rs. C-210/03, *Swedish Match*, ECLI:EU:C:2004:802, Rz. 33.

208 EuGH, Rs. C-265/87, *Schräder*, ECLI:EU:C:1989:303, Rz. 20 ff; EuGH, Rs. C-534/16, *BB construct*, ECLI:EU:C:2017:820, Rz. 26 ff.

209 EuGH, Rs. C-189/01, *College van Beroep*, ECLI:EU:C:2001:420, Rz. 81; EuGH, Rs. C-133/93, *Crispoltoni*, ECLI:EU:C:1994:364, Rz. 41; *Trstenjak/Beysen*, EuR 2012, S. 265 (266 ff.).

210 Generalanwalt *Cruz Villalón* weist allerdings auf die unterschiedliche Natur der Verhältnismäßigkeitskontrollen hin und geht von einer unterschiedlichen Kontrolldichte aus (Schlussanträge, Rs. 293/12, *Digital Rights Ireland*, Ltd., ECLI:EU:C:2013:845, Rz. 89) so auch *Streinz*, in: Streinz, EUV/AEUV 2012, Art. 5 EUV, Rz. 44. A.A. *Jarass*, in: Jarass, Charta der Grundrechte der EU 2016, Art. 52, Rz. 35, der bei der Verhältnismäßigkeit im Sinne von Art. 52 Abs. 1 GRC von einer Ausprägung des allgemeinen Rechtsgrundsatzes ausgeht. Der EuGH scheint sich letzterer Ansicht anzuschließen, da er bei der Prüfung von Art. 52 Abs. 1 GRC auf seine Ausführungen

Rahmen der Analyse eine „Verwechselungsgefahr" besteht. So findet sich beispielsweise in der EuGH-Entscheidung zur Rechtssache *Schräder* eine detaillierte Prüfung des allgemeinen Grundsatzes der Verhältnismäßigkeit der angegriffenen Regelung.[211] Die Ausführungen des EuGH zu der von der Klägerin behaupteten Verletzung der freien Berufsausübung beschränken sich hingegen auf die Feststellung, dass die angegriffene Maßnahme dem Interesse des Gemeinwohles diene, deren Verfolgung die geringfügigen Nachteile rechtfertige.[212]

bb. Prüfungstiefe

Mit Blick auf die detaillierten Vorgaben zur Verhältnismäßigkeit in Art. 52 Abs. 1 Satz 2 GRC ist insbesondere zu untersuchen, ob sich diesbezüglich eine nachhaltige Änderung der Prüfungsintensität durch den EuGH ergeben hat.

(1) Feststellung der Verhältnismäßigkeit

Der Ursprung der Grundrechtsprüfung durch den EuGH liegt in der Rechtssache *Internationale Handelsgesellschaft*[213] aus dem Jahr 1970. Hintergrund der Entscheidung war eine Vorgabe der Marktordnung der Gemeinschaft, die vorsah, dass die Einfuhr bestimmter Agrarprodukte aus Drittländern und teilweise auch deren Ausfuhr eine entsprechende Lizenz erforderte, die zur Ein- und Ausfuhr berechtigte und teilweise auch verpflichtete. Ein Antragsteller für eine solche Lizenz hatte eine Kaution zu hinterlegen, die verfiel, wenn er seinen Verpflichtungen aus der Lizenz nicht nachkam. Das vorlegende Verwaltungsgericht Frankfurt am Main hatte Zweifel an der Rechtmäßigkeit der Pflicht zur Kautionsleistung wegen Verstoßes gegen Strukturprinzipien des nationalen Verfassungsrechtes.[214]

Der EuGH stellte in der daraufhin ergangenen Entscheidung fest, dass Normen oder Grundsätze des nationalen Rechts für die Rechtmäßigkeit der Handlung von Organen der Gemeinschaft irrelevant seien. Die Beachtung „der Grundrechte" zähle aber laut EuGH zu den allgemeinen Rechtsgrundsätzen des

---

zum allgemeinen Rechtsgrundsatz verweist (EuGH, Rs. C-534/16, BB construct, ECLI:EU:C:2017:820, Rz. 42).

211 EuGH, Rs. C-265/87, *Schräder*, ECLI:EU:C:1989:303, Rz. 20 ff.

212 EuGH, Rs. C-265/87, *Schräder*, ECLI:EU:C:1989:303, Rz. 18.

213 EuGH, Rs. 11/70, *Internationale Handelsgesellschaft*, ECLI:EU:C:1970:114. In der Rechtssache *Stauder* erwähnt der EuGH zwar erstmals die Existenz von Grundrechten auf Unionsebene, nimmt aber keine Grundrechtsprüfung vor (EuGH, Rs. 29/69, *Stauder*, ECLI:EU:C:1969:57, Rz. 7).

214 EuGH, Rs. 11/70, *Internationale Handelsgesellschaft*, ECLI:EU:C:1970:114.

Gemeinschaftsrechtes und sei daher bei den Handlungen der Gemeinschaftsorgane zu berücksichtigen.[215] Inhalt und Gegenstand der Grundrechte würden sich laut EuGH aus den gemeinsamen Verfassungsüberlieferungen der Mitgliedstaaten unter Berücksichtigung der Struktur und Ziele der Gemeinschaft ergeben.[216] Anschließend stellte der EuGH den Inhalt der Regelungen zur Lizenz und der Kaution dar, um schließlich schlicht festzustellen, dass die Unkosten der Kautionsstellung – gemessen am Wert der Ware und den sonstigen Vertriebskosten – nicht unverhältnismäßig hoch seien.[217] In dieser Feststellung erschöpften sich die Ausführungen zur Verhältnismäßigkeit der streitgegenständlichen Regelungen.

(2) Verhältnismäßigkeit durch Achtung des Wesensgehaltes

Vier Jahre nach der Entscheidung in der Rechtssache *Internationale Handelsgesellschaft* setzte sich der EuGH erneut mit der Bedeutung von Grundrechten in der Gemeinschaft und erstmals intensiver mit deren Einschränkbarkeit auseinander. In der Rechtssache *Nold* rügte die Klägerin die Unrechtmäßigkeit einer Entscheidung der Kommission, durch die die Klägerin die Rentabilität der eigenen Geschäfte und die freie Entfaltung der Geschäftstätigkeit in existenzieller Weise beeinträchtigt sah.[218]

Der EuGH verwies zunächst auf die Ausführungen in der Rechtssache *Internationale Handelsgesellschaft* und stellte dann fest, dass die sich aus den gemeinsamen Verfassungsüberlieferungen ergebenden Rechte, wie der Eigentumsschutz und die Freiheit der Arbeit, des Handels und anderer Berufstätigkeiten, keinen uneingeschränkten Vorrang genießen würden.[219] Die Rechte könnten vielmehr aus Gründen des öffentlichen Interesses eingeschränkt werden. Deshalb erachtet es der EuGH für berechtigt, dass für diese Rechte bestimmte Begrenzungen gelten, die „durch die dem allgemeinen Wohl dienenden Ziele der Gemeinschaft gerechtfertigt sind, solange die Rechte nicht in ihrem Wesen angetastet werden.“[220] Die Ausführungen des EuGH lesen sich also dergestalt, dass nach seiner Ansicht eine Begrenzung immer dann gerechtfertigt sei, wenn eine Regelung dem allgemeinen Wohl dienende Ziele verfolgt und dabei das betroffene Recht nicht in seinem Wesensgehalt antastet.

---

215 EuGH, Rs. 11/70, *Internationale Handelsgesellschaft*, ECLI:EU:C:1970:114, Rz. 4.
216 EuGH, Rs. 11/70, *Internationale Handelsgesellschaft*, ECLI:EU:C:1970:114, Rz. 4.
217 EuGH, Rs. 11/70, *Internationale Handelsgesellschaft*, ECLI:EU:C:1970:114, Rz. 15.
218 EuGH, Rs. 4/73, *Nold*, ECLI:EU:C:1974:51.
219 EuGH, Rs. 4/73, *Nold*, ECLI:EU:C:1974:51, Rz. 14.
220 EuGH, Rs. 4/73, *Nold*, ECLI:EU:C:1974:51, Rz. 14.

Diesen Maßstab legte der EuGH über einen langen Zeitraum – zum Teil auch nach Inkrafttreten der GRC – bei der Prüfung der Verhältnismäßigkeit einer Grundrechtsverletzung an. So reichte dem EuGH in der Rechtssache *Zuckerfabrik Suederdithmarschen* aus dem Jahr 1991 sowie in der Rechtssache *Deutsches Weintor* aus dem Jahr 2012 für die Rechtmäßigkeit der jeweils angegriffenen Maßnahme die Feststellung aus, dass mit dieser dem Allgemeinwohl dienende Interessen verfolgt und der Wesensgehalt des jeweils betroffenen Grundrechtes nicht berührt werde.[221]

(3) Kehrtwende?

Die deutsche Rechtswissenschaft übte in der Vergangenheit Kritik an der oberflächlichen, undogmatischen und unstrukturierten Prüfung der Verhältnismäßigkeit durch den EuGH.[222] Wie die Ausführungen des EuGH in der Rechtssache *Deutsches Weintor* zeigten, führte auch das Inkrafttreten der GRC trotz der prüfungsrechtlichen Vorgaben in Art. 52 Abs. 1 Satz 2 GRC nicht – jedenfalls nicht unmittelbar – zu einer Kehrtwende bei der Verhältnismäßigkeitsprüfung.

(a) Rechtssache 0043- 283/11 – Sky Österreich

In der am 22.01.2013 von der Großen Kammer des EuGH entschiedenen Rechtssache *Sky Österreich* wandte sich die Klägerin gegen eine Entscheidung der österreichischen Regulierungsbehörde für Kommunikation. Der EuGH grenzte im Rahmen der Entscheidungsgründe zunächst die einschlägigen Grundrechte ein[223] und prüfte anschließend eine mögliche Verletzung von Art. 16 GRC. Hierzu erläuterte der EuGH zunächst detailliert den Schutzbereich von Art. 16 GRC, insbesondere den Schutzbereich der Vertragsfreiheit.[224] Anschließend stellte der EuGH einen Eingriff in die von Art. 16 GRC geschützte Vertragsfreiheit durch die streitgegenständliche Richtlinie fest.[225] Es folgte eine Prüfung der Verhältnismäßigkeit, die in ihrem Ausmaß und ihrer Ausführlichkeit eine bislang vom EuGH nicht gekannte Tiefe erreichte. Der EuGH setzte den Prüfungsmaßstab fest, der aufgrund des besonderen Wortlautes von Art. 16 GRC

---

221 EuGH, Rs. 143/88, *Zuckerfabrik Suederdithmarschen AG*, ECLI:EU:C:1991:65, Rz. 73 ff; EuGH, Rs. C-544/10, *Deutsches Weintor*, ECLI:EU:C:2012:526, Rz. 57 f.

222 *Nettesheim*, EuZW 1995, S. 106 (107); *Stein*, EuZW 1998, S. 261 (261); *v. Danwitz*, EWS 2003, S. 393 (395 ff.); *Bühler*, Einschränkungen von Grundrechten 2005, S. 111 f.; *Schwier*, Der Schutz der „Unternehmerischen Freiheit" 2008, S. 237 ff.; siehe auch *Koch*, Der Grundsatz der Verhältnismäßigkeit 2003, S. 252 ff.

223 EuGH, Rs. C-283/11, *Sky Österreich*, ECLI:EU:C:2013:28, Rz. 34 ff.

224 EuGH, Rs. C-283/11, *Sky Österreich*, ECLI:EU:C:2013:28, Rz. 42 f.

225 EuGH, Rs. C-283/11, *Sky Österreich*, ECLI:EU:C:2013:28, Rz. 44.

zur Möglichkeit zahlreicher Eingriffe durch die öffentliche Gewalt zu geringeren Anforderungen an die Rechtfertigung eines Eingriffes führe.[226] Die Achtung des Wesensgehaltes von Art. 16 GRC prüfte der EuGH dann gesondert und ebenfalls vergleichsweise ausführlich mit dem Ergebnis, dass keine Beeinträchtigung vorlag.[227] Die sich anschließende Prüfung des verfolgten Zieles, der Geeignetheit und Erforderlichkeit sowie der Abwägung zwischen den geschützten und beeinträchtigten Interessen[228] über mehr als drei Seiten von der Randnummer 50 bis zur Randnummer 67 der Entscheidung geht weit über die bis dahin vom EuGH gewohnten, eher oberflächlichen Ausführungen zur Verhältnismäßigkeitsprüfung hinaus.[229]

(b) Keine Kontinuität

Der sich unmittelbar anschließenden Entscheidung in der Rechtssache *Alemo-Herron* lag eine Frage nach der Auslegung und den Auswirkungen der BÜ-RL[230] zugrunde. Im Ergebnis sah der EuGH in dem streitgegenständlichen Sachverhalt die gemäß Art. 16 GRC geschützte Vertragsfreiheit des Erwerbers in einem solchen Ausmaß als reduziert an, dass diese Reduzierung zu einer Beeinträchtigung des Wesensgehaltes von Art. 16 GRC führen könne.[231] In der Literatur wurde die Entscheidung nach den umfangreichen Ausführungen in *Sky Österreich* als Rückfall in die Zeiten einer oberflächlichen, undogmatischen und unstrukturierten Prüfung der Verhältnismäßigkeit gewertet, da der EuGH lediglich die Beachtung des Wesensgehaltes von Art. 16 GRC prüfte.[232]

Seitdem zeigt der EuGH eine unterschiedliche Herangehensweise bei der Verhältnismäßigkeitsprüfung. Zum Teil prüfte der EuGH sehr detailliert und ausführlich die Frage nach der Verhältnismäßigkeit eines Eingriffes unter Beachtung

---

226 EuGH, Rs. C-283/11, *Sky Österreich*, ECLI:EU:C:2013:28, Rz. 46 f. Siehe zu der angeblich aus dem Wortlaut von Art. 16 GRC resultierenden Beschränkungsmöglichkeit oben unter Ziffer D. I. in diesem Teil der Arbeit ab S. 72 und zur ablehnenden Stellungnahme an dieser Ansicht Ziffer D. I. 1. d. ebenfalls in diesem Teil der Arbeit ab S. 74.

227 EuGH, Rs. C-283/11, *Sky Österreich*, ECLI:EU:C:2013:28, Rz. 49.

228 Im Folgenden wird die Abwägung zwischen den geschützten und beeinträchtigten Interessen aus Darstellungsgründen als Prüfung der Angemessenheit bezeichnet.

229 EuGH, Rs. C-283/11, *Sky Österreich*, ECLI:EU:C:2013:28, Rz. 50 ff.

230 Richtlinie 2001/23/EG vom 12.03.2001 zur Angleichung der Rechtsvorschriften der Mitgliedstaaten über die Wahrung von Ansprüchen der Arbeitnehmer beim Übergang von Unternehmen, Betrieben oder Unternehmens- oder Betriebsteilen, ABl. 2001, L 82, S. 16.

231 EuGH, Rs. C-426/11, *Alemo-Herron*, ECLI:EU:C:2013:521, Rz. 35.

232 Michl, EuR 2018, S. 456 (469).

einer Einteilung in Geeignetheit, Erforderlichkeit und Angemessenheit.[233] In anderen Entscheidungen erfolgte wiederum lediglich eine stark verkürzte und oberflächliche Prüfung, die an „alte[n] Zeiten“[234] erinnern ließ.[235]

(c) Stellungnahme

Zunächst greift die Kritik von *Michl* an der Prüfung des EuGH in der Rechtssache *Alemo-Herron* zu kurz. Denn aus Sicht des EuGH war in der Rechtssache eine Beeinträchtigung des Wesensgehaltes zu befürchten. Der Umfang der Ausführungen des EuGH war somit die zwingende Folge der aus seiner Sicht bestehenden Rechtslage. Einer weitergehenden und vertieften Prüfung der Verhältnismäßigkeit bedurfte es nach den Feststellungen zur Beeinträchtigung des Wesensgehaltes nicht. Eine Aussage über die Prüfungstiefe in Bezug auf die Verhältnismäßigkeit lässt sich aus dieser Entscheidung somit nicht ableiten.

Insgesamt ist aber die Entwicklung der Rechtsprechung des EuGH zur Prüfung der Verhältnismäßigkeit für eine Systematisierung unergiebig. Zwar hat eine Konkretisierung und teilweise eine Vertiefung der Prüfung stattgefunden. Die insoweit bemerkenswerten Entscheidungen in den Rechtssachen *Sky Österreich* und *Schaible* können aber nicht als nachhaltige Kehrtwende hin zu einer detaillierten Verhältnismäßigkeitsprüfung durch den EuGH eingestuft werden, da es gleichermaßen Entscheidungen gibt, die ein stark verkürztes Prüfungsprogramm aufweisen. Eine Kontinuität im Sinne einer nachhaltigen Änderung der Prüfungsstruktur, die einige Stimmen in der Literatur ausgemacht haben wollen,[236] gibt es tatsächlich nicht.[237] Auffällig ist vielmehr, dass bei den beiden Entscheidungen mit sehr ausführlicher Verhältnismäßigkeitsprüfung der deutsche Richter am EuGH *von Danwitz* als Berichterstatter (in der Rechtssache *Sky*

---

233 EuGH, Rs. C-101/12, *Schaible*, ECLI:EU:C:2013:661, Rz. 30 ff.; EuGH, Rs. C-293/12, *Digital Rights Ireland Ltd.*, ECLI:EU:C:2014:238, Rz. 45 ff.; EuGH, Rs. C-540/16, *Spika*, ECLI:EU:C:2018:565, Rz. 36 ff.

234 Siehe hierzu oben unter den Ziffern D. II. 3. a. bb. (1) und D. II. 3. a. bb. (2) jeweils in diesem Teil der Arbeit ab S. 83.

235 EuGH, Rs. C-314/12, *UPC Telekabel Wien*, ECLI:EU:C:2014:192, Rz. 51 ff; EuGH, Rs. C-680/15, *Asklepios*, ECLI:EU:C:2017:317, Rz. 24 f.; EuGH, Rs. C-600/16, *National Iranian Tanker Company*, ECLI:EU:C:2018:966, Rz. 83 ff, in der der EuGH lediglich die Verfolgung eines legitimen Zieles und die Intensität des Eingriffes darstellt.

236 *Jarass*, in: Jarass, Charta der Grundrechte der EU 2016, Art. 16, Rz. 19a, der die verkürzten Darstellungen des EuGH in der Rechtssache *Deutsches Weintor* als missverständliche Formulierung bezeichnet. *Kingreen*, in: Callies/Ruffert, EUV/AEUV 2016, Art. 52 GRC, Rz. 71; *Kühling*, NVwZ 2014, S. 681 (684).

237 *Wollenschläger*, EuZW 2015, S. 285 (288); *Michl*, EuR 2018, S. 456 (468 f.).

Österreich) bzw. als Vorsitzender (in der Rechtssache *Schaible*) maßgeblich mitgewirkt hat.[238] Die detaillierten Ausführungen könnten also maßgeblich auf die Person von *von Danwitz* zurückzuführen sein, was ebenfalls gegen eine nachhaltige Entwicklung sprechen würde.

Auch wenn sich der EuGH nicht abschließend festlegt, bleibt trotz der aus deutscher Sicht gebotenen Zurückhaltung bei der Bewertung einer unionsrechtlichen Grundrechtsdogmatik ein dreistufiger Aufbau die richtige Herangehensweise. Es sind somit die Geeignetheit, Erforderlichkeit und die Angemessenheit, also die Abwägung zwischen den widerstreitenden Interessen, zu prüfen.[239] Die ersten beiden Prüfungspunkte ergeben sich unmittelbar aus dem Wortlaut von Art. 52 Abs. 1 Satz 2 GRC. Das Erfordernis der Angemessenheit lässt sich aus der Bezugnahme auf den Grundsatz der Verhältnismäßigkeit ableiten,[240] der hinsichtlich der Prüfungsstruktur bereits aus der Rechtsprechung zu Art. 5 Abs. 4 EUV bekannt ist und dort ebenfalls eine solche Abwägung zwischen den widerstreitenden Interessen aufweist.[241]

b. Ausgleich widerstreitender grundrechtlich geschützter Interessen

Im Bereich des Arbeitsrechtes stehen sich regelmäßig die Interessen der Arbeitnehmer und der Arbeitgeber gegenüber. Die Interessen des unternehmerischen Arbeitgebers sind aufgrund der gemäß Art. 16 GRC umfassend gewährleisteten Vertragsfreiheit grundrechtlich geschützt. Arbeitnehmer können sich für den Schutz ihrer Interessen, auch in Bezug auf ihre Arbeitsvertragsfreiheit,[242] auf Art. 15 Abs. 1 GRC berufen. Damit bestehen bei arbeitnehmerschützenden

---

238 Michl, EuR 2018, S. 456 (469).

239 So auch Generalanwalt *Trstenjak* (Schlussanträge, Rs. C-365/08, *Agrana Zucker*, ECLI:EU:C:2010:27, Rz. 60), der dort aber auch auf die nicht eindeutige Rechtsprechung des EuGH hinweist; *Kingreen*, in: Callies/Ruffert, EUV/AEUV 2016, Art. 52 GRC, Rz. 65 ff.; *Jarass*, in: Jarass, Charta der Grundrechte der EU 2016, Art. 52, Rz. 34 ff.; *Borowsky*, in: Meyer, Charta der Grundrechte der EU 2014, Art. 52, Rz. 22b; *Streinz/Michl*, in: Streinz, EUV/AEUV 2012, Art. 52 GRC, Rz. 16 ff.; *Schneider*, Die unternehmerische Freiheit 2017, S. 80 ff.; *Schwier*, Der Schutz der „Unternehmerischen Freiheit" 2008, S. 233 ff.; *Cornils*, § 5 Schrankendogmatik, in: Grabenwarter (Hrsg.), Europäischer Grundrechteschutz 2014, Rz. 107 ff.

240 *Kingreen*, in: Callies/Ruffert, EUV/AEUV 2016, Art. 52 GRC, Rz. 70; *Jarass*, in: Jarass, Charta der Grundrechte der EU 2016, Art. 52, Rz. 36.

241 Siehe hierzu oben unter Ziffer D. II. 3. a. aa. in diesem Teil der Arbeit ab S. 82.

242 *Schubert*, in: Franzen/Gallner/Oetker, Kommentar zum europäischen Arbeitsrecht 2018, Art. 16 GRC, Rz. 10.

Regelungen regelmäßig Konflikte zwischen grundrechtlich geschützten Interessen.[243] Der EuGH löst einen solchen Konflikt durch die Herstellung eines angemessenen Gleichgewichts zwischen diesen Interessen.[244] Das Vorgehen erinnert an die aus dem deutschen Verfassungsrecht bekannte Maxime der praktischen Konkordanz,[245] der zu Folge kollidierende Grundrechtspositionen in ihrer Wechselwirkung zu sehen und so zu begrenzen sind, dass sie für die Grundrechtsträger möglichst weitgehend wirksam werden.[246]

c. *Zwischenergebnis*

Die GRC lässt Eingriffe nur auf Grundlage eines weit zu verstehenden Gesetzesvorbehaltes zu und schützt einen absoluten Wesensgehalt der Grundrechte. Der EuGH hat seine Rechtsprechung zur Rechtfertigung eines Eingriffes im Laufe der Zeit intensiviert und geht insbesondere bei der Prüfung der Wesensgehaltsgarantie in Abgrenzung zur Verhältnismäßigkeit zunehmend ins Detail und in die Tiefe. Eine nachhaltige Kehrtwende bei der Verhältnismäßigkeitsprüfung hin zu einer sauberen Trennung der unterschiedlichen Prüfungsschritte Geeignetheit, Erforderlichkeit und Angemessenheit und deren ausdifferenzierter Prüfung ist allerdings (noch) nicht auszumachen.

E. Ergebnis zum dritten Teil

Die unternehmerische Freiheit und damit auch die Vertragsfreiheit des Unternehmens sind keinem Ausgestaltungsvorbehalt und auch keiner „vertikalen" Einschränkungsmöglichkeit unterworfen. Es handelt sich hierbei vielmehr um ein „echtes" Grundrecht, das umfassend die positive und negative Vertragsfreiheit vor Eingriffen schützt. Rechtfertigungsbedürftige Eingriffe können neben unmittelbaren auch durch mittelbare Rechts- und Realakte vorliegen, die allerdings einem Grundrechtsverpflichteten zuzurechnen sein müssen und für den Betroffenen zu einer wahrnehmbaren Beeinträchtigung führen. Solche Eingriffe

243 *Vosskuhle*, RdA 2015, S. 336 (342); *Schubert*, in: Franzen/Gallner/Oetker, Kommentar zum europäischen Arbeitsrecht 2018, Art. 15, Rz. 25 zur gesetzlichen Regelung von Altersgrenzen.

244 EuGH, Rs. C-70/10, *Scarlet*, ECLI:EU:C:2011:771, Rz. 44 ff.; EuGH, Rs. C-360/10, *Netlog*, ECLI:EU:C:2012:85, Rz. 43 ff.

245 BVerfG, Beschluss vom 19.10.1993 – 1 BvR 567/89, juris Rz. 53, NJW 1994, S. 36.

246 BVerfG, Beschluss vom 19.10.1993 – 1 BvR 567/89, juris Rz. 53, NJW 1994, S. 36; *Lerche* spricht diesbezüglich von einem „nach beiden Seiten hin schonendsten Ausgleich" (*Lerche*, Übermaß und Verfassungsrecht 1961, S. 153).

bedürfen einer gesetzlichen Grundlage. Im Rahmen der Rechtfertigung ist ein absolut geschützter Wesensgehalt zu achten. Darüber hinaus muss ein Eingriff ein legitimes Ziel verfolgen, zu dessen Erreichung geeignet, erforderlich sowie angemessen sein. Die Rechtsprechung des EuGH spiegelt dieses Prüfungsprogramm in einigen Entscheidungen bereits wider, hat dies aber noch nicht für sämtliche Entscheidungen übernommen. Konflikte zwischen grundrechtlich geschützten Interessen werden durch Herstellung eines angemessenen Gleichgewichtes gelöst.

Vierter Teil: Geltung der GRC bei nationalen Rechtsakten im Arbeitsrecht

Um die Auswirkungen und die Bedeutung der durch Art. 16 GRC gewährleisteten Vertragsfreiheit des Unternehmens auf das nationale Arbeitsrecht näher untersuchen und beschreiben zu können, ist zunächst zu klären, ob bzw. unter welchen Voraussetzungen und in welchem Umfang die GRC auf nationale arbeitsrechtliche Rechtsakte überhaupt Geltung entfaltet. Besonderes Augenmerk wird dabei auf die Frage gelegt, ob die GRC auch bei nationalen Rechtsakten gilt, die über unionsrechtliche Vorgaben hinausgehen.

A. Ausgangspunkt

Ausgangspunkt für eine Untersuchung ist die Regelung zur Geltung[247] der GRC in Art. 51 GRC. Gemäß Art. 51 Abs. 1 Satz 1 GRC gilt die GRC für die Mitgliedstaaten „ausschließlich bei der Durchführung des Rechts der Union". Dementsprechend achten die Mitgliedstaaten gemäß Art. 51 Abs. 1 Satz 2 GRC die Rechte, halten sich an die Grundsätze und fördern deren Anwendung entsprechend der jeweiligen Zuständigkeiten. Gemäß Art. 51 Abs. 2 GRC dehnt die GRC den Geltungsbereich des Unionsrechtes nicht über die Zuständigkeiten der Union hinaus aus und begründet weder neue Zuständigkeiten noch neue Aufgaben für die Union, noch ändert sie die in den Verträgen festgelegten Zuständigkeiten und Aufgaben.[248]

Bei der Beantwortung der Frage, wann Mitgliedstaaten Unionsrecht im Sinne des Art. 51 Abs. 1 Satz 1 GRC unmittelbar durchführen und damit die Grundrechte der GRC zu beachten haben, ist zunächst auf die aus deutscher Sicht maßgeblichen Ansichten des BVerfG und des EuGH abzustellen.

---

247 In Anlehnung an die uneiheitliche Formulierung in Art. 51 GRC und in der Rechtsprechung werden die Begriffe Geltung und Anwendung im Folgenden synonym verwandt, wenngleich der Begriff der Geltung etwas weiter zu verstehen ist und daher für die Formulierung des Titels der Arbeit ausgewählt wurde.

248 Das in Art. 52 Abs. 2 GRC zum Ausdruck gebrachte Prinzip der begrenzten Einzelermächtigung findet sich bereits in Art. 5 Abs. 2 EUV.

I. Ansicht des BVerfG

Das BVerfG hat sich bereits mehrfach zu den Voraussetzungen für die Anwendbarkeit der GRC auf nationales Recht geäußert.

1. Unionsrechtliche Determinierung

Das BVerfG hat sich im Kontext unionsrechtlicher Probleme, die auf nationales Recht durchschlagen, zunächst lediglich mit der Frage nach der eigenen Zuständigkeit auseinandergesetzt. Nach Ansicht des BVerfG hängt die Zuständigkeit für die Überprüfung eines nationalen Rechtsakts davon ab, ob dieser Rechtsakt unionsrechtlich zwingend vorgegeben („determiniert") ist oder ob bei der Umsetzung von Unionsrecht Gestaltungsfreiheit für den Mitgliedstaat besteht. Bei einer unionsrechtlichen Determinierung wird die Rechtmäßigkeit des betreffenden Rechtsaktes durch den EuGH geprüft. Das BVerfG übt seine Jurisdiktionsgewalt in diesem Fall nicht aus. Sofern aber ein Spielraum bei der Umsetzung unionsrechtlicher Vorgaben besteht, können Betroffene durch das BVerfG überprüfen lassen, ob sie in ihren (Grund)Rechten verletzt sind.[249]

Diese Rechtsprechung hat das BVerfG in der Entscheidung zur Antiterrordatei dahingehend ausgeweitet, dass es eine hinreichende unionsrechtliche Determinierung nicht nur bei der Frage nach der Zuständigkeit thematisiert. In dieser Entscheidung äußerte sich das BVerfG vielmehr unter ausdrücklichem Verweis auf Art. 51 Abs. 1 Satz 1 GRC zu dem Anwendungsbereich der GRC und führte aus, dass in dem der Entscheidung zugrunde liegenden Sachverhalt kein Fall der Durchführung von Unionsrecht vorliege, da die angegriffenen Vorschriften nicht durch Unionsrecht determiniert seien.[250] Die Anwendbarkeit der GRC hängt nach Ansicht des BVerfG also davon ab, ob eine hinreichende unionsrechtliche Determinierung des zu überprüfenden Rechtsaktes vorliegt.[251]

---

249 BVerfG, Urteil vom 12.05.1989 – 2 BvA 3/89, NJW 1990, S. 974; BVerfG, Beschluss vom 13.03.2007 – 1 BvF 1/05, Rz. 68 f., NVwZ 2007, S. 937; Urteil v. 02.03.2010 – 1 BvR 256/08, Rz. 181, NJW 2010, S. 833; BVerfG, Beschluss vom 04.10.2011 – 1 BvL 3/08, Rz. 46, NJW 2012, S. 45.

250 BVerfG, Urteil v. 24.04.2013 – 1 BvR 1215/07, Rz. 88, NJW 2013, S. 1499.

251 Kingreen, in: Calliess/Ruffert, EUV/AEUV, Art. 51 GRC, Rz. 11; Streinz/Michl, in: Streinz, EUV/AEUV, Art. 51 GRC, Rz. 26.

2. *Fortführung der Solange-Rechtsprechung*

Diese Differenzierung nach der Qualität der unionsrechtlichen Vorgabe ist tatsächlich eine konsequente Fortführung der Solange-Rechtsprechung. Dort hatte das BVerfG Folgendes ausgeführt:

> „Solange die Europäischen Gemeinschaften, insbesondere die Rechtsprechung des Gerichtshofs der Gemeinschaften einen wirksamen Schutz der Grundrechte gegenüber der Hoheitsgewalt der Gemeinschaften generell gewährleisten, der dem vom Grundgesetz als unabdingbar gebotenen Grundrechtsschutz im wesentlichen gleichzuachten ist, zumal den Wesensgehalt der Grundrechte generell verbürgt, wird das BVerfG seine Gerichtsbarkeit über die Anwendbarkeit von abgeleitetem Gemeinschaftsrecht, das als Rechtsgrundlage für ein Verhalten deutscher Gerichte oder Behörden im Hoheitsbereich der Bundesrepublik Deutschland in Anspruch genommen wird, nicht mehr ausüben und dieses Recht mithin nicht mehr am Maßstab der Grundrechte des Grundgesetzes überprüfen".[252]

Die Überprüfung eines nationalen Rechtsaktes, der lediglich zwingende unionsrechtliche Vorgaben umsetzt, würde letztlich auf eine Überprüfung des zugrundeliegenden Unionsrechtes selbst hinauslaufen und daher nicht mehr im Einklang mit der Solange-Rechtsprechung stehen.[253]

3. *Determinierung durch Richtlinien*

Das Kriterium der unionsrechtlichen Determinierung wendet das BVerfG nicht nur auf Verordnungen, sondern auch auf Vorgaben durch Richtlinien an. Sofern eine Richtlinie zwingende Vorgaben enthält, sind die darauf beruhenden nationalen Umsetzungsakte an den Grundrechten der GRC zu messen. Bei Zweifeln über die Auslegung ist ggf. ein Vorabentscheidungsverfahren beim EuGH einzuleiten.[254]

4. *Determinierung bei unbestimmten Rechtsbegriffen*

Noch nicht ausdrücklich erklärt hat sich das BVerfG zu der Geltung der GRC bei der Verwendung unbestimmter Rechtsbegriffe in unionsrechtlichen Vorgaben. In einem Beschluss am 04.10.2011 wies das BVerfG allerdings eine Vorlage nach Art. 100 Abs. 1 Satz 1 GG durch das FG Sachsen-Anhalt als unzulässig

---

252 BVerfG, Beschluss vom 22.10.1986 – 2 BvR 197/83, juris Rz. 117, NJW 1987, S. 577.

253 Dederer, in: Maunz/Dürig, GG 2018, Art. 100, Rz. 123. 62; Classen, EuR 2016, 304 (309).

254 BVerfG, Beschluss vom 13.03.2007 – 1 BvF 1/05, Rz. 68 f., NVwZ 2007, S. 937.

zurück, weil das FG nicht geklärt hatte, ob das zur Überprüfung gestellte Gesetz auf zwingenden unionsrechtlichen Vorgaben beruht.[255] Nach Ansicht des BVerfG hätte das FG diese Frage ggf. durch eine Vorlage gemäß Art. 267 AEUV an den EuGH klären müssen.[256] Das BVerfG bemängelte u.a., dass das FG sich nicht mit den verschiedenen Deutungsmöglichkeiten des Begriffes der „Gewährung“ - in dem Fall bezogen auf die Gewährung einer Investitionsbeihilfe durch die Finanzbehörden - auseinandergesetzt hatte. Damit habe das FG nicht den Umfang der Bindungswirkung für den deutschen Gesetzgeber erörtert.[257] Das BVerfG scheint also von der Möglichkeit auszugehen, dass auch die unionsrechtliche Verwendung eines unbestimmten Rechtsbegriffes zu einem Gestaltungsspielraum der Mitgliedstaaten führen kann, mit der Folge, dass nicht mehr von einer hinreichenden Determinierung durch das Unionsrecht ausgegangen werden könne.

II. Ansicht des EuGH

Eine von der Meinung des BVerfG sowohl in Bezug auf die Voraussetzungen als auch hinsichtlich der Rechtsfolgen von Art. 51 Abs. 1 Satz 1 GRC abweichende Ansicht vertritt hingegen der EuGH.

1. Voraussetzungen der Anwendbarkeit der GRC

Eine abschließende Definition der Voraussetzungen für eine Anwendbarkeit der GRC hat der EuGH bislang noch nicht entwickelt. Eine ausführliche Darstellung des aktuellen Sach- und Streitstandes wäre unter Berücksichtigung des Themas der vorliegenden Arbeit verfehlt.[258] Es lassen sich aber bestimmte, für die vorliegende Arbeit besonders relevante Fallgruppen ableiten, bei denen der EuGH seine Anforderungen kontinuierlich weiterentwickelt hat. Hierbei handelt es sich um die Fälle, in denen bei der Umsetzung unionsrechtlicher Vorgaben ein Spielraum der Mitgliedstaaten besteht, um Fälle der überobligatorischen Umsetzung

---

255 BVerfG, Beschluss vom 04.10.2011 - 1 BvL 3/08, NJW 2012, S. 45.

256 BVerfG, Beschluss vom 04.10.2011 - 1 BvL 3/08, Rz. 47, NJW 2012, S. 45

257 BVerfG, Beschluss vom 04.10.2011 - 1 BvL 3/08, Rz. 69, NJW 2012, S. 45. Fraglich war, auf welchen Zeitpunkt abzustellen ist, wenn die Gewährung einer Investitionsbeihilfe durch die zuständigen Finanzbehörden ab einem bestimmten Datum untersagt ist.

258 Zum Sach- und Streitstand siehe *Thym*, DÖV 2014, S. 941 (943 ff.) und sehr ausführlich *Nusser*, Bindung der Mitgliedstaaten 2011, S. 9 ff.

von Unionsrecht durch die Mitgliedstaaten sowie um die Einschränkung von Grundfreiheiten.[259]

a. Anwendbarkeit der GRC bei nationalem Umsetzungsspielraum

Der Dissens zwischen der Ansicht des BVerfG und der des EuGH besteht insbesondere bei der Frage, ob Beurteilungs- bzw. Gestaltungsspielräume für die Mitgliedstaaten bei der Umsetzung von Unionsrecht die Anwendbarkeit der GRC ausschließen oder nicht.

aa. Beachtung des Grundrechtsschutzes in der Gemeinschaftsordnung

Bereits im Jahr 1989 hat der EuGH in der Rechtssache *Wachauf* entschieden, dass die Mitgliedstaaten bei der Durchführung der gemeinschaftsrechtlichen Regelungen die Erfordernisse des Grundrechtsschutzes in der Gemeinschaftsrechtsordnung zu beachten haben.[260]

In der Entscheidung ging es um einen Landwirt, der auf einem gepachteten Bauernhof Milcherzeugung betrieb. Gemäß der einschlägigen Verordnung 857/84[261] bestand für einen solchen Pächter die Möglichkeit, nach der Rückgabe eines zur Milcherzeugung gepachteten Betriebes an den Verpächter entweder die auf den Betrieb entfallende Referenzmenge zur Milcherzeugung zu erhalten oder im Falle der endgültigen Aufgabe der Milcherzeugung, eine Vergütung zu bekommen. Die Entscheidung über die konkrete Ausgestaltung der Anspruchsvoraussetzungen überließ die Verordnung den Mitgliedstaaten. Der Landwirt entschied sich für die Rückgabe des Betriebes und beantragte die Zahlung einer Vergütung. Das zuständige Bundesamt für Ernährung und Forstwirtschaft lehnte die von dem Landwirt beantrage Zahlung allerdings ab. Zur Begründung berief sich das Bundesamt darauf, dass der Landwirt zwar Pächter des Bauernhofes, darüber hinaus aber Eigentümer der Milchkühe und der zur

---

259 Wenn im Folgenden davon die Rede ist, dass nach Ansicht des EuGH die GRC Anwendung findet, bedeutet dies nicht, dass nicht auch parallel nationale Grundrechte als Rechtmäßigkeitsmaßstab dienen können. Der EuGH vertritt hierzu mit der sogenannten Kumulationsthese die Ansicht, dass im nicht-determinierten Bereich sowohl Unions- als auch mitgliedstaatliche Grundrechte gelten (EuGH, Rs. C-617/10, *Fransson*, ECLI:EU:C:2013:105, Rz. 29). Siehe hierzu vertiefend Kingreen, in: Callies/Ruffert, EUV/AEUV 2016, Art. 51 GRC, Rz. 10 ff; Calliess, JZ 2009, S. 113 (118 ff.).

260 EuGH, Rs. 5/88, *Wachauf*, ECLI:EU:C:1989:321, Rz. 19.

261 Verordnung Nr. 857/84 über Grundregeln für die Anwendung der Abgabe gemäß Artikel 5c der Verordnung Nr. 804/68 im Sektor Milch und Milcherzeugnisse, Abl. 1984, L 90, S. 13.

Milcherzeugung erforderlichen technischen Einrichtungen war. Außerdem sah der Pachtvertrag keine Pflicht zur Milcherzeugung vor. Daher legte das Verwaltungsgericht Frankfurt am Main dem EuGH u.a. die Frage vor, ob auch in diesem Fall die Voraussetzungen für die Gewährung einer Vergütung bei Aufgabe der Milcherzeugung und Rückgabe des Betriebes erfüllt seien.

Der EuGH bejahte diese Frage mit Blick drauf, dass anderenfalls der Pächter nach Ablauf des Pachtverhältnisses entschädigungslos um die Früchte seiner Arbeit und der von ihm in dem verpachteten Betrieb vorgenommenen Investitionen gebracht werden würde.[262] Ein solches Ergebnis sei aber nicht mit den zu beachtenden Grundrechten vereinbar. Daher haben laut EuGH die nationalen Behörden bei der Durchführung gemeinschaftsrechtlicher Regelungen den ihnen durch die einschlägige Rechtsgrundlage (in diesem Fall einer Verordnung) gewährten Ermessensspielraum in einer mit den Erfordernissen des Grundrechtsschutzes in Einklang stehender Weise auszuüben.[263] Die Begründung des EuGH weist also bereits darauf hin, dass die Gewährung eines Ermessensspielraumes an die Mitgliedstaaten der Beachtung des Grundrechtsschutzes in der Gemeinschaftsrechtsordnung nicht entgegensteht.[264]

bb. Anwendbarkeit trotz Ermessensspielraumes

Noch deutlicher äußerte sich der EuGH in einer kurz darauf folgenden Entscheidung. Der der Entscheidung zugrunde liegende Sachverhalt handelte – wie die Rechtssache *Wachauf* – von einem Landwirt, der einen Betrieb zur Milcherzeugung gepachtet hatte und somit in den Anwendungsbereich der Verordnung Nr. 857/84 fiel. Nach Aufgabe und Rückgabe des Betriebes an den Verpächter übernahm der Landwirt nicht die auf den gepachteten Betrieb entfallene Referenzmenge zur Milcherzeugung, erhielt aber auch keine Vergütung von dem Verpächter. Hierin sah der Landwirt u.a. eine Verletzung von „allgemeinen Grundsätzen des Gemeinschaftsrechts“ – namentlich das Eigentum – und klagte.[265]

Der für die Rechtssache zuständige Generalanwalt *Gulmann* hatte in seinen Schlussanträgen vorgeschlagen, den Anwendungsbereich der gemeinschaftsrechtlichen Grundrechte dahingehend zu beschränken, dass die nationale Umsetzung einer gemeinschaftsrechtlichen Regelung, die den Mitgliedstaaten

---

262 EuGH, Rs. 5/88, *Wachauf*, ECLI:EU:C:1989:321, Rz. 19.

263 EuGH, Rs. 5/88, *Wachauf*, ECLI:EU:C:1989:321, Rz. 22.

264 Vgl. *Franzius*, ZaöRV 2015, S. 383 (386).

265 EuGH, Rs. C-2/92, *Bostock*, ECLI:EU:C:1994:116, Rz. 16.

einen Ermessensspielraum zugesteht, anhand der nationalen Rechtsordnung zu prüfen sei.[266] Generalanwalt *Gulmann* hatte vorgeschlagen, nationale Rechtsakte im Bereich des Ermessensspielraumes nicht als Durchführung von Gemeinschaftsrecht anzusehen. Dieser Ansatz des Generalanwaltes entspricht der bereits dargestellten Ansicht des BVerfG.[267]

Der EuGH hat diesen Vorschlag des Generalanwaltes in seinen Entscheidungsgründen allerdings nicht einmal erwähnt, sondern lediglich – wie in der Rechtssache *Wachauf* – darauf hingewiesen, dass auch die Mitgliedstaaten die Erfordernisse des Grundrechtsschutzes in der Gemeinschaftsrechtsordnung bei der Durchführung der gemeinschaftsrechtlichen Regelung zu beachten haben.[268] Anschließt prüfte der EuGH eine Verletzung der von dem Kläger aufgeführten Grundprinzipien, die der EuGH in den Entscheidungsgründen ausdrücklich als Grundrechte bezeichnet.[269] Damit hat der EuGH, wenn auch nicht ausdrücklich, aber gleichermaßen eindeutig einem Ausschluss der Anwendbarkeit der Gemeinschaftsgrundrechte aufgrund eines Ermessensspielraumes der Mitgliedstaaten eine Absage erteilt.[270]

cc. Richtlinienumsetzung

Erging die Entscheidungen in den Rechtssachen „*Wachauf*" und „*Bostock*" noch in Bezug auf eine Verordnung, hatte sich der EuGH in einer darauf folgenden Entscheidung in der Rechtssache *Europäisches Parlament / Rat*[271] mit der Frage der Anwendbarkeit von Gemeinschaftsgrundrechten bei der Umsetzung einer Richtlinie auseinanderzusetzen. Hintergrund der Entscheidung war eine Nichtigkeitsklage des Europäischen Parlaments in Bezug auf mehrere Artikel der Familienzusammenführungs-RL.[272] Die angegriffenen Artikel ermächtigten die Mitgliedstaaten auch, von den Vorschriften über die

---

266 Schlussanträge, Rs. C-2/92 *Bostock*, ECLI:EU:C:1993:141, Rz. 33.

267 Siehe hierzu oben unter Ziffer A. I. in diesem Teil der Arbeit ab S. 92. Wörtlich führt Generalanwalt *Gulmann* aus: „Es erscheint mir weder notwendig noch richtig, festzulegen, daß die Mitgliedstaaten in diesem Bereich die im Gemeinschaftsrecht geltenden Grundrechte beachten müssen" (Schlussanträge, Rs. C-2/92 *Bostock*, ECLI:EU:C:1993:141, Rz. 33).

268 EuGH, Rs. C-2/92, *Bostock*, ECLI:EU:C:1993:141, Rz. 16.

269 EuGH, Rs. C-2/92, *Bostock*, ECLI:EU:C:1993:141, Rz. 16 ff.

270 So auch *Jarass*, NVwZ 2012 S. 457 (460).

271 EuGH, Rs. 540/03, *Europäisches Parlament / Rat*, ECLI:EU:C:2006:429.

272 Richtlinie 2003/86/EG vom 22.09.2003 betreffend das Recht auf Familienzusammenführung, Abl. 2003, L 251, S. 12.

Familienzusammenführung – jedenfalls in gewissen Umfang – abzuweichen. Die Mitgliedstaaten verfügten also über einen Ermessensspielraum bei der Umsetzung.[273]

Der EuGH sah aber keinen Grund, die Anwendbarkeit der gemeinschaftsrechtlichen Grundrechte wegen des Ermessensspielraumes in Frage zu stellen. Vielmehr führte er aus, dass, soweit die Richtlinie den Mitgliedstaaten Ermessensspielraum belasse, dieser weit genug sei, um den Mitgliedstaaten die Anwendung der Vorschriften der Richtlinie in einer mit den Erfordernissen des Grundrechtsschutzes in Einklang stehenden Weise zu ermöglichen.[274] Tatsächlich sieht der EuGH also in dem Umsetzungsspielraum für die Mitgliedstaaten kein Hindernis, sondern vielmehr eine Möglichkeit, den (unionsrechtlichen) Grundrechtsschutz zu gewährleisten.

dd. Anwendbarkeit in allen unionsrechtlichen Fallgestaltungen

Eine Weiterentwicklung des Maßstabes für die Anwendbarkeit der unionsrechtlichen Grundrechte erfolgte mit der zahlreich und kontrovers diskutierten Entscheidung[275] in der Rechtssache *Fransson.*

In dem der Entscheidung zugrunde liegenden Sachverhalt wurde der Kläger in seiner schwedischen Heimat u.a. wegen Steuerhinterziehung in einem schweren Fall angeklagt. Vor Erhebung der Anklage wurden gegenüber dem Kläger bereits sanktionierende Steuerzuschläge in nicht unerheblichem Ausmaß festgesetzt. Das vorlegende schwedische Gericht wollte daher vom EuGH wissen, ob es sich bei der nunmehr erhobenen Anklage gegen den Kläger um einen Verstoß gegen das Verbot der Doppelbestrafung (ne bis in idem) handelt, das in Art. 50 GRC kodifiziert ist.[276]

Vor einer Auseinandersetzung mit der materiell-rechtlichen Situation musste der EuGH zunächst klären, ob die Vorlage an ihn überhaupt zulässig war. Das setzte voraus, dass die streitgegenständlichen Maßnahmen (steuerliche Sanktion und strafrechtliche Anklageerhebung gegen den Kläger) als Durchführung von

---

273 EuGH, Rs. 540/03, *Europäisches Parlament / Rat*, ECLI:EU:C:2006:429, Rz. 97 f.

274 EuGH, Rs. 540/03, *Europäisches Parlament / Rat*, ECLI:EU:C:2006:429, Rz. 104 f.

275 Z.B. *Latzel*, EuZW 2015, S. 658 (659); *Wissmann*, NZA-Beilage 2014, S. 91 (94); *Weiss*, EuZW 2013, S. 287 (288 ff.); *Kingreen*, EuR 2013, S. 446 (446 ff.); *Thym*, NVwZ 2013, S. 889 (890 ff.); *Lange*, NVwZ 2014, S. 169 (169 ff.). Das BVerfG wies als Reaktion auf die weite Auslegung des EuGH darauf hin, dass dieser EuGH-Entscheidung keine Lesart unterstellt werden dürfe, die „offensichtlich als Ultra-vires-Akt zu beurteilen wäre“ (BVerfG, Urteil vom 24.04.2013 – 1 BvR 1215/07, Rz. 91, NJW 2013, S. 1499).

276 EuGH, Rs. C-617/10, *Fransson*, ECLI:EU:C:2013:105.

Unionsrecht anzusehen sind. Aus diesem Grund erachteten die schwedische, die tschechische, die dänische, die niederländische und die irische Regierung sowie die Kommission die Vorlage für unzulässig. Denn sowohl die steuerliche Sanktion als auch die Anklageerhebung beruhten ausschließlich auf nationalen Vorschriften. Der EuGH hingegen stellte fest, dass die unionsrechtlichen Grundrechte in allen unionsrechtlich geregelten Fallgestaltungen Anwendung finden. Dafür reiche aus, dass eine streitrelevante Vorschrift in den Geltungsbereich des Unionsrechtes falle.[277] Es seien daher laut EuGH keine Fallgestaltungen denkbar, die vom Unionsrecht erfasst würden, ohne dass die Grundrechte der Union anwendbar wären.[278] Der EuGH hat in der Sanktionierung von Steuerhinterziehung eine Durchführung von Unionsrecht gesehen, weil mehrere unionsrechtliche Vorschriften, z.B. Art. 325 AEUV, die Sicherstellung der ordnungsgemäßen Mehrwertsteuererhebung bzw. die Bekämpfung von Handlungen, die sich gegen die finanziellen Interessen der Union richten, vorschreiben.[279] Der letztgenannte Punkt bezieht sich darauf, dass die Übertragung bestimmter Mehrwertsteuermittel für den Haushalt der Union auch von der Erhebung der Mehrwertsteuereinnahmen des Mitgliedstaates abhängt.[280]

ee. Inhaltliche Ausgestaltung unbestimmter Rechtsbegriffe

Als eine Art Unterfallgruppe des Ermessensspielraumes bedarf auch die inhaltliche Ausgestaltung von unbestimmten Rechtsbegriffen einer weitergehenden Untersuchung. Zahlreiche unionsrechtliche Regelungen sehen vor, dass die Mitgliedstaaten z.B. „geeignete Maßnahmen" treffen, um ein von der jeweiligen Vorschrift verfolgtes Ziel zu erreichen oder Verstöße zu ahnden.[281] Auch in einer solchen Konstellation stellt sich die Frage, ob die Mitgliedstaaten noch das Recht der Union durchführen, wenn ihnen die Möglichkeit überlassen ist, die Maßnahme an sich zu bestimmen. Als sich diese Frage in der Rechtssache *Textdata* stellte, blieb der EuGH auch hier seiner Linie der großzügigen Auslegung

---

277 EuGH, Rs. C-617/10, *Fransson*, ECLI:EU:C:2013:105, Rz. 19.
278 EuGH, Rs. C-617/10, *Fransson*, ECLI:EU:C:2013:105, Rz. 21.
279 EuGH, Rs. C-617/10, *Fransson*, ECLI:EU:C:2013:105, Rz. 25 f.
280 EuGH, Rs. C-617/10, *Fransson*, ECLI:EU:C:2013:105, Rz. 26.
281 Art. 12 Zweigniederlassungs-RL (Richtlinie 89/666/EWG vom 21.12.1989 über die Offenlegung von Zweigniederlassungen, die in einem Mitgliedstaat von Gesellschaften bestimmter Rechtsformen errichtet wurden, die dem Recht eines anderen Staaten unterliegen, ABl. 1990, L 395, S. 36) sowie Art. 24 Datenschutz-RL (Richtlinie 95/46/EG vom 24.10.1995 zum Schutz natürlicher Personen bei der Verarbeitung personenbezogener Daten und zum freien Datenverkehr, ABl. 1995, L 281, S. 31).

von Art. 51 Abs. 1 Satz 1 GRC treu. In dem zugrunde liegenden Sachverhalt wehrte sich die Klägerin gegen Zwangsstrafen, die das zuständige österreichische Gericht wegen Verstößen gegen die Pflicht zur Erbringung von Jahresabschlüssen verhängte.[282] Die angegriffenen Zwangsstrafen beruhten auf Art. 12 Zweigniederlassungs-RL, der die Verhängung geeigneter Maßnahmen durch die Mitgliedstaaten vorsieht, wenn gegen die Offenlegungspflicht aus der Zweigniederlassungs-RL verstoßen wird. Das vorlegende Gericht wollte u.a. wissen, ob die Verhängung der nationalen Zwangsstrafen gegen die Klägerin einen Verstoß gegen das Gebot des effektiven gerichtlichen Rechtsschutzes gemäß Art. 47 GRC darstellt. Der EuGH stellte u.a. fest, dass die streitgegenständlichen Zwangsstrafen auf Art. 12 Zweigniederlassungs-RL beruhten und leitete daraus unmittelbar eine Durchführung von Unionsrecht ab.[283]

ff. Einschränkungen

Die weite Auslegung des EuGH erfuhr allerdings auch gewisse Einschränkungen.

(1) Rechtssache Rs. C-206/13 – *Siragusa*

In der Rechtssache *Siragusa* wandte sich der Kläger gegen eine Anordnung, die ihm den Rückbau von nicht vorab genehmigten Änderungen an einer Liegenschaft in einem Landschaftsschutzgebiet aufgab. Eine nachträgliche Genehmigung war wegen der mit den baulichen Änderungen bewirkten Vergrößerung des Volumens der Liegenschaft gemäß den nationalen Vorschriften ausgeschlossen. Das nationale Gericht hat daraufhin das Verfahren ausgesetzt und den EuGH um Vorabentscheidung über die Frage gebeten, ob Art. 17 GRC (Eigentumsrecht) und der Grundsatz der Verhältnismäßigkeit als allgemeiner Grundsatz des Rechtes der EU einer nationalen Regelung – wie der im Ausgangsrechtsstreit – entgegenstehen, die eine Genehmigung für volumenvergrößernde Änderungen von Liegenschaften durch einen menschlichen Eingriff in einem Landschaftsschutzgebiet kategorisch ausschließt.[284]

Zur Anwendbarkeit der GRC führte der EuGH aus, dass die Grundrechte der EU auf eine nationale Vorschrift nicht anwendbar seien, wenn die unionsrechtlichen Vorschriften in dem betreffenden Sachbereich keine Verpflichtungen der Mitgliedstaaten im Hinblick auf den im Ausgangsverfahren fraglichen Sachverhalt schaffen würden.[285] Da das Unionsrecht für den streitgegenständlichen

282 EuGH, Rs. C-418/11, *Texdata*, ECLI:EU:C:2013:588.

283 EuGH, Rs. C-418/11, *Texdata*, ECLI:EU:C:2013:588, Rz. 74 f.

284 EuGH, Rs. C-206/13, *Siragusa*, ECLI:EU:C:2014:126.

285 EuGH, Rs. C-206/13, *Siragusa*, ECLI:EU:C:2014:126, Rz. 26.

Sachverhalt keine Verpflichtungen der Mitgliedstaaten vorsah, lehnte der EuGH eine Anwendbarkeit der GRC und des Grundsatzes der Verhältnismäßigkeit als allgemeinem Grundsatz des Unionsrechtes ab.[286] Auch in anschließenden Entscheidungen verwies der EuGH auf das Erfordernis, dass die Mitgliedstaaten aufgrund unionsrechtlicher Vorschriften verpflichtet sein müssen.[287]

(2) Rechtssache C-198/13 – *Hernández*

Darüber hinaus benannte der EuGH in der Rechtssache *Hernández* einschränkende Voraussetzungen für die Anwendbarkeit der GRC. Streitgegenständlich war eine spanische arbeitsrechtliche Regelung in Art. 116 LPL. Diese Regelung sieht vor, dass der Staat bei einem mehr als 60 Tage andauernden gerichtlichen Kündigungsschutzverfahren eine Entschädigung an den betroffenen Arbeitgeber zahlt.[288] Damit sollen finanzielle Nachteile des Arbeitgebers ausgeglichen werden, die dieser aufgrund der während des Kündigungsschutzverfahrens an den Arbeitnehmer zu zahlenden Vergütung erleidet. Voraussetzung des Entschädigungsanspruchs des Arbeitgebers ist allerdings, dass die mit der Klage angegriffene Kündigung allenfalls rechtswidrig ist. Ist die Kündigung hingegen nichtig, also mit einem schwerwiegenden Mangel belastet, besteht kein Entschädigungsanspruch des Arbeitgebers gegen den Staat. Der Arbeitgeber trägt bei einer nichtigen Kündigung die gesamten Kosten für die Fortzahlung der Vergütung während des Kündigungsschutzverfahrens selbst. Bei Zahlungsunfähigkeit des Arbeitgebers würde der Arbeitnehmer eigentlich seinen Anspruch auf Vergütung während des Kündigungsschutzverfahrens verlieren. Um diesen Verlust zu kompensieren, geht der Entschädigungsanspruch des Arbeitgebers bei dessen Zahlungsunfähigkeit auf den Arbeitnehmer über. Aufgrund der Abhängigkeit vom Bestand des Entschädigungsanspruches des Arbeitgebers gegen den Staat setzt der wirksame Forderungsübergang auf den Arbeitnehmer also die Rechtswidrigkeit der Kündigung voraus. Denn im Fall einer nichtigen Kündigung besteht kein Anspruch des Arbeitgebers gegen den Staat, so dass bei Zahlungsunfähigkeit mangels Entschädigungsanspruch auch kein Forderungsübergang auf den Arbeitnehmer erfolgen kann. Der von einer (lediglich) rechtswidrigen

---

286 EuGH, Rs. C-206/13, *Siragusa*, ECLI:EU:C:2014:126, Rz. 27 ff.

287 EuGH, Rs. C-198/13, *Hernández*, ECLI:EU:C:2014:2055, Rz. 35; EuGH, Rs. C-243/16, *Miravitlles Ciurana*, ECLI:EU:C:2017:969, Rz. 34. In der Literatur wurde diese Rechtsprechung des EuGH als Reaktion auf die Kritik an der extensiven Auslegung von Art. 51 Abs. 1 Satz 1 GRC in der *Fransson*-Entscheidung gedeutet (Latzel, EuZW 2015, S. 658 (659); Streinz, JuS 2015, S. 281 (283); Honer, JuS 2017, S. 409 (413)).

288 EuGH, Rs. C-198/13, *Hernández*, ECLI:EU:C:2014:2055.

Kündigung betroffene Arbeitnehmer wird somit bei Zahlungsunfähigkeit des Arbeitgebers in finanzieller Hinsicht bessergestellt als ein von einer nichtigen Kündigung betroffener Arbeitnehmer. Das vorlegende Gericht wollte daher von dem EuGH u.a. wissen, ob die Regelung des Art. 116 LPL in den Geltungsbereich der ZahlungsunfähigkeitsRL[289] fällt und ob Art. 20 GRC, demgemäß alle Personen vor dem Gesetz gleich sind, der Regelung in Art. 116 LPL entgegensteht.

Der EuGH hat hierzu entschieden, dass die GRC keine Anwendung findet, weil das spanische Recht über die Entschädigung des Arbeitgebers bei zu langen Gerichtsverfahren und den im Falle der Zahlungsunfähigkeit vorgesehenen Forderungsübergang auf den Arbeitnehmer keine Umsetzung der ZahlungsunfähigkeitsRL und somit keine Durchführung von Unionsrecht darstelle.

(a) Zielsetzung

Die streitgegenständliche spanische Regelung und die ZahlungsunfähigkeitsRL seien bereits hinsichtlich der verfolgten Ziele unterschiedlich. Bei der ZahlungsunfähigkeitsRL gehe es um die Anerkennung einer dem Arbeitnehmer aus seinem Arbeitsverhältnis gegen den Arbeitgeber zustehenden Forderung.[290] Im Zusammenhang mit Art. 116 LPL gehe es hingegen um die Anerkennung eines Entschädigungsanspruches des Arbeitgebers gegen den Staat, der den durch das lange Gerichtsverfahren erlittenen finanziellen Schaden in Gestalt der fortdauernden Vergütungspflicht des Arbeitgebers gegenüber dem Arbeitnehmer ausgleichen soll.[291]

(b) Regelungsinhalt

Der EuGH begründet seine Entscheidung auch mit dem unterschiedlichen Regelungsinhalt der ZahlungsunfähigkeitsRL und der spanischen Vorschrift. Art. 116 LPL erfasse nicht das Arbeitsentgelt für die ersten 60 Tage des Kündigungsschutzverfahrens und würde den Entschädigungsanspruch in der Höhe nicht begrenzen. Die ZahlungsunfähigkeitsRL sehe hingegen vor, dass die Mitgliedstaaten (bzw. die zu errichtende Garantieeinrichtungen) gemäß Art. 4 Abs. 2 mindestens für die letzten drei Monate des Arbeitsverhältnisses nicht erfüllte Ansprüche des Arbeitnehmers befriedigen. Der Unterschied der Regelungen beziehe sich also sowohl auf die Voraussetzungen für die Entstehung des

289 Richtlinie 2008/94/EG 22.10.2008 über den Schutz der Arbeitnehmer bei Zahlungsunfähigkeit des Arbeitgebers, ABl. 2008, L 283, S. 36.

290 Vgl. Art. 1 Abs. 1 ZahlungsunfähigkeitsRL.

291 EuGH, Rs. C-198/13, *Hernández*, ECLI:EU:C:2014:2055, Rz. 38 f.

Anspruches als auch auf dessen Höhe. Auch hieraus leitet der EuGH ab, dass mit Art. 116 LPL nicht Vorgaben der ZahlungsunfähigkeitsRL umgesetzt worden seien.[292]

(c) Einheit, Vorrang und Wirksamkeit des Unionsrechtes

Nach Ansicht des EuGH soll die Anwendbarkeit der GRC bei der Durchführung des Unionsrechtes durch die Mitgliedstaaten verhindern, dass die Einheit, der Vorrang und die Wirksamkeit des Unionsrechtes beeinträchtigt werden. Da aber sowohl Zielsetzung als auch Regelungsgehalt von Art. 116 LPL nicht der ZahlungsunfähigkeitsRL entsprachen, seien Einheit, Vorrang und Wirksamkeit des Unionsrechtes nicht gefährdet gewesen.[293]

b. Anwendbarkeit der GRC bei überobligatorischer Umsetzung

Bei der Analyse der Rechtsprechung zur überobligatorischen Umsetzung von unionsrechtlichen Vorgaben ist zunächst zwischen der überschießenden Umsetzung auf der einen Seite und der übererfüllenden Umsetzung auf der anderen Seite zu differenzieren.

aa. Überschießende Umsetzung

Im Falle der überschießenden Umsetzung geht das mitgliedstaatliche Umsetzungsrecht über den von der jeweiligen Richtlinie vorgegebenen Anwendungsbereich hinaus.[294] Das Umsetzungsrecht erweitert also den persönlichen, sachlichen und/oder räumlichen Anwendungsbereich der in der Richtlinie enthaltenen Vorgaben. Soweit das überschießende nationale Umsetzungsrecht auf Unionsrecht verweist, erachtet sich der EuGH für zuständig, um eine einheitliche Auslegung der in Bezug genommenen unionsrechtlichen Vorgaben zu sichern.[295]

bb. Übererfüllende Umsetzung

Im Unterschied zur überschießenden Umsetzung erweitert die übererfüllende Umsetzung nicht den durch eine Richtlinie vorgegebenen Anwendungsbereich. Stattdessen geht der nationale Gesetzgeber bei einer Übererfüllung über den von der unionsrechtlichen Vorgabe vorgegebenen Regelungsauftrag hinaus.[296] Ob

---

292 EuGH, Rs. C-198/13, *Hernández*, ECLI:EU:C:2014:2055, Rz. 40 ff.

293 EuGH, Rs. C-198/13, *Hernández*, ECLI:EU:C:2014:2055, Rz. 47.

294 *Habersack/Meyer*, in: Riesenhuber, Europäische Methodenlehre 2015, § 14 Rz. 1.

295 EuGH, Rs. C-482/10, *Cicola*, ECLI:EU:C:2011:868, Rz. 19. Siehe hierzu auch *Thym*, DÖV 2014, S. 941 (950).

296 *Habersack/Meyer*, in: Riesenhuber, Europäische Methodenlehre 2015, § 14 Rz. 10.

der EuGH der Ansicht ist, dass die GRC bei einer übererfüllenden Umsetzung unionsrechtlicher Vorgaben durch die Mitgliedstaaten Anwendung findet, ist noch nicht abschließend geklärt.[297]

(1) Unionsrechtlich geregelte Fallgestaltung

Unter Anwendung der (weiten) Formel in der *Fransson*-Entscheidung des EuGH dürfte im Falle einer Übererfüllung von der Anwendbarkeit der GRC auszugehen sein. In der Entscheidung vertritt der EuGH – wie dargestellt – die Ansicht, dass die GRC in *allen* unionsrechtlich geregelten Fallgestaltungen Anwendung findet.[298] Die Übererfüllung einer Richtlinie kann insofern als unionsrechtlich geregelte Fallgestaltung angesehen werden, als dass die Initiative des mitgliedstaatlichen Gesetzgebers auf die Verpflichtung aus der Richtlinie zurückgeht und sich grundsätzlich auch an deren (Mindest)Vorgaben zu halten hat.

(2) Keine Anwendbarkeit bei Gewährung eines vorteilhafteren Schutzes

In der bereits dargestellten Entscheidung in der Rechtssache *Hernández*[299] macht der EuGH zusätzlich zu den aufgezeigten Angaben zur Anwendbarkeit der GRC auch Ausführungen zu der Fallgruppe der übererfüllenden Umsetzung von unionsrechtlichen Vorgaben durch die Mitgliedstaaten. Konkret bezieht sich der EuGH auf die Regelung in Art. 11 ZahlungsunfähigkeitsRL, der regelt, dass die Richtlinie die Möglichkeit der Mitgliedstaaten nicht einschränkt, für die Arbeitnehmer günstigere Rechts- oder Verwaltungsvorschriften anzuwenden oder zu erlassen. Die Mitgliedstaaten haben also ausdrücklich die Möglichkeit, über den Regelungsauftrag der Richtlinie hinauszugehen.

In der *Hernández*-Entscheidung vertritt der EuGH die Ansicht, dass es sich bei Art. 11 ZahlungsunfähigkeitsRL nicht um eine unionsrechtliche Ermächtigung für die Mitgliedstaaten handele, eigenes Recht zu setzen.[300] Art. 11 ZahlungsunfähigkeitsRL erkenne nach Ansicht des EuGH lediglich die ausschließliche Zuständigkeit der Mitgliedstaaten für den Erlass günstigerer Regelungen an.[301] Den Ausführungen in dieser Entscheidung zu Folge würde also eine

---

297 Auch in der Literatur herrscht Uneinigkeit. Die Bindung an die GRC ablehnend *Krebber*, EuZA 2016, S. 3 (6); *Wissmann*, RdA 2015, S. 301 (302 ff.); *Bartl/Leone*, ECLR 2015, S. 140 (146 ff.). Zustimmend hingegen *Latzel*, EuZW 2015, S. 658 (660); *Ehlers*, § 14 Allgemeine Lehren der Unionsgrundrechte, in: Ehlers (Hrsg.), Europäische Grundrechte und Grundfreiheiten 2014, Rz. 74.

298 Siehe hierzu oben unter Ziffer A. II. 1. a. dd. in diesem Teil der Arbeit ab S. 98.

299 Siehe hierzu oben unter Ziffer A. II. 1. a. ff. in diesem Teil der Arbeit ab S. 100.

300 EuGH, Rs. C-198/13, *Hernández*, ECLI:EU:C:2014:2055, Rz. 44.

301 EuGH, Rs. C-198/13, *Hernández*, ECLI:EU:C:2014:2055, Rz. 45.

übererfüllende Umsetzung einer Arbeitnehmerschutzrichtlinie die Anwendbarkeit der GRC für den übererfüllenden Teil mangels Zuständigkeit der Union ausschließen.

(3) Keine Ermächtigung zur grundrechtsverletzenden Überfüllung

In den Rechtssachen *Alemo-Herron* und *Asklepios* scheint sich der EuGH von dieser Ansicht aber zu entfernen. Den Entscheidungen lag eine Frage nach der Auslegung und Auswirkung der BÜ-RL zugrunde. Gemäß Art. 3 Abs. 1 BÜ-RL gehen die Rechte und Pflichten des Veräußerers aus einem zum Zeitpunkt des Überganges bestehenden Arbeitsvertrages oder Arbeitsverhältnisses aufgrund des Betriebsüberganges auf den Erwerber über.[302] Gemäß Art. 8 BÜ-RL schränkt die BÜ-RL aber nicht die Möglichkeit der Mitgliedstaaten ein, für die Arbeitnehmer günstigere Rechts- oder Verwaltungsvorschriften anzuwenden oder zu erlassen oder für die Arbeitnehmer günstigere Kollektivverträge und andere zwischen den Sozialpartnern abgeschlossene Vereinbarungen, die für die Arbeitnehmer günstiger sind, zu fördern oder zuzulassen. Eine übererfüllende Umsetzung ist also – wie bei Art. 11 ZahlungsunfähigkeitsRL – ausdrücklich von der BÜ-RL vorgesehen.

Der EuGH führte in der Rechtssache *Alemo-Herron* zu der Frage der Anwendbarkeit der GRC aus, dass Art. 8 BÜ-RL die Mitgliedstaaten zwar zu günstigeren Regelungen, nicht aber dazu ermächtige, Maßnahmen zu erlassen, die den Wesensgehalt von Art. 16 GRC beeinträchtigen können.[303] Die Ansicht setzt damit zwingend die Anwendbarkeit der GRC voraus.

Der Rechtssache *Asklepios* lag dieselbe Problematik zugrunde.[304] Der Sachverhalt trug sich aber anders als in der *Alemo-Herron*-Entscheidung nicht im Vereinigten Königreich Großbritannien und Nordirland (im Folgenden: Vereinigtes Königreich), sondern in Deutschland zu. Obwohl das BAG in seinem Vorlagebeschluss ausdrücklich auf die Zweifel an der Anwendbarkeit der GRC hingewiesen und diese Zweifel anhand der EuGH-Rechtsprechung begründet hatte,[305] problematisierte der EuGH auch in dieser Entscheidung die Frage nach der Anwendbarkeit der GRC nicht, sondern ging schlicht von deren Anwendbarkeit aus.[306]

302 Siehe zur Entscheidung in der Rechtssache Alemo-Herron auch oben unter Ziffer D. II. 3. a. bb. (3) (b) im dritten Teil der Arbeit ab S. 86.

303 EuGH, Rs. C-426/11, *Alemo-Herron*, ECLI:EU:C:2013:521, Rz. 36.

304 EuGH, Rs. C-680/15, *Asklepios*, ECLI:EU:C:2017:317.

305 BAG, Vorlagebeschluss vom 17.06.2015 – 4 AZR 61/14 (A), Rz. 54, NZA 2016, S. 373.

306 EuGH, Rs. C-680/15, *Asklepios*, ECLI:EU:C:2017:317, Rz. 23 ff.

c. *Anwendbarkeit bei der Beschränkung von Grundfreiheiten*

Nach Ansicht des EuGH ist die GRC auch dann anwendbar, wenn eine Beschränkung von Grundfreiheiten vorliegt.

aa. Rechtssache C-260/89 – *ERT*

Ausgangspunkt dieser Rechtsprechung stellt die Rechtssache *ERT* dar. Bei der ERT handelte es sich um eine griechische Rundfunk- und Fernsehanstalt, der es per Gesetz gestattet war, das Fernsehmonopol im gesamten griechischen Hoheitsgebiet innezuhaben und Fernsehübertragungen jeder Art vorzunehmen.[307]

Auf die Frage nach der Rechtsmäßigkeit dieser Rechtslage prüfte der EuGH zunächst die Rechtmäßigkeit der Monopolstellung am Maßstab der einschlägigen Grundfreiheiten und Wettbewerbsregeln. Anschließend stellte der EuGH dann in einem obiter dictum ohne konkrete Begründung fest, dass die im Gemeinschaftsrecht vorgesehenen Rechtfertigungen von Beschränkungen der Grundfreiheiten im Lichte der Grundrechte auszulegen seien.[308]

bb. Rechtssache C-390/12 – *Pfleger*

Eine Begründung für die Anwendbarkeit der GRC im Fall der Beschränkung von Grundfreiheiten liefert erst Generalanwältin *Sharpston* im Rahmen ihrer Schlussanträge in der Rechtssache *Pfleger*. *Sharpston* stellte dort fest, dass das Unionsrecht die Möglichkeit der Beschränkung einer Grundfreiheit durch die Mitgliedstaaten vorsehe und anerkenne.[309] Bei der Ausübung dieser Möglichkeit seien jedoch die unionsrechtlichen Voraussetzungen einzuhalten. Unionsrecht stelle also den Rechtmäßigkeitsmaßstab für das die Grundfreiheit beschränkende nationale Recht dar, das dadurch in den Geltungsbereich des Unionsrechtes falle.[310] Die Begründung erinnert an die Ausführungen des EuGH zur Anwendbarkeit der GRC aufgrund von unionsrechtlichen Verpflichtungen für die Mitgliedstaaten.[311]

In dem sich anschließenden Urteil in Sachen *Pfleger* verzichtet der EuGH (wiederum) auf eine inhaltliche Begründung, sondern verwies lediglich auf die Entscheidung in der Rechtssache *ERT* und auf die Ausführungen der

---

307 EuGH, Rs. C-260/89, *ERT*, ECLI:EU:C:1991:254.

308 EuGH, Rs. C-260/89, *ERT*, ECLI:EU:C:1991:254, Rz. 43.

309 Schlussantrag, Rs. C-390/12, *Pfleger*, EU:C:2013:747, Rz. 45.

310 Schlussantrag, Rs. C-390/12, *Pfleger*, EU: C:2013:747, Rz. 45.

311 Siehe hierzu oben unter Ziffer A. II. 1. a. ff. (1) in diesem Teil auf S. 100.

Generalanwältin *Sharpston* in ihren Schlussanträgen. Abschließend wies der EuGH darauf hin, dass die zuvor festgestellte Pflicht zur Beachtung der Grundrechte in den Geltungsbereich des Unionsrechtes und folglich auch in den Geltungsbereich der GRC falle.[312]

2. *Zusammenfassung der Ansicht des EuGH*

Der EuGH sieht in der Gewährung eines Gestaltungs-, Umsetzungs- oder Ermessensspielraumes für die Mitgliedstaaten kein Hindernis für die Anwendbarkeit der GRC. Relevant ist aus Sicht des EuGH vielmehr, ob das Unionsrecht den Mitgliedstaaten die Befugnis zur Rechtssetzung überlässt, dabei Verpflichtungen für die Mitgliedstaaten vorgibt und Zielsetzung sowie Regelungsgehalt der nationalen Vorschriften denen des Unionsrechtes entsprechen. Aus diesem Grund wendet der EuGH die GRC auch bei einer übererfüllenden Umsetzung von Unionsrecht und bei der Beschränkung von Grundfreiheiten an.

III. Vorschlag von GA *Sharpston*

Die dargestellten Ansichten von BVerfG und EuGH zeigen unabhängig von deren inhaltlicher Bewertung bereits auf den ersten Blick, dass es bei der Anwendung der GRC an Transparenz und einem klaren Konzept fehlt, was wiederum zu einem Defizit an Rechtssicherheit führt. Um dieses Problem der defizitären Rechtssicherheit zu beseitigen, hat die Generalanwältin *Sharpston* vorgeschlagen, die Anwendbarkeit der Grundrechte der GRC ausschließlich davon abhängig zu machen, ob in dem jeweils einschlägigen Bereich eine ausschließliche oder geteilte Zuständigkeit der Union besteht.[313] Für den Fall, dass eine solche Zuständigkeit besteht, sollte die GRC laut *Sharpston* Anwendung finden und zwar unabhängig davon, ob die Union von der ihr zustehenden Zuständigkeit bereits Gebrauch gemacht hat oder nicht.[314] Die Generalanwältin räumte aber selbst ein, dass es zur Umsetzung dieses Konzeptes einer entsprechenden

---

312 EuGH, Rs. C-390/12, *Pfleger*, ECLI:EU:C:2014:281, Rz. 36. Dieselbe wenig aussagekräftige Feststellung findet sich auch in der sich anschließenden Entscheidung in der Rechtssache *AGET Iraklis* (EuGH, Rs. C-201/15, *AGET Iraklis*, ECLI:EU:C:2016:972, Rz. 64). Deutliche Kritik an der Bindung der Mitgliedstaaten an die GRC bei der Beschränkung von Grundfreiheiten übt *Cremer*, der darin einen Kompetenzverstoß des EuGH sieht (*Cremer*, NVwZ 2003, S. 1452 (1454 ff.)).

313 Schlussantrag, Rs. C-34/09, *Zambrano*, CELEX 62009CC0034, Rz. 163.

314 Schlussantrag, Rs. C-34/09, *Zambrano*, CELEX 62009CC0034, Rz. 163. Ablehnend *vBogdandy/Kottmann/Antpöhler/Dickschen/Hentrei/Smrkolj*, ZaöRV 2012, S. 45 (57 f.).

„unmissverständlichen politischen Erklärung“[315] der Mitgliedstaaten bedürfte und der EuGH einen solchen Schritt nicht schlicht im Wege der Auslegung der bestehenden Regelungen, insbesondere von Art. 51 Abs. 1 GRC, allein vollziehen könnte.[316]

IV. Stellungnahme

Die Ansichten BVerfG und des EuGH sind wie folgt zu bewerten:

1. Zur Ansicht des BVerfG

Die Ansicht des BVerfG zur Anwendbarkeit der GRC ist zwar mit Blick auf die Solange-Rechtsprechung als konsequent einzustufen. Allerdings ergeben sich aus dieser Ansicht sowohl in rechtlicher als auch in tatsächlicher Hinsicht grundlegende Probleme.

a. Voraussetzungen einer unionsrechtlichen Determinierung

Ungeklärt und damit für die Rechtsanwendung problematisch ist die grundlegende Frage, wann ein nationaler Umsetzungsakt auf zwingendem Unionsrecht beruht bzw. unionsrechtlich hinreichend determiniert im Sinne der Rechtsprechung des BVerfG ist und wann nicht.

aa. Determinierung bei der Umsetzung von Richtlinien?

Eine hinreichende unionsrechtliche Determinierung ist bereits bei jeder Umsetzung von Richtlinien im Sinne des Art. 288 AEUV fraglich. Denn es liegt in der Natur einer Richtlinie, dass sie zwar das Ziel vorgibt, dabei aber gemäß 288 AEUV dem Mitgliedstaat die Wahl von Form und Mittel der Umsetzung überlässt.[317] Eine vollständige Determinierung ist bei einer Richtlinie somit per Definition ausgeschlossen. Das BVerfG hat das Kriterium der Determinierung trotzdem auch auf Umsetzungsakte angewandt, die aufgrund einer Richtlinie erlassen worden sind.[318] Das BVerfG erkennt damit immerhin die theoretische Möglichkeit einer hinreichenden Determinierung durch eine Richtlinie an.

---

315 Schlussantrag, Rs. C-34/09, *Zambrano*, CELEX 62009CC0034, Rz. 173.

316 Schlussantrag, Rs. C-34/09, *Zambrano*, CELEX 62009CC0034, Rz. 171.

317 *Ipsen* spricht insofern von einer „Ergebnispflicht“ (*Ipsen*, EG-Recht 1972, S. 458). *Weber* ist aus diesem Grund auch der Ansicht, dass Mitgliedstaaten bei der Umsetzung von Richtlinien ausnahmslos von der Bindung an die GRC befreit sind (*Weber*, NJW 2000, 537 (542)).

318 BVerfG, Beschluss vom 13.03.2007 – 1 BvF 1/05, juris Rz. 68 f., NVwZ 2007, S. 937.

Unter welchen Voraussetzungen eine hinreichende Determinierung vorliegt, ist damit aber noch nicht geklärt.

bb. Determinierung bei der Ausgestaltung unbestimmter Rechtsbegriffe?

Zwar hat sich das BVerfG noch nicht ausdrücklich zur Anwendbarkeit der GRC bei der Verwendung von unbestimmten Rechtsbegriffen geäußert. Der Beschluss vom 04.10.2011 lässt allerdings eine entsprechende Schlussfolgerung durchaus zu. Denn wenn das BVerfG eine Klärung über die Deutungsmöglichkeiten des Begriffs „Gewährung" verlangt, scheint es eine Determinierung aufgrund der Verwendung unbestimmter Rechtsbegriffe abzulehnen. Wenn aber bereits Begriffe wie „Gewährung" als unbestimmter Rechtsbegriff einer hinreichenden unionsrechtlichen Determinierung entgegenstehen sollten, wird sich kaum mehr eine Richtlinie finden lassen, die zwingende Vorgaben im Sinne der Ansicht des BVerfG enthält.

Darüber hinaus würde eine Überprüfung von der Umsetzung unbestimmter Rechtsbegriffe durch nationale Gerichte anhand der nationalen Vorgaben und Grundrechte zwangsläufig die Einheit des (umzusetzenden) Unionsrechtes gefährden.[319] Das mag in lediglich teilharmonisierten Bereichen eine hinnehmbare Folge der Teilharmonisierung sein und daher nicht als Argument für die Anwendbarkeit der GRC überzeugen. Allerdings verwendet das Unionsrecht auch im vollharmonisierten Bereich unbestimmte Rechtsbegriffe.[320] Der Vollharmonisierung würde eine dezentrale Überprüfung anhand jeweils unterschiedlicher (nationaler) Maßstäbe aber grundlegend entgegenstehen.

b. Unterschiedliche Maßstäbe im Rahmen eines Gesetzes

Als weitere Konsequenz aus dem Differenzierungsmerkmal der unionsrechtlichen Determinierung unterteilt das BVerfG aus dem Unionsrecht abgeleitete

---

319 Das Argument der Sicherung der Einheit des Unionsrecht zieht der EuGH regelmäßig als Begründung für die Anwendbarkeit der GRC heran (EuGH, Rs. C-198/13, *Hernández*, ECLI:EU:C:2014:2055, Rz. 47; EuGH, Rs. C-206/13, *Siragusa*, ECLI:EU:C:2014:126, Rz. 32; EuGH, Rs. C-399/11, *Melloni*, ECLI:EU:C:2013:107, Rz. 60).

320 Z.B. in Art. 24 der Richtlinie 95/46/EG vom 24.10.1995 zum Schutz natürlicher Personen bei der Verarbeitung personenbezogener Daten und zum freien Datenverkehr (ABl. 1995, L 281, S. 31). Dieser Vorschrift zu Folge ergreifen die Mitgliedstaaten die erforderlichen Maßnahmen um die volle Anwendung der Bestimmungen dieser Richtlinie sicherzustellen, und legen insbesondere die Sanktionen fest, die bei Verstößen gegen die zur Umsetzung dieser Richtlinie erlassenen Vorschriften anzuwenden sind.

Rechtsakte ggf. in einen determinierten und einen nicht determinierten Teil. Der determinierte Teil ist durch den EuGH anhand der Unionsgrundrechte und der nicht determinierte Teil durch das BVerfG anhand der Grundrechte zu überprüfen.[321] Die Regelungen in einem Gesetz unterliegen also der Ansicht der BVerfG folgend ggf. unterschiedlichen Prüfungsmaßstäben.[322] Eine einheitliche Auslegung und Anwendung von Regelungen innerhalb eines Gesetzes wäre damit nicht mehr möglich. Gleiches gilt auch für eine an der Systematik orientierte Auslegung einer Vorschrift, da die systematische Auslegung auf einem einheitlichen Verständnis und der Gesamtstruktur innerhalb eines Gesetzes sowie auf einer Ableitung aus dem Zusammenhang mit anderen Vorschriften des Gesetzes beruht.[323]

c. Unterschiedliche Maßstäbe im Rahmen derselben Regelung

Der Unterschied bei den Maßstäben bezieht sich aber nicht nur auf verschiedene Vorschriften innerhalb eines Gesetzes. Es ist darüber hinaus möglich, dass eine einzige Vorschrift abhängig vom Sachverhalt unterschiedlichen Maßstäben unterliegt. Als Beispiel kann hier die Informationspflicht eines Veräußerers und eines Erwerbers bei einem Betriebsübergang genannt werden. Gemäß Art. 7 Abs. 1 BÜ-RL sind der Veräußerer und der Erwerber verpflichtet, die Vertreter ihrer jeweiligen von einem Betriebsübergang betroffenen Arbeitnehmer über den (geplanten) Zeitpunkt des Überganges, den Grund für den Übergang, die rechtlichen, wirtschaftlichen und sozialen Folgen des Überganges für die Arbeitnehmer sowie die hinsichtlich der Arbeitnehmer in Aussicht genommenen Maßnahmen zu informieren. Für den Fall, dass keine Arbeitnehmervertretung besteht, sieht Art. 7 Abs. 6 BÜ-RL eine unmittelbare Information der Arbeitnehmer vor. § 613a Abs. 5 BGB schreibt hingegen für jeden Fall, also unabhängig vom Bestand einer Arbeitnehmervertretung in Form des Betriebsrates, die Unterrichtung sämtlicher betroffener Arbeitnehmer vor. In Bezug auf Betriebe, die einen Betriebsrat und damit eine Arbeitnehmervertretung haben, geht die Regelung in § 613a Abs. 5 BGB über die Vorgaben der BÜ-RL hinaus und dürfte damit nicht mehr unionsrechtlich determiniert im Sinne des BVerfG anzusehen

---

321 BVerfG, Beschluss vom 13.03.2007 – 1 BvF 1/05, juris Rz. 72 f., NVwZ 2007, S. 937 zum ZuG 2007.

322 So auch Willemsen/Sagan, NZA 2011, S. 258 (259, 262), die der Ansicht sind, dass es sich bei der Frage der Anwendbarkeit der GRC um eine im Einzelfall zu beantwortende Frage des nationalen Rechtes handele.

323 *Pieper*, in: Dauses/Ludwigs, Handbuch des EU-Wirtschaftsrechts 2018, Ziffer B.I., Rz. 24.

sein. Rechtsfolge wäre die Anwendbarkeit des GG und eine Überprüfung durch das BVerfG. Bei Betrieben, die keinen Betriebsrat haben, entspricht § 613a Abs. 5 BGB hingegen den (zwingenden) Vorgaben von Art. 7 Abs. 6 BÜ-RL. Es wäre daher auch nach Ansicht des BVerfG die GRC anwendbar.

d. Unterschiedliche Maßstäbe im Rahmen eines Sachverhaltes

Noch deutlicher wird die vorstehend genannte Problematik in der Fallkonstellation mit einer nichtigen Betriebsratswahl. Es scheint in diesem Fall zunächst so, als wenn ein Betriebsrat bestehen würde. Damit würde die Informationspflicht gemäß § 613a Abs. 5 BGB über die Vorgaben von Art. 7 BÜ-RL hinausgehen und das GG mangels Umsetzung zwingender unionsrechtlicher Vorgaben anwendbar sein. Stellt sich später im Rahmen einer gerichtlichen Überprüfung der Betriebsratswahl deren Nichtigkeit heraus, ist der Betriebsrat als von Anfang an nicht existent zu betrachten.[324] Es würde also aufgrund der Nichtigkeit nach einer zunächst anzunehmenden Anwendbarkeit des GG letztlich doch die GRC anzuwenden sein.

e. Faktisches Leerlaufen von Art. 16 GRC im europäischen Arbeitsrecht

Die Ansicht der BVerfG führt darüber hinaus zu einem faktischen Leerlaufen des Schutzes durch Art. 16 GRC für Arbeitgeber. Denn in Bezug auf die unionsrechtliche Kompetenz in arbeitsrechtlichen Angelegenheiten besteht mit Art. 153 Abs. 2 und Abs. 4 Spiegelstr. 2 AEUV eine Regelung, die die Union lediglich zum Erlass von Mindestvorschriften ermächtigt. Mitgliedstaaten sind nicht daran gehindert, strengere Schutzmaßnahmen (als die von der Union vorgegebenen) beizubehalten oder zu treffen. Das Aufstellen von Mindestvorgaben durch die Union dürfte aber eine unionsrechtliche Determinierung im Sinne des BVerfG ausschließen. Gerade in dem Bereich des Arbeitsrechtes ist der gemäß Art. 16 GRC gewährleistete Schutz der Vertragsfreiheit unternehmerisch tätiger Arbeitgeber aufgrund zahlreicher Arbeitnehmerschutzvorschriften[325] von besonderer Relevanz. Das gilt umso mehr, als in einigen Mitgliedstaaten keine ausdrückliche grundrechtliche Regelung zum Schutze der Unternehmen und damit der unternehmerisch tätigen Arbeitgeber besteht.[326]

---

324 BAG, Beschluss vom 19.11.2003 – 7 ABR 24/03, juris Rz. 34, NZA 2004, S. 395; vertiefend zur Nichtigkeit einer Betriebsratswahl siehe Fitting – Betriebsverfassungsgesetz 2018, § 19, Rz. 4 ff.

325 Vgl. die Aufzählung von BENECKE, in: Grabitz/Hilf/Nettesheim, Das Recht der EU 2019, Art. 153 AEUV, Rz. 42 ff.

326 Siehe hierzu SCHWIER, Der Schutz der „Unternehmerischen Freiheit“ 2008, S. 37 ff.

f. Faktischer Ausschluss einer Überprüfung nationalen Rechtes anhand der GRC

Sollte die Ansicht des BVerfG zutreffen, würde kein nationales Recht aufgrund von Bestimmungen der GRC für unwirksam erklärt werden können. Wie dargestellt bedarf es aus Sicht des BVerfG zwingender unionsrechtlicher Vorgaben für die Anwendbarkeit der GRC.[327] Der Umsetzungsakt muss also nach Ansicht des BVerfG durch das Unionsrecht in einer Weise determiniert sein, dass dem Mitgliedstaat kein Beurteilungs- oder Umsetzungsspielraum zusteht. Auch die Verwendung von unbestimmten bzw. auslegungsfähigen Rechtsbegriffen scheint nach Ansicht des BVerfG einer hinreichenden Determinierung entgegenzustehen. Sollte aber in einem solchen Fall der hinreichenden Determinierung ein nationaler Rechtsakt tatsächlich Rechte und Freiheiten aus der GRC verletzen, würde stets die unionsrechtliche Grundlage wegen einer solchen Verletzung gleichermaßen unwirksam sein. Bei Unwirksamkeit der unionsrechtlichen Grundlage ist aus Sicht des BVerfG mangels Bezugs zu (wirksamem) Unionsrecht wiederum das Grundgesetz einschlägig.[328] Die Wirksamkeit des Umsetzungsaktes wäre also trotz zwingender unionsrechtlicher Vorgaben am Maßstab des Grundgesetzes zu prüfen. Die Regelung in Art. 51 Abs. 1 Satz 1 GRC, der zu Folge die GRC auch für die Mitgliedstaaten bei der Durchführung von Unionsrecht gilt, würde de facto ohne Anwendungsfall sein und damit leerlaufen.

g. Zwischenergebnis

Die Ansicht des BVerfG überzeugt nicht. Zunächst ergibt sich die vom BVerfG vertretene restriktive Ansicht nicht zwingend aus Art. 51 Abs. 1 Satz 1 GRC. Diese Ansicht führt vielmehr zu zahlreichen Problemen und ungeklärten Fragen bei der Rechtsanwendung und damit zu einer erheblichen Rechtsunsicherheit.[329] Eine einheitliche Auslegung von Vorschriften und eine einheitliche rechtliche Würdigung von vergleichbaren Sachverhalten wäre unter den genannten Umständen nicht mehr möglich. Darüber hinaus würde der grundrechtliche Schutz durch Art. 16 GRC für unternehmerisch tätige Arbeitgeber sowie letztlich der gesamte Schutz durch die GRC bei Umsetzungsakten durch die Mitgliedstaaten leerlaufen.

---

327 Siehe hierzu oben unter Ziffer A. I. in diesem Teil der Arbeit ab S. 92.

328 BVerfG, Urteil vom 02.03.2010 – 1 BvR 256/08, Rz. 182, NJW 2010, S. 833.

329 In diesem Sinne auch VGH Mannheim, Beschluss vom 20.01.2011–6 S 1685/10, EuGRZ 2011, 97 (102 f.), der von Rechtsunsicherheit durch Rechtswegspaltung und widersprüchlichen Entscheidungen spricht.

2. *Zur Ansicht des EuGH*

Die Ansicht des EuGH ist deutlich weniger restriktiv als diejenige des BVerfG. Bei der Bewertung dieser Ansicht ist zwischen den unterschiedlichen Fallgruppen zu differenzieren.

a. *Zur Anwendbarkeit der GRC bei Ermessens- und Ausgestaltungsspielraum*

Zu Recht vertritt der EuGH die Ansicht, dass das Bestehen eines Ermessens- und Ausgestaltungsspielraumes für die Mitgliedstaaten bei der Umsetzung von unionsrechtlichen Vorgaben die Anwendbarkeit der GRC nicht ausschließt. Zwar überzeugt das Argument der Sicherung der Einheit des Unionsrechtes bei Bestehen eines Ermessenspielraumes oder bei der Möglichkeit der inhaltlichen Ausgestaltung durch die Mitgliedstaaten nicht. Denn mit der Gewährung eines Ermessens- bzw. Ausgestaltungsspielraumes eröffnet die unionsrechtliche Vorgabe bewusst die Möglichkeit für unterschiedliche nationale Umsetzungen.[330]

Aber auch wenn die Mitgliedstaaten bei der Umsetzung keine in jeder Hinsicht zwingenden Vorgaben zu beachten haben, beruht ihr Vorgehen auf einer unionsrechtlichen Grundlage und den sich daraus ergebenden Verpflichtungen. Die Union ist aufgrund des Subsidiaritätsprinzips gemäß Art. 5 Abs. 3 EUV verpflichtet, den Mitgliedstaaten den weitgehendsten Handlungsspielraum zu überlassen. Sinn, Zweck und Regelungsinhalt der unionsrechtlichen Grundlage geben aber dennoch den Rahmen für die Ausübung eines überlassenden Ermessens- bzw. Ausgestaltungsspielraumes vor. Die Überprüfung eines möglichen Ermessens- bzw. Ausgestaltungsfehlgebrauches[331] durch die Mitgliedstaaten orientiert sich also unmittelbar an unionsrechtlichen Vorgaben. Damit stellt sich der Umsetzungsakt aber letztlich auch als Durchführung von Unionsrecht im Sinne des Art. 51 Abs. 1 Satz 1 GRC dar. Denn bei Fragen über die Auslegung und das Verständnis der unionsrechtlichen Grundlage muss die Letztentscheidungskompetenz beim EuGH liegen, der gemäß Art. 267 AEUV über die Auslegung der Verträge und auch über die Auslegung der Handlungen der Organe, wie Richtlinien oder Verordnungen, entscheidet.[332]

---

330 SZCZEKALLA, NVwZ 2006, S. 1019 (1020); BRITZ, EuGRZ 2015, S. 275 (279).

331 Der Begriff Ermessensfehlgebrauch entstammt zwar dem deutschen Verwaltungsrecht, kann aber sinngemäß auch auf die unionsrechtliche Ebene übertragen werden.

332 LINDNER, EuZW 2007, S. 71 (72 f.); OHLER, NVwZ 2013, S. 1433 (1435); BÄCKER, EuR 2015, S. 389 (393).

b. Zur Anwendbarkeit der GRC bei überobligatorischer Umsetzung

Die Ansicht des EuGH zur Anwendbarkeit der GRC im Bereich der überobligatorischen Umsetzung von unionsrechtlichen Vorgaben ist zunächst in Bezug auf die überschießende und die übererfüllende Umsetzung zu unterscheiden.

aa. Überschießende Umsetzung

Sofern das nationale überschießende Recht[333] auf Unionsrecht verweist erachtet sich der EuGH für zuständig und hält auch die GRC für anwendbar. Dies kann jedoch nicht für die Fälle gelten, in denen das überschießende nationale Recht nicht auf Unionsrecht verweist. Ohne einen solchen Verweis agiert der nationale Gesetzgeber in einem unionsrechtsfreien Raum. Unionsrecht begründet weder Verpflichtungen, noch stellen unionsrechtliche Vorgaben einen Maßstab für die Rechtmäßigkeit des Umsetzungsaktes dar. Es kann daher auch mit der weiten Auslegung des EuGH in der *Fransson*-Entscheidung nicht von einer unionsrechtlichen Fallgestaltung ausgegangen werden. Die überschießende Umsetzung ohne Verweis auf Unionsrecht stellt somit nicht die Durchführung von Unionsrecht im Sinne des Art. 51 Abs. 1 GRC dar. Die GRC findet also in diesem Fall keine Anwendung.

bb. Übererfüllende Umsetzung

Die Rechtsprechung des EuGH zur Anwendbarkeit der GRC im Bereich der übererfüllenden Umsetzung von unionsrechtlichen Vorgaben ist sehr uneinheitlich. In der Rechtssache *Textdata* sah der EuGH einen hinreichenden Zusammenhang zwischen nationalem Umsetzungsakt und dem Unionsrecht noch dadurch als gegeben an, dass die streitgegenständliche Maßnahme auf einer Ermächtigung in der zugrunde liegenden Richtlinie beruhte. In der Rechtssache *Hernández* vertrat der EuGH hingegen die Ansicht, dass die unionsrechtliche Ermächtigung zum Erlass günstigerer Maßnahmen für die Arbeitnehmer nicht als hinreichender Zusammenhang zum Unionsrecht, sondern vielmehr als Anerkenntnis einer den Mitgliedstaaten überlassenen Zuständigkeit zu werten sei, was die Anwendbarkeit der GRC grundsätzlich ausschließe.

Anschließend vertrat der EuGH in der Rechtssache *Alemo-Herron* dann wiederum die Ansicht, dass auch eine solche unionsrechtliche Rechtsgrundlage zum Erlass günstigerer Vorschriften für Arbeitnehmer nicht zu einer grundrechtsverletzenden Umsetzung ermächtigen könne. Diese Ansicht setzt

---

333 Siehe zum Begriff der überschießenden Umsetzung oben unter Ziffer A. II. 1. b. aa. in diesem Teil der Arbeit ab S. 103.

aber voraus, dass es sich bei der unionsrechtlichen Rechtsgrundlage nicht nur um ein Anerkenntnis der mitgliedstaatlichen Zuständigkeit, sondern um eine konstitutive Ermächtigungsgrundlage handelt. Der EuGH bestätigte diese Ansicht in der sich anschließenden Entscheidung in der Rechtssache *Asklepios*. Die Argumentation des EuGH, die BÜ-RL könne die Mitgliedstaaten nicht zu einer grundrechtsverletzenden Umsetzung ermächtigen, überzeugt aber nicht. Grund hierfür sind die Besonderheiten der Kompetenzverteilung im Bereich des Arbeitsrechtes der Union.

(1) Zuständigkeit der Union

Der Ausübung der Zuständigkeiten durch die Union liegt gemäß Art. 5 Abs. 2 EUV das Prinzip der begrenzten Einzelermächtigung zugrunde. Das bedeutet, dass die Union keine Kompetenz-Kompetenz besitzt und ihre Zuständigkeiten auf die im AEUV geregelten Bereiche beschränkt sind.[334]

Art. 153 AEUV regelt die Zuständigkeit der Union im Bereich des Sozial-und Arbeitsrechtes.[335] Konkret handelt es sich gemäß Art. 153 Abs. 1 AEUV um die folgenden Gebiete:

- „Verbesserung insbesondere der Arbeitsumwelt zum Schutz der Gesundheit und der Sicherheit der Arbeitnehmer"
- „Arbeitsbedingungen"
- „Soziale Sicherheit und sozialer Schutz der Arbeitnehmer"
- „Schutz der Arbeitnehmer bei Beendigung des Arbeitsvertrags"
- „Unterrichtung und Anhörung der Arbeitnehmer"
- „Vertretung und kollektive Wahrnehmung der Arbeitnehmer- und Arbeitgeberinteressen, einschließlich der Mitbestimmung"
- „Beschäftigungsbedingungen der Staatsangehörigen dritter Länder, die sich rechtmäßig im Gebiet der Union aufhalten"
- „Berufliche Eingliederung der auf dem Arbeitsmarkt ausgegrenzten Personen"
- „Chancengleichheit von Männern und Frauen auf dem Arbeitsmarkt und Gleichbehandlung am Arbeitsplatz"
- „Bekämpfung der sozialen Ausgrenzung"
- „Modernisierung der Systeme des sozialen Schutzes"

---

334 Potcacs, EuR 2009, 465 (476 f.); die Lehre der ungeschriebenen Kompetenzen (implied powers) stellt hierzu keine Ausnahme dar (*Nettesheim*, in: Grabitz/Hilf/Nettesheim, Das Recht der EU 2019, Art. 1 AEUV, Rz. 13); vgl. hierzu auch *Stettner*, in: Dauses/Ludwigs, Handbuch des EU-Wirtschaftsrechts 2018, Ziffer A. IV. 2. b), Rz. 8.

335 In Anlehnung an die in Deutschland verwandte Begrifflichkeit wird der in Art. 153 AEUV geregelte Bereich als solcher des Arbeitsrechtes bezeichnet.

In diesen Gebieten dürfen das Europäische Parlament und der Rat gemäß Art. 153 Abs. 2 lit. b) AEUV durch Richtlinien Mindestvorschriften erlassen. Es handelt sich also um einen teilharmonisierten Bereich.[336]

(2) Zuständigkeit der Mitgliedstaaten

Gemäß Art. 153 Abs. 5 AEUV gilt die Unionskompetenz nicht für das Arbeitsentgelt, das Koalitionsrecht, das Streikrecht sowie das Aussperrungsrecht. Diese Bereiche verbleiben insgesamt in der Zuständigkeit der Mitgliedstaaten. Ungeachtet der Kompetenz der Union sind die Mitgliedstaaten gemäß Art. 153 Abs. 4 Spiegelstr. 2 AEUV aber auch nicht daran gehindert, im Vergleich zu den erlassenen unionsrechtlichen Bestimmungen strengere Schutzmaßnahmen beizubehalten oder zu treffen. Dies ergibt sich auch bereits aus der Tatsache, dass Art. 153 Abs. 2 AEUV (lediglich) zum Erlass von *Mindest*vorschriften ermächtigt. Insofern handelt es sich bei dem Unionsarbeitsrecht um „einseitig zwingendes Recht zugunsten der Arbeitnehmer",[337] das den Sockel für etwaige weitergehende Regelungen darstellt.[338] Aus diesem Grund sehen zahlreiche arbeitsrechtliche Richtlinien die Befugnis der Mitgliedstaaten vor, für die Arbeitnehmer günstigere Rechts- und Verwaltungsvorschriften zu erlassen.[339] Bei dieser Regelung handelt es sich also, wie der EuGH zu Recht noch in der Rechtssache *Hernández* ausgeführt hat, lediglich um eine (deklaratorische) Wiedergabe der primärrechtlich vorgegebenen Kompetenzverteilung. Aus dem Grundsatz der begrenzten Einzelermächtigung ergibt sich ipso iure, dass die Zuständigkeit für über die Mindestvorschriften hinausgehende Schutzmaßnahmen – und damit für eine übererfüllende Umsetzung – bei den Mitgliedstaaten verortet ist.[340]

---

336 EuGH, Rs. C-318/98, *Fornasar*, ECLI:EU:C:2000:337, Rz. 27 zur inhaltsgleichen Vorschrift aus dem Umweltrecht; *Franzen*, in: Franzen/Gallner/Oetker, Kommentar zum europäischen Arbeitsrecht 2018, Art. 153 AEUV, Rz. 55.

337 *Maul-Satori*, in: Boecken/Düwell/Diller/Hanau, Gesamtes ArbR 2016, § 153, Rz. 13.

338 *Wissmann*, RdA 2015, S. 301 (302).

339 Z.B. Art. 15 der Richtlinie 2003/88/EG vom 04.11.2003 über bestimmte Aspekte der Arbeitszeitgestaltung (ABl. 2003, L 299, S. 9), Art. 11 ZahlungsunfähigkeitsRL; Art. 5 der Richtlinie 98/59/EG vom 20.07.1998 zur Angleichung der Rechtsvorschriften der Mitgliedstaaten über Massenentlassungen (ABl. 1998, L 225, S. 16).

340 *Wissmann*, RdA 2015, S. 301 (302); *Maul-Satori*, in: Boecken/Düwell/Diller/Hanau, Gesamtes ArbR 2016, § 153, Rz. 13; *Sagan*, ZESAR 2016, S. 116 (121). Auch der EuGH erkennt dies mit Blick auf Art. 153 AEUV an (EuGH, Rs. C-2/97, *Società italiana petroli*, ECLI:EU:C:1998:613, Rz. 40).

(3) Grundsätzliche Rechtsfolgen der Zuständigkeitsverteilung

Mangels Zuständigkeit der Union kann die GRC auf die übererfüllende Umsetzung im Bereich des europäischen Arbeitsrechtes nicht – jedenfalls nicht mit den zuletzt aufgeführten Argumenten des EuGH – unmittelbar über Art. 51 Abs. 1 Satz 1 GRC Anwendung finden. Die fehlende Zuständigkeit schließt eine Anwendbarkeit aufgrund der Regelung in Art. 51 Abs. 1 Satz 2 GRC grundsätzlich aus.[341] Mit dieser Begründung hatte der EuGH in der Rechtssache *Società italiana petroli* entgegen dem Vorschlag von Generalanwalt *Mischo*[342] eine Überprüfung des nationalen Umsetzungsaktes am Grundsatz der Verhältnismäßigkeit abgelehnt.[343]

Da für die Zuständigkeiten der Union der in Art. 5 Abs. 1 EUV festgeschriebene Grundsatz der begrenzten Einzelermächtigung gilt, kann auch nicht von einer konkludenten Erweiterung der Zuständigkeiten der Union durch die Regelungen in der GRC ausgegangen werden. Rein vorsorglich bestätigen Art. 6 Abs. 1 UAbs. 2 EUV sowie Art. 51 Abs. 2 GRC diesen Grundsatz in Bezug auf die GRC ausdrücklich.

Die Anwendbarkeit der GRC kann sich bei der übererfüllenden Umsetzung im Bereich des europäischen Arbeitsrechtes somit auch nicht – entgegen der Ansicht des EuGH in den Rechtssachen *Alemo-Herron* und *Asklepios* – aus einer Richtlinienregelung ergeben, die den Mitgliedstaaten die Möglichkeit belässt, strengere Maßnahmen zugunsten der Arbeitnehmer beizubehalten oder zu erlassen. Denn anders als der EuGH argumentiert, ermächtigt nicht die Richtlinie die Mitgliedstaaten zum Erlass dieser Maßnahmen. Diese Kompetenz der Mitgliedstaaten ergibt sich vielmehr unmittelbar aus dem Grundsatz der begrenzten Einzelermächtigung für die Rechtssetzung durch die Union und klarstellend aus Art. 153 Abs. 4 Spiegelstr. 2 AEUV. Mangels Ermächtigung zum Handeln durch die Union überzeugt das Argument des EuGH nicht.[344]

---

341 EuGH, Rs. C-40/11, *Iida*, ECLI:EU:C:2012:691, Rz. 78; Ohler, NVwZ 2013, S. 1433 (1434).

342 Schlussanträge, Rs. C-2/97, *Società italiana petroli*, ECLI:EU:C:1998:176, Rz. 47.

343 EuGH, Rs. C-2/97, *Società italiana petroli*, ECLI:EU:C:1998:613, Rz. 40.

344 BAG, Vorlagebeschluss vom 17.06.2015 – 4 AZR 61/14 (A), Rz. 54, NZA 2016, S. 373; Wissmann, RdA 2015, S. 301 (302 f.). Dem kann in Bezug auf die Entscheidungen in den Rechtssachen *Alemo-Herron* und *Asklepios* auch nicht entgegengehalten werden, dass die dort einschlägige BÜ-RL nicht ausdrücklich auf die Kompetenzgrundlage des Art. 153 AEUV gestützt wurde. Ausweislich der BÜ-RL stützt sich diese auf den EGV, insbesondere Art. 94 (heute Art. 115 AEUV). Dieser Verweis kann allerdings nicht bindend sein, da die Union sich anderenfalls durch (ggf. unzutreffenden) Verweis auf eine Vorschrift mit erweiterten Kompetenzen selbst aussuchen könnte, welche

c. *Zur Anwendbarkeit der GRC bei der Beschränkung von Grundfreiheiten*

Die Ansicht des EuGH zur Anwendbarkeit der GRC bei der Beschränkung von Grundfreiheiten ist wiederum zutreffend und auch mit den genannten Argumenten vertretbar.

aa. Ausführungen in den Erläuterungen zur GRC

Die Erläuterungen zur GRC beziehen sich hinsichtlich der Ausführungen zu Art. 51 ausdrücklich auf die Entscheidung des EuGH in der Rechtssache *ERT*, die den Grundstein für die Anwendbarkeit von unionsrechtlichen Grundrechten bei der Beschränkung von Grundfreiheiten durch die Mitgliedstaaten gelegt hat. Dies ist gemäß Art. 52 Abs. 7 GRC sowie gemäß Art. 6 Abs. 1 UAbs. 3 EUV bei der Auslegung von Art. 51 GRC gebührend zu berücksichtigen und spricht somit bereits ohne inhaltliche Prüfung von Art. 51 Abs. 1 Satz 1 GRC für die Anwendbarkeit der GRC bei Beschränkungen von Grundfreiheiten.

bb. Materielle Gründe

Darüber hinaus überzeugt die Ansicht des EuGH auch in materieller Hinsicht.

(1) Unionsrecht als Prüfungsmaßstab

Das Unionsrecht sieht die Möglichkeit der Beschränkung einer Grundfreiheit durch die Mitgliedstaaten vor. Bei der Ausübung dieser Beschränkungsmöglichkeit

---

primärrechtlichen Vorgaben und Beschränkungen zu beachten sind. Folgerichtig hat der EuGH entschieden, dass Art. 153 AEUV eine Spezialvorschrift für die dort erfassten Bereiche des Arbeitsrechtes darstellt (EuGH, Rs. C-84/94, *Vereinigtes Königreich ./. Rat*, ECLI:EU:C:1996:431, Rz. 12). Im konkreten Fall der BÜ-RL gibt es darüber hinaus historische Gründe für den verfehlten Verweis auf Art. 94 EGV. Denn der Vorgänger zur BÜ-RL, die Richtlinie 77/187/EWG vom 14.02.1977 zur Angleichung der Rechtsvorschriften der Mitgliedstaaten über die Wahrung von Ansprüchen der Arbeitnehmer beim Übergang von Unternehmen, Betrieben oder Unternehmens- oder Betriebsteilen (ABl. 1977, L, 61, S. 26), erging zu einer Zeit, als es noch keine besondere unionsrechtliche Kompetenzgrundlage für das Arbeitsrecht gab (*Wissmann*, RdA 2015, S. 301 (303 ff)). (Richtige) Kompetenzgrundlage für die BÜ-RL ist somit Art. 153 AEUV mit den dort aufgeführten Vorgaben und Beschränkungen (*Wissmann*, RdA 2015, S. 301 (303); *Benecke*, in: Grabitz/Hilf/Nettesheim, Das Recht der EU 2019, Art. 153, Rz. 45 ff.; *Oppermann/Classen/Nettesheim*, Europarecht 2018, § 29 Rz. 15; *Krause*, Individualvertragliche Verweisungen (FS Willemsen 2018), S. 257 (267); *Schneider*, Die Wirkung arbeitsvertraglicher Bezugnahmeklauseln 2017, S. 124 ff.; *Buschmann*, AuR 2017, S. 87 (88); *Rebhahn/Reiner*, in: Becker/Hatje/Schoo/Schwarze, EU-Kommentar 2019, Art. 153 AEUV, Rz. 39.

sind die Mitgliedstaaten jedoch an die Einhaltung der im AEUV genannten Voraussetzungen, also an eine unionsrechtliche Schranke, gebunden. Das Unionsrecht stellt somit den relevanten Maßstab für die Rechtmäßigkeit einer (nationalen) Maßnahme dar, die eine Grundfreiheit beschränkt.[345]

(2) Maßnahme aufgrund einer unionsrechtlichen Befugnis

Darüber hinaus führen die Mitgliedstaaten bei der Beschränkung von Grundfreiheiten eine Maßnahme aufgrund einer unionsrechtlichen Befugnis durch. Denn grundsätzlich sieht das Unionsrecht ein Verbot der Beschränkung von Grundfreiheiten vor. Lediglich aufgrund der Ausnahmeregelungen im AEUV ist eine solche Beschränkung durch die Mitgliedstaaten ausnahmsweise möglich und zulässig. Die Mitgliedstaaten nehmen also bei der Beschränkung von Grundfreiheiten eine Befugnis wahr, die ihnen durch die jeweiligen Regelungen im AEUV, z.B. Art. 36 AEUV, ausdrücklich zugestanden wird. Dies unterscheidet die Situation bei dem Erlass strengerer Schutzmaßnahmen im Sinne von Art. 153 Abs. 4 Spiegelstr. 2 AEUV von derjenigen, die bei der Beschränkung von Grundfreiheiten vorliegt. Bei Letzterer führen die Mitgliedstaaten somit das Recht der Union im Sinne von Art. 51 Abs. 1 Satz 1 GRC durch.

d. Zwischenergebnis

Die Ansichten des EuGH zur Anwendbarkeit der GRC bei Ermessens- und Ausgestaltungsspielraum der Mitgliedstaaten sowie bei der Beschränkung von Grundfreiheiten durch die Mitgliedstaaten sind sowohl bezogen auf die Argumente als auch auf das Ergebnis zutreffend. Hinsichtlich der Ausführungen zur Anwendbarkeit der GRC bei einer übererfüllenden Umsetzung im Arbeitsrecht kann die widersprüchliche Argumentation des EuGH hingegen nicht überzeugen. Sein Ergebnis – Anwendbarkeit der GRC – lässt sich aber möglicherweise auf andere Argumente stützen.

B. Anwendbarkeit der GRC gemäß Art. 153 Abs. 4 Spiegelstr. 2 AEUV

Unabhängig von den Ansichten des EuGH und des BVerfG könnte sich die Anwendbarkeit der GRC jedenfalls im Bereich des Arbeitsrechtes aus einer anderen Vorschrift ergeben. Eine solche Vorschrift könnte Art. 153 AEUV

---

345 Schlussantrag, Rs. C-390/12, *Pfleger*, EU: C:2013:747, Rz. 45; BÄCKER, EuR 2015, S. 389 (393); EHLERS, § 14 Allgemeine Lehren der Unionsgrundrechte, in: Ehlers (Hrsg.), Europäische Grundrechte und Grundfreiheiten 2014, Rz. 75.

darstellen. Wie bereits ausgeführt, hat die Union im Arbeitsrecht keine ausschließliche Zuständigkeit. Sie ist gemäß Art. 153 Abs. 2 AEUV vielmehr zum Erlass von Mindestvorschriften berechtigt. Den Mitgliedstaaten bleibt es gemäß Art. 153 Abs. 4 Spiegelstr. 2 AEUV unbenommen, strengere Schutzmaßnahmen für Arbeitnehmer beizubehalten oder zu erlassen. Diese strengeren Schutzmaßnahmen müssen aber mit „den Verträgen" vereinbar sein. Es besteht also eine unionsrechtliche Schranke für mitgliedstaatliche Maßnahmen, die über das unionsrechtliche Mindestmaß (übererfüllend) hinausgehen. Aus dieser unionsrechtlichen Schranke – Vereinbarkeit mit den Verträgen – könnte sich die Anwendbarkeit der GRC ergeben. Das würde voraussetzen, dass sich aus der Einhaltung der unionsrechtlichen Schranke die Durchführung von Unionsrecht im Sinne des Art. 51 Abs. 1 Satz 1 GRC ergibt oder dass die GRC als Bestandteil der Verträge im Sinne von Art. 153 Abs. 4 Spiegelstr. 2 AEUV anzusehen und damit unmittelbarer Rechtmäßigkeitsmaßstab für das nationale Recht ist.

I. Bisheriges Verständnis der unionsrechtlichen Schranke

Das Erfordernis der Vereinbarkeit mit den Verträgen für übererfüllende nationale Umsetzungsakte findet sich sowohl in dem bereits bekannten Art. 153 Abs. 4 Spiegelstr. 2 AEUV als auch in Art. 193 Satz 2 AEUV.

1. Art. 153 Abs. 4 Spiegelstr. 2 AEUV

Zu der unionsrechtlichen Schranke gemäß Art. 153 Abs. 4 AEUV bzw. den Vorgängervorschriften gibt es kaum Rechtsprechung und rechtswissenschaftliche Ausführungen. Das gilt insbesondere in Bezug auf die Frage der dogmatischen Einordnung und der sich daraus ergebenden Rechtsfolgen.[346] Soweit ersichtlich liegt neben den genannten und inhaltlich, insbesondere dogmatisch, wenig aussagekräftigen Entscheidungen in den Rechtssachen *Alemo-Herron* und *Asklepios* nur noch die Entscheidung in der Rechtssache *Società italiana petroli* vor.

a. Reichweite der unionsrechtlichen Schranke

In der Rechtssache *Società italiana petroli* prüfte der EuGH, ob die streitgegenständliche strengere italienische Schutzmaßnahme gegen Diskriminierungsverbote

346 Vgl. Benecke, in: Grabitz/Hilf/Nettesheim, Das Recht der EU 2019, Art. 153 AEUV, Rz. 9; Eichenhofer, in: Streinz, EUV/AEUV 2012, Art. 153, Rz. 4 ff; Rose Langer, in: vdGroeben/Schwarze/Hatje, EU-Recht 2015, Art. 153, Rz. 61; Krebber, in: Callies/Ruffert, EUV/AEUV 2016, Art. 153, Rz. 30, die Inhalt und Rechtsfolgen der unionsrechtlichen Schranke nicht weiter kommentieren.

verstößt oder Grundfreiheiten behindert.[347] Da die Entscheidung aus dem Jahr 1998 stammt, war die GRC zu dieser Zeit weder proklamiert noch rechtsverbindlich. Allerdings hatte der EuGH bereits in der *Wachauf*-Entscheidung auf die Beachtung von Grundrechten bei der Durchführung von Gemeinschaftsrecht hingewiesen.[348]. Hätte der EuGH grundrechtliche Implikationen also als relevant angesehen, hätten sich entsprechende Ausführungen durch den EuGH an dieser Stelle angeboten.

Darüber hinaus leitet *Schneider* aus Art. 153 Abs. 4 Spiegelstr. 2 AEUV die Vorgabe ab, dass strengere Schutzmaßnahmen mit der GRC vereinbar sein müssten. Zur Begründung verweist Schneider auf Art. 6 Abs. 1 HS. 2 EUV.[349] *Franzen* verweist auf bestehende Konfliktlinien mit den Grundrechten der GRC, die in der Zukunft aus seiner Sicht relevant werden könnten. Dieser Verweis knüpft allerdings an die Entscheidung in der Rechtssache *Alemo-Herron* an[350], in der der EuGH die Anwendbarkeit der GRC damit begründete, dass die BÜ-RL nicht zu einer grundrechtsverletzenden Umsetzung ermächtigen könne.[351]

b. Zuständigkeit

Statt zu grundrechtlichen Implikationen äußerte sich der EuGH in der Rechtssache *Società italiana petroli* zu der aus seiner Sicht einschlägigen Verteilung der Zuständigkeiten im Rahmen von Art. 153 AEUV. Laut EuGH besteht in dem streitgegenständlichen Bereich der übererfüllenden Umsetzung von Richtlinien im Bereich des Arbeitsrechtes gemäß Art. 153 Abs. 4 Spiegelstr. 2 AEUV (damals Art. 118a Abs. 3 EGV) eine Zuständigkeit der Mitgliedstaaten. Darüber hinaus betonte der EuGH, dass es aufgrund dieser Zuständigkeit nicht seine Sache sei, sich über die Vereinbarkeit der Maßnahme mit dem Grundsatz der Verhältnismäßigkeit zu äußern.[352]

Auch in der Literatur wird vertreten, dass sich aus der Verteilung der Zuständigkeiten in Art. 153 AEUV ergebe, dass die Mitgliedstaaten im Bereich der übererfüllenden Umsetzung keinen unionsrechtlichen Vorgaben unterliegen

347 EuGH, Rs. C-2/97, *Società italiana petroli*, ECLI:EU:C:1998:613, Rz. 38.

348 Siehe hierzu oben unter Ziffer A. II. 1. a. aa. in diesem Teil der Arbeit ab S. 95.

349 SCHNEIDER, Die Wirkung arbeitsvertraglicher Bezugnahmeklauseln 2017, S. 147 ff. *Schneider* thematisiert die Anwendbarkeit der GRC allerdings lediglich im Rahmen einer Inzidentprüfung.

350 *FRANZEN*, in: Franzen/Gallner/Oetker, Kommentar zum europäischen Arbeitsrecht 2018, Art. 153 AEUV, Rz. 58.

351 Siehe hierzu oben unter Ziffer A. II. 1. b. bb. (3) in diesem Teil der Arbeit ab S. 105.

352 EuGH, Rs. C-2/97, *Società italiana petroli*, ECLI:EU:C:1998:613, Rz. 40.

würden.[353] Bemerkenswert ist allerdings, dass zur Begründung dieser Ansicht auf den Wortlaut von Art. 153 Abs. 4 Spiegelstr. 2 AEUV abgestellt, dabei aber nicht auf die dort niedergelegte unionsrechtliche Schranke eingegangen wird.[354]

2. *Art. 193 Satz 2 AEUV*

Art. 193 AEUV regelt die Zuständigkeit der Mitgliedstaaten für verstärkte Maßnahmen zugunsten des Umweltschutzes, die über die von der Union aufgrund von Art. 192 AEUV getroffenen Schutzmaßnahmen hinausgehen. Die betreffenden Maßnahmen müssen gemäß Art. 193 Satz 2 AEUV mit den Verträgen vereinbar sein. Der Regelungsinhalt entspricht also dem von Art. 153 Abs. 4 Spiegelstr. 2 AEUV und weist dieselbe unionsrechtliche Schranke auf.[355]

a. Reichweite der unionsrechtlichen Schranke

Im Rahmen von Art. 193 AEUV ist die Reichweite der unionsrechtlichen Schranke umstritten.

aa. Vereinbarkeit mit Sekundärrecht?

Eine in Bezug auf die Regelung in Art. 193 AEUV kontrovers diskutierte Frage ist die Reichweite der unionsrechtlichen Schranke. Unstreitig und sich unmittelbar aus dem Wortlaut ergebend sind die primärrechtlichen Vorschriften von EUV und AEUV Maßstab der Vereinbarkeitsprüfung. Nach einer in der Literatur vertretenen Ansicht erschöpft sich darin der Prüfungsmaßstab.[356] Nach anderer Ansicht erfordert die Vereinbarkeit mit den Verträgen hingegen gleichermaßen eine Vereinbarkeit mit dem Sekundärrecht.[357]

Laut EuGH müssen verstärkte Schutzmaßnahmen der Mitgliedstaaten den Bestimmungen des AEUV entsprechen.[358]

---

353 *Wissmann*, RdA 2015, S. 301 (302); *Krebber*, EuZA 2016, S. 3 (5 f.).

354 *Wissmann*, RdA 2015, S. 301 (302).

355 Aus diesem Grund verweist die Kommentierung zu Art. 153 Abs. 4 Spiegelstr. 2 AEUV von *Krebber* auf die Ausführungen zu Art. 193 AEUV (*Krebber*, in: Callies/Ruffert, EUV/AEUV 2016, Art. 153, FN 68).

356 *Kahl*, in: Streinz, EUV/AEUV 2012, Art. 193 AEUV, Rz. 21; *Calliess*, in: Callies/Ruffert, EUV/AEUV 2016, Art. 193 AEUV, Rz. 10; *Hailbronner*, EuGRZ 1989, S. 101 (112).

357 *Jarass*, NVwZ 2000, S. 529 (531); *Krämer*, in: vdGroeben/Schwarze/Hatje, EU-Recht 2015, Art. 193 AEUV, Rz. 13 f.; *Käller*, in: Becker/Hatje/Schoo/Schwarze, EU-Kommentar 2019, Art. 193 AEUV, Rz. 8; *Nettesheim*, in: Grabitz/Hilf/Nettesheim, Das Recht der EU 2019, Art. 193 AEUV, Rz. 15.

358 EuGH, Rs. C-2/10, *Azienda Agro-Zootecnica Franchini*, ECLI:EU:C:2011:502, Rz. 54.

bb. Grundsatz der Verhältnismäßigkeit

Wie auch in Bezug auf Art. 153 Abs. 4 Spiegelstr. 2 AEUV vertritt der EuGH die Ansicht, dass der Grundsatz der Verhältnismäßigkeit nur dann zu prüfen sei, wenn andere Bestimmungen der Verträge betroffen sind.[359] *Kahl* begründet diese auch von ihm vertretene Ansicht[360] damit, dass nicht entscheidend sei, ob eine Maßnahme an sich verhältnismäßig, sondern ob eine von ihr möglicherweise ausgehende Beeinträchtigung der jeweiligen Grundfreiheit verhältnismäßig sei.[361]

b. Zuständigkeit

Hat der EuGH in der Rechtssache *Società italiana petroli* im Kontext von Art. 153 AEUV die Prüfung des Grundsatzes der Verhältnismäßigkeit noch unter Verweis auf die Zuständigkeit der Mitgliedstaaten abgelehnt, betont der EuGH in der zu Art. 193 AEUV ergangenen Rechtssache *Deponiezweckverband Eiterköpfe*, dass die Mitgliedstaaten eine vom Gemeinschaftsrecht geregelte Befugnis ausüben, wenn sie strengere Maßnahmen erlassen.[362] Zur Begründung für diese Ansicht verweist der EuGH auf das in Art. 193 AEUV geregelte Erfordernis der Vereinbarkeit mit „dem Vertrag".[363]

c. Zusammenfassung

Die Ausführungen in Rechtsprechung und Literatur beschränken sich weit überwiegend auf die Frage, ob auch sekundäres Unionsrecht als Rechtmäßigkeitsmaßstab anzusehen ist, und auf die Zuständigkeit für die strengeren Schutzmaßnahmen. Grundrechtliche Implikationen der unionsrechtlichen Schranke werden mit Ausnahme von *Schneider* und *Franzen* nicht erwähnt.

---

359 EuGH, Rs. C-6/03, *Deponiezweckverband Eiterköpfe*, ECLI:EU:C:2005:222, Rz. 63. Eine andere Ansicht vertritt das vorlegende Verwaltungsgericht Koblenz, das den EuGH nach der Vereinbarkeit der nationalen Vorschrift mit dem Grundsatz der Verhältnismäßigkeit (und nicht zunächst nach dessen Anwendbarkeit) gefragt hatte (Verwaltungsgericht Koblenz, Rs. Vorlagebeschluss vom 04.12.2002 - 7 K 1389/01.KO, ECLI:DE:VGKOBLE:2002:1204.7K1389.01.KO.0A, Ziffer IV. 3.).

360 Der EuGH selbst begründet seine Ansicht nicht.

361 *Kahl*, in: Streinz, EUV/AEUV 2012, Art. 193, Rz. 25.

362 EuGH, Rs. C-6/03, *Deponiezweckverband Eiterköpfe*, ECLI:EU:C:2005:222, Rz. 61.

363 Der EuGH bezieht sich auf Art. 176 EGV, der die Vorgängervorschrift von Art. 193 AEUV darstellt und der aufgrund der primärrechtlichen Situation zu Zeiten der Europäischen Gemeinschaft nicht von „den Verträgen", sondern von „diesem Vertrag" spricht.

II. Durchführung von Unionsrecht?

Wie bereits dargestellt, ergibt sich die Durchführung von Unionsrecht im Bereich der übererfüllenden Umsetzung von arbeitsrechtlichen Vorgaben nicht aus den vom EuGH genannten Gründen.[364] Die Durchführung von Unionsrecht könnte sich allerdings aus der für die Mitgliedstaaten zu beachtenden unionsrechtlichen Schranke in Art. 153 Abs. 4 Spiegelstr. 2 AEUV ergeben.

1. Vergleich mit der Beschränkung von Grundfreiheiten

Die Durchführung von Unionsrecht könnte sich aufgrund der Kriterien ergeben, die der EuGH bei der Anwendbarkeit der GRC bei der Beschränkung von Grundfreiheiten entwickelt hat.[365]

a. Unionsrecht als Prüfungsmaßstab

Die GRC ist bei der Beschränkung von Grundfreiheiten anwendbar, weil das Unionsrecht Wirksamkeitsvoraussetzungen für nationale Beschränkungsmaßnahmen vorgibt.[366] Die Rechtmäßigkeit nationaler Rechtsakte erfordert also eine Prüfung der Vereinbarkeit mit Unionsrecht. Gleiches gilt für nationale übererfüllende Umsetzungsakte im Arbeitsrecht. Denn gemäß Art. 153 Abs. 4 Spiegelstr. 2 AEUV müssen diese mit den Verträgen vereinbar sein. Bei den Verträgen handelt es sich gemäß Art. 1 Abs. 2 um den EUV und den AEUV. Damit bildet Unionsrecht den Prüfungsmaßstab für die Rechtmäßigkeit der nationalen Umsetzungsakte.

b. Ausübung von unionsrechtlichen Befugnissen

Das zweite Kriterium für die Anwendbarkeit der GRC bei der Beschränkung von Grundfreiheiten ist die damit verbundene Ausübung unionsrechtlicher Befugnisse. Dies ist allerdings bei der übererfüllenden Umsetzung im Bereich des Arbeitsrechtes nicht der Fall.

Die Befugnis zur Beschränkung von Grundfreiheiten ergibt sich konstitutiv aus den entsprechenden Ausnahmevorschriften des AEUV.[367] Bei dem Erlass

364 Siehe hierzu oben unter Ziffer A. IV. 2. b. in diesem Teil der Arbeit ab S. 114.

365 Wie bereits dargestellt, hat der EuGH die Anwendbarkeit der GRC bei der Beschränkung von Grundfreiheiten zu Recht bejaht. Siehe hierzu oben unter Ziffer A. II. 1. c. in diesem Teil der Arbeit ab S. 106.

366 Siehe hierzu oben unter Ziffer A. II. 1. c. in diesem Teil der Arbeit ab S. 106.

367 Siehe hierzu oben unter Ziffer A. IV. 2. c. bb. (2) in diesem Teil der Arbeit ab S. 119.

von strengeren Schutzmaßnahmen zugunsten von Arbeitnehmern üben die Mitgliedstaaten – entgegen der Ansicht der EuGH[368] – eine ihnen zustehende Kompetenz aus. Denn die Union verfügt gemäß Art. 153 Abs. 2 AEUV lediglich über die Kompetenz zur Regelung von Mindestvorschriften. Es liegt somit keine Ausübung von unionsrechtlich gewährten Befugnissen, sondern die Wahrnehmung der originären eigenen Zuständigkeit durch die Mitgliedstaaten vor.[369]

2. *Einhaltung von Verpflichtungen durch unionsrechtliche Vorschriften*

Auch wenn sämtliche Vorschriften auf Grundlage von Art. 153 AEUV lediglich Mindestvorschriften darstellen, setzt eine Übererfüllung unionsrechtlicher Vorgaben zunächst zwingend den Bestand von unionsrechtlichen (Mindest) Verpflichtungen voraus. Damit bestehen in den einschlägigen Sachverhalten unionsrechtliche (Mindest)Vorschriften, die von den Mitgliedstaaten eingehalten werden müssen.[370] Die unionsrechtliche Schranke stellt auch nicht nur einen unionsrechtlichen Prüfungsmaßstab für nationale Rechtsakte dar. Sie beinhaltet gleichermaßen die unionsrechtliche Verpflichtung zur Beachtung dieses Prüfungsmaßstabes.

3. *Zusammenfassung und Bewertung*

Die sich aus der unionsrechtlichen Schranke in Art. 153 Abs. 4 Spiegelstr. 2 AEUV ergebende Rechtslage ist also nicht umfassend mit derjenigen vergleichbar, die bei der Beschränkung von Grundfreiheiten besteht. Es fehlt insoweit an der Ausübung von unionsrechtlichen Befugnissen durch die Mitgliedstaaten.

Allerdings bezieht sich die Begründung des EuGH bzw. die vom EuGH in Bezug genommene Begründung der Generalanwältin *Sharpston* für die Anwendbarkeit der GRC bei der Beschränkung von Grundfreiheiten maßgeblich auf das Argument, dass Prüfungsmaßstab für den nationalen Rechtsakt das Unionsrecht sei.[371] Darüber hinaus bestehen bei der übererfüllenden Umsetzung von Vorgaben auf Grundlage von Art. 153 AEUV durch unionsrechtliche Vorschriften begründete unionsrechtliche Verpflichtungen für die Mitgliedstaaten.

Daher müsste der EuGH bei konsequenter Haltung auch in diesem Bereich von der Anwendbarkeit der GRC ausgehen. Dies wäre nicht nur konsequent, sondern auch richtig. Denn bei Bestehen von unionsrechtlichen Vorgaben, sind

---

368 EuGH, Rs. C-6/03, *Deponiezweckverband Eiterköpfe*, ECLI:EU:C:2005:222, Rz. 61.
369 Siehe hierzu oben unter Ziffer A. IV. 2. b. bb. (2) in diesem Teil der Arbeit ab S. 116.
370 Siehe hierzu oben unter Ziffer A. II. 1. a. ff. (1) in diesem Teil der Arbeit auf S. 100.
371 Vgl. Ziffer A. II. 1. c in diesem Teil auf S. 68 f.

diese Vorgaben selbst unstreitig als Teil des Unionsrechtes am Maßstab der GRC zu messen und auszulegen. Eine nationale Schutzmaßnahme im Sinne des Art. 153 Abs. 4 Spiegelstr. 2 AEUV muss wiederum mit diesen grundrechtsgebundenen Vorgaben vereinbar sein. Nationale übererfüllende Umsetzungsmaßnahmen müssen sich somit an grundrechtsgebundenen unionsrechtlichen Vorgaben messen lassen und unionsrechtliche Verpflichtungen einhalten. Aus diesem Grund führt ein nationaler übererfüllender Umsetzungsakt Unionsrecht im Sinne von Art. 51 Abs. 1 Satz 1 GRC durch.[372]

III. Die GRC als Bestandteil der Verträge?

In Art. 153 Abs. 4 Spiegelstr. 2 AEUV ist – wie bereits mehrfach ausgeführt – geregelt, dass strengere Schutzmaßnahmen der Mitgliedstaaten mit den Verträgen vereinbar sein müssen. Die Anwendbarkeit der GRC könnte sich somit auch unmittelbar aus Art. 153 Abs. 4 Spiegelstr. 2 AEUV ergeben. Voraussetzung dafür ist, dass die GRC selbst als Bestandteil „der Verträge" anzusehen ist.

1. „Die Verträge" im Sinne des Art. 153 Abs. 4 Spiegelstr. 2 AEUV

Fraglich ist somit, wie der Begriff „die Verträge" auszulegen und ob auch die GRC darunter zu subsumieren ist.

a. Legaldefinition

Gemäß Art. 1 Abs. 2 AEUV handelt es sich bei „den Verträgen" um den EUV und den AEUV, die rechtlich gleichrangig sind. Auch Art. 1 UAbs. 3 EUV enthält eine Legaldefinition des Begriffes „Verträge". Dort heißt es: „Grundlage der Union sind dieser Vertrag und der Vertrag über die Arbeitsweise der Europäischen Union (im Folgenden „Verträge")."

Der Begriff „Verträge" umfasst also laut Legaldefinition zunächst einmal den EUV und den AEUV. Auch Art. 6 Abs. 1 UAbs. 1 EUV differenziert jedenfalls sprachlich zwischen „den Verträgen" und der GRC, die als gleichrangig eingestuft werden.[373]

---

372 Bäcker, EuR 2015, S. 389 (393).

373 Borowsky, in: Meyer, Charta der Grundrechte der EU 2014, Vorbemerkungen zu Art. 51, Rz. 15.

b. Vergleich zu anderen Vorschriften des EUV und AEUV

Der Begriff „die Verträge" findet sich nicht nur in Art. 153 Abs. 4 Spiegelstr. 2 AEUV. Auch andere Vorschriften nehmen diese Formulierung auf, so dass eine Analyse des dortigen Begriffsverständnisses zu weitergehenden Erkenntnissen über die inhaltliche Reichweite führen könnte.

aa. Art. 48 EUV

Art. 48 EUV regelt das Verfahren zur Änderung der Verträge. Gemäß Art. 48 Abs. 1 EUV können „die Verträge" im Wege des ordentlichen oder des vereinfachten Änderungsverfahrens geändert werden. Als „die Verträge" sind gemäß der genannten Definition in Art. 1 UAbs. 3 EUV zunächst der EUV und der AEUV zu verstehen.[374] Darüber hinaus stellt sich aber die Frage, ob Art. 48 EUV nicht auch bei Änderungen der GRC anzuwenden ist. Die GRC selbst enthält keine Regelung für eine Änderung. Da es sich bei der GRC um einen völkerrechtlichen Vertrag handelt, wäre somit grundsätzlich Art. 39 WVK für Änderungen einschlägig.[375]

In der Literatur wird aber vertreten, dass sich eine Änderung der GRC nach den Vorgaben von Art. 48 EUV zu richten hat.[376] Ein Teil der Literatur begründet diese Ansicht mit der in Art. 6 Abs. 1 UAbs. 1 EUV geregelten Gleichrangigkeit zwischen Verträgen und GRC.[377] Ein anderer Teil der Literatur entwickelt die Anwendbarkeit von Art. 48 EUV hingegen aus einer Gleichstellung der Verträge mit der GRC.[378]

---

374 *Meng*, in: vdGroeben/Schwarze/Hatje, EU-Recht 2015, Art. 48, Rz. 1; *Cremer*, in: Callies/Ruffert, EUV/AEUV 2016, Art. 48 EUV, Rz. 1.

375 *Terhechte*, Konstitutionalisierung und Normativität 2011, S. 67; *Schulte-Herbrüggen*, ZEuS 2015, S. 343 (348 f.).

376 *Ohler*, in: Grabitz/Hilf/Nettesheim, Das Recht der EU 2019, Art. 48 EUV, Rz. 22; *Kingreen*, in: Callies/Ruffert, EUV/AEUV 2016, Art. 6 EUV, Rz. 12; *Bengt/Beutler*, in: vdGroeben/Schwarze/Hatje, EU-Recht 2015, Art. 6, Rn. 13; *Ehlers*, § 14 Allgemeine Lehren der Unionsgrunderechte, in: Ehlers (Hrsg.), Europäische Grundrechte und Grundfreiheiten 2014, Rz. 9; *Hatje*, in: Becker/Hatje/Schoo/Schwarze, EU-Kommentar 2019, Art. 6 EUV, Rz. 6; *Terhechte*, Konstitutionalisierung und Normativität 2011, S. 64 ff. *Borowsky* schlägt eine erweiternde oder analoge Anwendung von Art. 48 EUV vor (*Borowsky*, in: Meyer, Charta der Grundrechte der EU 2014, Vorbemerkungen zu Art. 51, Rz. 15).

377 *Bengt/Beutler*, in: vdGroeben/Schwarze/Hatje, EU-Recht 2015, Art. 6, Rn. 13; *Ehlers*, § 14 Allgemeine Lehren der Unionsgrundrechte, in: Ehlers (Hrsg.), Europäische Grundrechte und Grundfreiheiten 2014, Rz. 9.

378 *Hatje*, in: Becker/Hatje/Schoo/Schwarze, EU-Kommentar 2019, Art. 6 EUV, Rz. 6.

bb. Art. 267 AEUV

Gemäß Art. 267 Abs. 1 AEUV entscheidet der EuGH im Wege der Vorabentscheidung (a) über die Auslegung der Verträge sowie (b) über die Gültigkeit und die Auslegung der Handlungen der Organe, Einrichtungen oder sonstigen Stellen der Union. Der EuGH betont, dass nationale Gerichte der Mitgliedstaaten gemäß Art. 267 AEUV die Möglichkeit und ggf. die Pflicht haben, den EuGH um Vorabentscheidung zu ersuchen, wenn die nationalen Gerichte Bestimmungen der GRC auszulegen haben.[379] Eine solche unionsrechtliche Möglichkeit bzw. Pflicht besteht aber lediglich dann, wenn die Auslegung der Bestimmungen der GRC unter Art. 267 Abs. 1 lit. a) AEUV, also unter „die Auslegung der Verträge“, zu subsumieren ist. Ohne dies explizit aus- bzw. anzusprechen scheint also der EuGH mit Blick auf Art. 267 AEUV dem Begriff der Verträge eine Lesart zugrunde zu legen, die die Bestimmungen der GRC einbezieht.[380]

cc. Kein funktionales Verständnis

Gegen die Rückschlüsse aus dem Verständnis des Begriffes „die Verträge“ im Kontext anderer Vorschriften ließe sich einwenden, dass der Begriff funktional je nach Kontext und abhängig vom Regelungsgehalt der jeweiligen Vorschrift auszulegen sei. Ein solcher Einwand würde aber nicht überzeugen.

Der Begriff „die Verträge“ ist – wie bereits dargestellt – sowohl im EUV als auch im AEUV legaldefiniert. Mit einer Legaldefinition geben die Vertragsparteien zu erkennen, dass sie für den jeweiligen Vertrag eigenständig, eindeutig und abschließend klären möchte, wie ein bestimmter in dem Vertrag verwandter Begriff zu verstehen ist. Der Natur eines funktionalen Verständnisses ist es hingegen inhärent, dass ein Begriff nicht eindeutig und abschließend zu verstehen ist. Ein funktionales Verständnis würde vielmehr zu einem unterschiedlichen Begriffsverständnis führen, das von der jeweils zu erfüllenden Funktion abhängt. Legaldefinition und funktionales Begriffsverständnis schließen sich somit aus.

dd. Begriffserweiterung trotz Legaldefinition

Darüber hinaus ließe sich argumentieren, dass eine Legaldefinition keiner über den eindeutigen Wortlaut hinausgehenden inhaltlichen Erweiterung zugänglich

---

379 EuGH, Rs. C-617/10, *Fransson*, ECLI:EU:C:2013:105, Rz. 30.

380 *Wegener* spricht sogar von einer hervorgehobenen Stellung der Chartagrundrechte bei dem Vorabentscheidungsverfahren nach § 267 Abs. 1 AEUV (*Wegener*, in: Callies/Ruffert, EUV/AEUV 2016, Art. 267 AEUV, Rz. 9).

ist, da anderenfalls keine abschließende Klärung durch die Vertragsparteien erfolgt wäre. Dem ist auch grundsätzlich zuzustimmen. Allerdings kann eine Legaldefinition naturgemäß nur das Begriffsverständnis der Vertragsparteien zum Zeitpunkt der Kodifizierung widerspiegeln. Führen Änderungen der Umstände zu einem modifizierten Verständnis des legaldefinierten Begriffes oder kommt es durch Vertragsänderungen zu dessen inhaltlicher Umgestaltung, so kann auch das tatsächliche Verständnis von dem klaren Wortlaut der Legaldefinition abweichen. Es besteht darüber hinaus auch die Möglichkeit zu einer inhaltlichen Erweiterung des Begriffes „die Verträge“ unabhängig von der Legaldefinition in Art. 1 UAbs. 3 EUV und Art. 1 Abs. 2 AEUV. Dies zeigt sich z.B. an der Regelung in Art. 51 EUV. Gemäß Art. 51 EUV sind Protokolle und Anhänge der Verträge auch Bestandteil der Verträge, ohne dass sich diese inhaltliche Erweiterung in der Legaldefinition niederschlägt. In gleicher Weise kann auch die mit dem Vertrag von Lissabon[381] aufgenommene Regelung in Art. 6 Abs. 1 UAbs. 1 EUV den legaldefinierten Begriff „die Verträge“ inhaltlich erweitern.

(1) Anerkenntnis der GRC in Art. 6 EUV

Gemäß Art. 6 Abs. 1 UAbs. 1 HS. 1 EUV erkennt die Union die in der GRC niedergelegten Rechte, Freiheiten und Grundsätze an. Darüber hinaus erklärt Art. 6 Abs. 1 UAbs. 1 HS. 2 EUV die GRC und die Verträge für rechtlich gleichrangig.[382]

(a) Dogmatische Einordnung des Anerkenntnisses

Unklar ist, wie die Anerkennung der Rechte, Freiheiten und Grundsätze der GRC durch Art. 6 Abs. 1 UAbs. 1 EUV dogmatisch einzuordnen ist und welche Rechtsfolgen sich daraus ergeben.

(aa) Inkorporation?

Kingreen spricht davon, dass Art. 6 Abs. 1 UAbs. 1 EUV die GRC in den Bestand der europäischen Verträge inkorporiert.[383] Bereits 4 Randziffern später in derselben Kommentierung konstatiert *Kingreen* aber dann, dass der Vertrag von Lissabon – im Gegensatz zum Entwurf des Verfassungsvertrages – die GRC nicht in die Verträge inkorporiert.[384]

---

381 Vertrag von Lissabon zur Änderung des Vertrags über die Europäische Union und des Vertrags zur Gründung der Europäischen Gemeinschaft vom 01.12.2009, ABl. 2007, C 306.

382 Die englischsprachige Fassung spricht von: The same legal value; im französisches heißt es: Laquelle à la même valeur juridique.

383 KINGREEN, in: Callies/Ruffert, EUV/AEUV 2016, Art. 6 EUV Rz. 8. So auch BENGT BEUTLER, in: vdGroeben/Schwarze/Hatje, EU-Recht 2015, Art. 6 EUV Rz. 8.

384 KINGREEN, in: Callies/Ruffert, EUV/AEUV 2016, Art. 6 EUV Rz. 12.

(bb) Geltungsanordnung

Laut *Terhechte* erfolgte keine unmittelbare Inkorporation der GRC in die Verträge. Allerdings stellt Art. 6 Abs. 1 EUV nach seiner Ansicht auch keine Verweisungsregelung oder Ähnliches dar.[385] Es handele sich vielmehr um eine Geltungsanordnung, die mit einer Rangzuweisung kombiniert sei.[386]

(cc) Strenge Differenzierung

Schorkopf hingegen betont, dass die Verweisung auf die Rechte, Freiheiten und Grundsätze verdeutliche, dass zwischen der GRC und den Verträgen rechtskonstruktiv streng zu unterscheiden sei.[387] Als Begründung gibt er an, dass die Anerkennung eines Zustandes die Differenz zwischen dem anerkennenden Subjekt und dem anerkannten Gegenstand voraussetze. Art. 6 Abs. 1 EUV sei die Rechtsfolge der Anerkennung nicht zu entnehmen. Jedenfalls an der Rechtsverbindlichkeit der GRC bestehe aber laut *Schorkopf* kein Zweifel.[388]

(dd) Stellungnahme

Die Formulierung von Art. 6 Abs. 1 EUV wirft auf den ersten Blick mehr Fragen auf, als sie beantwortet.[389] Tatsächlich hat der Vertrag von Lissabon die GRC nicht „physisch" in das primärrechtliche Vertragswerk der Union aufgenommen.[390] In dem Entwurf zum Verfassungsvertrag war eine solche Aufnahme unter dem Titel II indes vorgesehen. Darüber hinaus geht die Formulierung in Art. 6 Abs. 1 UAbs. 1 EUV von einer Unterscheidung zwischen GRC und Verträgen aus. Dort heißt es, dass die Verträge und die GRC rechtlich gleichrangig sind. Ungeachtet dessen erkennt der EUV die Rechte, Freiheiten und Grundsätze der GRC an und bezieht die GRC somit in das Primärrecht ein.[391]

---

385 *Terhechte*, in: vdGroeben/Schwarze/Hatje, EU-Recht 2015, Vorbemerk. GRC Rz. 11. Im direkten Widerspruch hierzu hatte *Terhechte* die Regelung in Art. 6 Abs. 1 EUV im Jahr 2008 noch als „schlichten Verweis" bezeichnet (*Terhechte*, EuR 2008, 143 (170)).

386 *Terhechte*, in: vdGroeben/Schwarze/Hatje, EU-Recht 2015, Vorbemerk. GRC Rz. 11.

387 *Schorkopf*, in: Grabitz/Hilf/Nettesheim, Das Recht der EU 2019, Art. 6 EUV, Rz. 20.

388 *Schorkopf*, in: Grabitz/Hilf/Nettesheim, Das Recht der EU 2019, Art. 6 EUV, Rz. 20.

389 *Terhechte* kritisiert zu Recht, dass Art. 6 Abs. 1 EUV ambivalenter nicht sein könne (*Terhechte*, Konstitutionalisierung und Normativität 2011, S. 64).

390 *Terhechte*, in: vdGroeben/Schwarze/Hatje, EU-Recht 2015, Vorbem. zur GRC Rz. 11; *Müller-Graf*, Integration 2008, S. 123 (130); *Pache*, in: Frankfurter Kommentar EUV/GRC/AEUV 2017, Art. 6 EUV, Rz. 30.

391 *Bengt Beutler*, in: vdGroeben/Schwarze/Hatje, EU-Recht 2015, Art. 6 EUV, Rz. 13; *Streinz*, in: Streinz, EUV/AEUV 2012, Art. 6 EUV, Rz. 2; *Kingreen*, in: Callies/Ruffert, EUV/AEUV 2016, Art. 6 EUV, Rz. 12.

(b) Rechtsfolgen des Anerkenntnisses

Über die Anwendbarkeit von Art. 48 EUV hinaus, findet sich in der Literatur mit Ausnahme von *Schneider*[392] keine weitergehende Auseinandersetzung mit den sich aus dem Anerkenntnis ergebenden Rechtsfolgen. Bei konsequenter Weiterentwicklung der Ansichten zur Anwendbarkeit von Art. 48 GRC auf die GRC ist aber von einer vollumfänglichen Gleichsetzung zwischen AEUV, EUV und GRC auszugehen. Denn Art. 6 Abs. 1 UAbs. 1 EUV verleiht den Rechten, Freiheiten und Grundsätzen der GRC eine in Bezug auf die Verträge gleichrangige Geltung und Rechtsverbindlichkeit. Sie werden damit über diese anerkennende Vorschrift des EUV mit den Verträgen gleichgesetzt.[393] Folglich ist die GRC auch Rechtmäßigkeitsmaßstab für mitgliedstaatliche Rechtsakte, die mit den Verträgen vereinbar sein müssen.[394]

Dieser Gedanke kann auch anhand eines weniger komplexen Beispiels verdeutlicht werden:

Ein Arbeitsvertrag erkennt durch entsprechende schuldrechtliche Vereinbarung der Vertragsparteien die Regelungen (Rechte und Pflichten) eines Tarifvertrages an. In diesem Fall müssen sich die Handlungen sowohl des Arbeitnehmers als auch die des Arbeitgebers nicht nur an den unmittelbaren Regelungen des Arbeitsvertrages, sondern auch an denen des Tarifvertrages messen lassen. Würde der Arbeitgeber z.B. Arbeit in zeitlichem Umfang über das vom Tarifvertrag vorgegebene maximal zulässige Ausmaß anordnen, wäre dies ein Verstoß gegen den Arbeitsvertrag. Denn das vom Tarifvertrag vorgegebene maximal zulässige Ausmaß an Arbeitsdauer würde über das schuldrechtliche Anerkenntnis des

392 Da sich *Schneider* auf eine Inzidentprüfung beschränken, sind auch die inhaltlichen Ausführungen entsprechend begrenzt und gehen nicht über eine Bezugnahme auf Art. 6 Abs. 1 EUV hinaus (SCHNEIDER, Die Wirkung arbeitsvertraglicher Bezugnahmeklauseln 2017, S. 147 ff.).

393 *HATJE*, in: Becker/Hatje/Schoo/Schwarze, EU-Kommentar 2019, Art. 6, Rz. 6; *MÜLLER-GRAF*, Integration 2008, S. 123 (140), „vertragsgleicher Text"; so auch SCHULTE-HERBRÜGGEN, ZEuS 2015, S. 343 (349). Nach dem Verständnis von *Terhechte* führt das Anerkenntnis in Art. 6 Abs. 1 UAbs. 1EUV dazu, dass der GRC ein mit EUV und AEUV identischer normativer Status zukommt (*TERHECHTE*, Konstitutionalisierung und Normativität 2011, S. 67). *Terhechte* sieht die GRC also nicht als Bestandteil der Verträge, sondern ist der Ansicht, dass die GRC stets wie ein Bestand der Verträge zu behandeln ist, was im Ergebnis aber keinen Unterschied macht. Laut *Pache* kommt der GRC ein „rechtlich gleichrangiger Vertragsstatus" zu *PACHE*, in: Frankfurter Kommentar EUV/GRC/AEUV 2017, Art. 6 EUV, Rz. 30).

394 So im Ergebnis auch SCHNEIDER, Die Wirkung arbeitsvertraglicher Bezugnahmeklauseln 2017, S. 150.

Tarifvertrages im Arbeitsvertrag zum Rechtmäßigkeitsmaßstab der Handlungen innerhalb des Arbeitsverhältnisses werden. Noch deutlicher würde sich dieses Ergebnis ergeben, wenn die Arbeitsvertragsparteien vereinbaren würden, dass der Arbeitsvertrag und der anerkannte Tarifvertrag rechtlich gleichrangig seien.

c. *Zwischenergebnis*

Die Rechte, Freiheiten und Grundsätze der GRC sind in jeder rechtlichen Hinsicht mit den Verträgen gleichzusetzen. Maßnahmen, die nicht gegen die Verträge verstoßen dürfen, dürfen somit auch nicht gegen die Rechte, Freiheiten und Grundsätze der GRC verstoßen.

2. *Kein unbeabsichtigtes Regelungsversehen*

Zu prüfen ist nunmehr, ob es sich bei der Gleichsetzung der GRC mit dem Begriff „die Verträge“ um ein unbeabsichtigtes Regelungsversehen handelt. Würde dieses Ergebnis von dem erkennbaren Willen der Mitgliedstaaten abweichen, wäre dies ggf. bei der Auslegung von Art. 6 Abs. 1 EUV zu berücksichtigen.

a. *Inhalt des Verfassungsvertrages*

Der Vertragstext des Verfassungsvertrages sah als eigene Bezeichnung gemäß Art. I-1 Abs. 1 Satz 1 VV den Begriff „Verfassung“ vor.[395]. Der Hauptteil der Verfassung gliederte sich in vier Teile. Der erste Teil enthielt die Grundlagen, Institutionen und Zuständigkeiten der Union, der zweite Teil die Charta der Grundrechte der EU. Der dritte Teil regelte die „Politikbereiche und die Arbeitsweise der Union“ und der vierte Teil enthielt „Allgemeine und Schlussbestimmungen“.

Die Regelung des Art. 153 AEUV fand zuvor Ausdruck in Art. III-213 VV. Gemäß Art. III-213 Abs. 5 lit. b) VV stand es den Mitgliedstaaten zu, strengere Schutzmaßnahmen beizubehalten oder zu erlassen, die mit „der Verfassung“ vereinbar sind. Da die GRC in dem zweiten Teil „physisch“ in die Verfassung inkorporiert war, ergab sich bereits aus dem Wortlaut, dass als Prüfungsmaßstab für die Rechtmäßigkeit der strengeren Schutzmaßnahmen auch die GRC vorgesehen war. Die Gleichsetzung von GRC und Verträgen entspricht also dem

---

395 Dort heißt es wörtlich: „Geleitet von dem Willen der Bürgerinnen und Bürger und der Staaten Europas, ihre Zukunft gemeinsam zu gestalten, begründet diese Verfassung die Europäische Union, der die Mitgliedstaaten Zuständigkeiten zur Verwirklichung ihrer gemeinsamen Ziele übertragen“.

von den Mitgliedstaaten bereits im Verfassungsvertrag ausdrücklich erklärten Willen.

b. Keine inhaltliche Abkehr

Es ließe sich nunmehr argumentieren, dass mit der Änderung der Struktur der Verträge und der Änderung der Vertragstexte auch eine inhaltliche Änderung in Bezug auf die Regelung in Art. 153 Abs. 4 Spiegelstr. 2 AEUV im Vergleich zu Art. III-213 Abs. 5 lit. b) VV beabsichtigt war. Diese Ansicht überzeugt aber nicht. Zum einen diente die Umstrukturierung durch den Vertrag von Lissabon hauptsächlich der Entschärfung der Verfassungsrhetorik aus dem Verfassungsvertrag.[396] Zum anderen hätten die Mitgliedstaaten auch einfach die Rechtsverbindlichkeit der GRC im Rang des Primärrechtes regeln können. Stattdessen haben die Mitgliedstaaten aber im EUV ein ausdrückliches Anerkenntnis der Rechte, Freiheiten und Grundsätze der GRC und eine Gleichrangigkeit zu den Verträgen aufgenommen. Von einer inhaltlichen Abkehr bei der Regelung in Art. 153 Abs. 4 Spiegelstr. 2 AEUV ist daher nicht auszugehen.

c. Zwischenergebnis

Die Gleichsetzung von GRC und Verträgen entspricht auch dem Willen der Mitgliedstaaten. Es wird somit Art. 6 Abs. 1 EUV keine Lesart unterstellt, die von deren Regelungsintention abweicht.

3. Kein Verstoß gegen Art. 51 Abs. 2 GRC und Art. 6 Abs. 1 UAbs. 2 EUV

Die dargelegte Ansicht führt auch nicht zu einem Verstoß gegen das Prinzip der begrenzten Einzelermächtigung und dem sich daraus ableitenden Verbot der unzulässigen Erweiterung der Zuständigkeiten und Aufgaben durch die Charta gemäß Art. 51 Abs. 2 GRC und Art. 6 Abs. 1 UAbs. 2 EUV. Die Überprüfung von nationalen Rechtsakten gemäß Art. 153 Abs. 4 Spiegelstr. 2 AEUV anhand unionsrechtlicher Vorgaben und der damit verbundenen Zuständigkeit des EuGH ergibt sich nicht aus der GRC. Dies haben die Mitgliedstaaten als Verfasser der Verträge vielmehr durch die Kodifizierung der unionsrechtlichen Schranke selbstständig und eigenmächtig beschlossen und geregelt. Durch die Aufnahme der Rechte, Freiheiten und Grundsätze der GRC als Bestandteil der Verträge hat

396 *Terhechte*, EuZW 2007, 521. Auch *Kingreen* vertritt die Ansicht, dass mit dem Vertrag von Lissabon keine „rechtliche Schwächung gegenüber dem Entwurf des Verfassungsvertrages" für die GRC verbunden sei (*Kingreen*, in: Callies/Ruffert, EUV/AEUV 2016, Art. 6 EUV, Rz. 12).

sich lediglich der Prüfungsmaßstab für die unionsrechtliche Schranke erweitert. Aber auch diese Erweiterung des Prüfungsmaßstabes stellt keinen Verstoß gegen Art. 51 Abs. 2 GRC und Art. 6 Abs. 1 UAbs. 2 EUV dar. Denn die Mitgliedstaaten haben die Erweiterung durch den Vertrag von Lissabon ebenfalls selbstständig beschlossen und geregelt.

IV. Rechtsfolgen

Abschließend ist zu klären, welche Rechtsfolgen sich aus der Anwendbarkeit der GRC auf nationale übererfüllende Umsetzungsakte im Bereich des Arbeitsrechtes ergeben.

1. Unmittelbare Überprüfung am Maßstab der GRC

Zu klären ist zunächst, ob sich aus der Gleichsetzung der GRC mit den Verträgen unmittelbar eine Überprüfung der strengeren Schutzmaßnahmen der Mitgliedstaaten nach Art. 153 Abs. 4 Spiegelstr. 2 AEUV anhand der Rechte und Freiheiten der GRC ergibt.

a. Kein Anerkenntnis der gesamten GRC

Die Anwendbarkeit der GRC für die Mitgliedstaaten setzt gemäß Art. 51 Abs. 1 Satz 1 GRC die unmittelbare Durchführung von Unionsrecht voraus. Art. 51 GRC steht allerdings im siebten Titel der GRC und stellt weder ein Recht noch eine Freiheit und auch keinen Grundsatz im Sinne von Art. 6 Abs. 1 UAbs. 1 EUV dar. Bereits hieraus könnte sich eine unmittelbare Anwendbarkeit der GRC aus Art. 153 Abs. 4 Spiegelstr. 2 AEUV ergeben.

b. Auslegung der Rechte, Freiheiten und Grundsätze der GRC

Allerdings werden die in der GRC niedergelegten Rechte, Freiheiten und Grundsätze nach Art. 6 Abs. 1 UAbs. 3 EUV gemäß den allgemeinen Bestimmungen des siebten Titels der GRC, der ihre Auslegung und Anwendung regelt, und unter gebührender Berücksichtigung der Ausführungen zur GRC, in denen die Quellen dieser Bestimmungen angegeben sind, ausgelegt. Auch wenn Art. 51 Abs. 1 Satz 1 GRC die Anwendbarkeit der GRC regelt und dadurch für eine Auslegung der Rechte, Freiheiten und Grundsätze keine Relevanz haben kann, ist Art. 6 Abs. 1 UAbs. 3 EUV nach dessen Sinn und Zweck so zu verstehen, dass damit auch die formellen Regelungsgehalte des siebten Titels – also auch von Art. 51 GRC – in Bezug genommen werden.[397]

c. Verhältnis zwischen Art. 153 Abs. 4 Spiegelstr. 2 AEUV und Art. 51 GRC

Bei streng dogmatischer Vorgehensweise müsste aufgrund der Berücksichtigung von Art. 51 Abs. 1 GRC auch eine grundrechtliche Überprüfung nationaler übererfüllender Umsetzungsakte voraussetzen, dass überhaupt der Anwendungsbereich der GRC eröffnet ist. Dazu müsste gemäß Art. 51 Abs. 1 Satz 1 GRC Unionsrecht durch die Mitgliedstaaten durchgeführt werden. Im Ergebnis würde sich also kein Unterschied zu der „normalen" Rechtslage ergeben.

Zu beachten ist aber, dass es sich bei Art. 153 Abs. 4 Spiegelstr. 2 AEUV um eine Regelung handelt, die zu einer Abweichung zwischen Regelungs- und eine Prüfungskompetenz führt. Diese Regelung sieht nämlich vor, dass trotz originärer Zuständigkeit der Mitgliedstaaten eine Überprüfung anhand von Unionsrecht vorzunehmen ist. Der Ausnahmecharakter von Art. 153 Abs. 4 UAbs. 2 AEUV besteht also gerade darin, dass der EuGH außerhalb der Regelungskompetenzen der Union über eine Prüfungskompetenz mit einem unionsrechtlichen Maßstab verfügt. Art. 51 Abs. 1 GRC hingegen soll gewährleisten, dass die zwischen der Union und den Mitgliedstaaten bestehende Zuständigkeitsverteilung beachtet wird und die GRC nicht in den Bereichen Anwendung findet, in denen die Union nicht zuständig ist.[398] Es soll also ein Gleichlauf zwischen Regelungs- und Prüfungskompetenz hergestellt werden. Art. 51 Abs. 1 GRC steht somit dem Regelungsgehalt von Art. 153 Abs. 4 Spiegelstr. 2 AEUV entgegen und würde dessen Ausnahmecharakter vollständig aufheben. Aus diesem Grund ist die unionsrechtliche Schranke in Art. 153 Abs. 4 Spiegelstr. 2 AEUV dahingehend auszulegen, dass eine Vereinbarkeit mit den Verträgen und folglich mit den Rechten und Freiheiten der GRC unabhängig von den Tatbestandsvoraussetzungen des Art. 51 Abs. 1 Satz 1 GRC gegeben sein muss. Anderenfalls würde die Prüfungskompetenz des EuGH entweder mangels Durchführung von Unionsrecht leerlaufen oder bei Durchführung von Unionsrecht bereits aufgrund der Regelung in Art. 51 Abs. 1 Satz 1 GRC vorliegen. In beiden Fällen würde aber der Sinn und Zweck von Art. 153 Abs. 4 UAbs. 2 AEUV – die Kodifizierung einer Prüfungskompetenz trotz Fehlens einer Regelungskompetenz – verfehlt werden.

---

397 Im Ergebnis unstreitig vgl. *Schorkopf*, in: Grabitz/Hilf/Nettesheim, Das Recht der EU 2019, Art. 6 EUV, Rz. 32; *Streinz*, in: Streinz, EUV/AEUV 2012, Art. 6 EUV; Rz. 6.

398 EuGH, Rs. C-206/13, *Siragusa*, ECLI:EU:C:2014:126, Rz. 20; EuGH, Rs. C-256/11, *Dereci*, ECLI:EU:C:2011:734, Rz. 71.

2. *Grundrechtsberechtigung*

Grundsätzlich können sich auch öffentlich-rechtliche juristische Personen auf den Schutz durch die Rechte und Freiheiten der GRC berufen, sofern die Voraussetzungen des persönlichen und sachlichen Schutzbereiches, also insbesondere die Voraussetzungen des Unternehmensbegriffes, erfüllt sind. Maßgebliches Argument für diese Ansicht ist das Fehlen einer Konfusionssituation, da die an der GRC zu messenden Rechtsakte von der Union stammen bzw. aufgrund ihrer Regelungskompetenz erlassen werden.[399] Dieses Argument überzeugt aber dann nicht mehr, wenn eine Bindung der Mitgliedstaaten an die GRC in einem Bereich besteht, in dem die Mitgliedstaaten eine originäre Zuständigkeit ausüben, wie es bei Art. 153 Abs. 4 Spiegelstr. 2 AEUV der Fall ist. In dieser Situation bestünde das Problem, dass sich ein Grundrechtsverpflichteter bei ausschließlich ihm zurechenbarer nationaler Rechtssetzung auf ihn schützende Grundrechte der GRC berufen könnte. Juristischen Personen des öffentlichen Rechtes ist also eine Grundrechtsberechtigung, wie grundsätzlich auch im deutschen Verfassungsrecht,[400] abzusprechen. Öffentliche Unternehmen, also juristische Personen des Privatrechtes mit staatlicher Beteiligung,[401] ist eine Grundrechtsberechtigung hingegen nicht abzusprechen, da auch diese Unternehmen dem Wettbewerb in gleicher Hinsicht ausgesetzt sind, wie Unternehmen ohne staatliche Beteiligung.[402]

3. *Erforderlichkeit des übererfüllenden Umsetzungsaktes*

Gegen die Anwendbarkeit der GRC auf übererfüllende Umsetzungsakte im Bereich des Arbeitsrechtes ließe sich argumentieren, dass es mit Blick auf die Rechtfertigung eines Eingriffes in Art. 16 GRC stets an der Erforderlichkeit mangeln würde, da die jeweils bestehende unionsrechtliche Mindestvorschrift ein milderes Mittel im Vergleich zu der übererfüllenden Umsetzung darstellt.[403] Dem ist jedoch entgegenzuhalten, dass die Erforderlichkeit nicht lediglich

399 Siehe hierzu oben unter Ziffer B. II. 2. c. im dritten Teil der Arbeit ab S. 61.

400 BVerfG, Beschluss vom 31.10.1984 – 1 BvR 35/82, Rz. 49 ff., NJW 1985, S. 1385; GRABENWARTER, in: Maunz/Dürig, GG 2018, Art. 5 Abs. 1; Rz. 234.

401 *LUDWIGS/FRIEDMANN*, NVwZ 2018, S. 22; *KORTE*, Grundrechtsfähigkeit gemischtwirtschaftlicher Unternehmen, S. 129 (FS Stober).

402 Siehe hierzu oben unter Ziffer B. II. 2. c. bb. im dritten Teil der Arbeit ab S. 62.

403 Es liegt in der Natur einer übererfüllenden Umsetzung, dass diese über die Mindestvorgaben hinausgeht. Anderenfalls wäre es eine schlichte Umsetzung der Vorgaben (siehe hierzu oben unter Ziffer A. IV. 2. b. aa. in diesem Teil der Arbeit ab S. 114).

voraussetzt, dass es kein milderes Mittel zur angestrebten Zielerreichung gibt. Darüber hinaus ist jedenfalls nach deutscher Grundrechtsdogmatik ein Eingriff dann erforderlich, wenn ein etwaig bestehendes milderes Mittel nicht gleichermaßen effektiv zur Erreichung des angestrebten Zieles ist.[404] Der EuGH benennt zwar das Erfordernis der gleichen Wirksamkeit der sich gegenüberstehenden Maßnahmen im Rahmen der Erforderlichkeit nicht ausdrücklich.[405] Allerdings bedeutet dies nicht, dass sich hieran nicht auch im Rahmen einer Verhältnismäßigkeitsprüfung am Maßstab der GRC anknüpfen ließe. Vielmehr bietet das Erfordernis der gleichen Wirksamkeit auch auf unionsrechtlicher Ebene eine gebotene Ergänzung der Erforderlichkeitsvoraussetzungen. Auf diese Weise lässt sich gleichermaßen vermeiden, dass eine nationale Übererfüllung stets einen unverhältnismäßigen, weil nicht erforderlichen Eingriff in Art. 16 GRC darstellt.

V. Zusammenfassung

Der Erlass oder die Beibehaltung von nationalen (übererfüllenden) Schutzmaßnahmen im Sinne des Art. 153 Abs. 4 Spiegelstr. 2 AEUV stellen aufgrund der unionsrechtlichen Schranke die Durchführung von Unionsrecht im Sinne von Art. 51 Abs. 1 Satz 1 GRC dar. Darüber hinaus sind die Rechte, Freiheiten und Grundsätze der GRC in jeder rechtlichen Hinsicht mit den Verträgen (EUV und AEUV) gleichzusetzen. Die GRC bildet somit auch den Prüfungsmaßstab für die Rechtmäßigkeit von strengeren nationalen Schutzmaßnahmen im Sinne des Art. 153 Abs. 4 Spiegelstr. 2 AEUV. Aufgrund des Ausnahmecharakters dieser Vorschrift ist Art. 51 Abs. 1 Satz 1 GRC nicht anwendbar. Darüber hinaus können sich staatliche Stellen und juristische Personen des öffentlichen Rechtes wegen Konfusion nicht auf Art. 16 GRC berufen. Das gilt nicht für juristische Personen des Privatrechtes, auch wenn der Staat an ihnen beteiligt ist. Schließlich ist zu beachten, dass bei der Verhältnismäßigkeitsprüfung im Rahmen der Erforderlichkeit auf die gleiche Wirksamkeit der sich etwaig gegenüberstehenden Maßnahmen zu achten ist.

C. Ergebnis zum vierten Teil

Die Ansicht des BVerfG ist als zu restriktiv und zu intransparent abzulehnen. Auch die vom EuGH vertretenen Ansichten können nicht für alle Fallgruppen,

---

404 Grzeszick, in: Maunz/Dürig, GG, Art. 20, Rz. 114.

405 Siehe hierzu oben unter Ziffer D. II. 3. im dritten Teil der Arbeit ab S. 81.

jedenfalls hinsichtlich der vorgebrachten Argumente, übernommen werden. Die Anwendbarkeit der GRC ist dennoch für sämtliche der darstellten Fallgruppen anzunehmen. Für den Bereich der übererfüllenden Umsetzung im Bereich des Arbeitsrechtes ergibt sich dies über die im Rahmen von Art. 51 Abs. 1 Satz 1 GRC entwickelten Kriterien hinaus aus der in Art. 153 Abs. 4 Spiegelstr. 2 AEUV geregelten unionsrechtlichen Schranke.

Fünfter Teil: Auswirkungen auf das deutsche Arbeitsrecht

Die vorangegangenen Darstellungen haben gezeigt, dass sich unternehmerisch tätige Arbeitgeber[406] im Rahmen ihrer unternehmerischen Tätigkeit auf Art. 16 GRC und insbesondere auf die damit geschützte Vertragsfreiheit berufen können. Die Vertragsfreiheit stellt somit eine auch vom nationalen Gesetzgeber zu beachtende Schranke des Arbeitnehmerschutzes dar, wenn unionsrechtliche Vorgaben umgesetzt werden. Das gilt insbesondere auch für eine über die Vorgaben hinausgehende übererfüllende Umsetzung durch die Mitgliedstaaten. Da sich das unionsrechtliche und das mitgliedstaatliche Recht zunehmend zu einer „inhaltlichen Einheit im Sinne eines Mehrebenensystems“[407] entwickeln, wächst dadurch auch der unionsrechtliche Einfluss im Bereich des Arbeitsrechtes. Im Folgenden werden daher die Auswirkungen der im vierten Teil dieser Arbeit entwickelten Anwendbarkeit von der durch Art. 16 GRC geschützten Vertragsfreiheit auf ausgewählte Bereiche des deutschen Arbeitsrechtes untersucht. Die ausgewählten Bereiche spiegeln aufgrund ihrer inhaltlichen und formellen Unterschiede eine repräsentative Bandbreite wider, so dass sich die sich daraus abzuleitenden Erkenntnisse auf weite Teile des unionsrechtlich beeinflussten nationalen Arbeitsrechtes übertragen lassen.

A. Schutz vor der Vorbereitung einer Kündigung nach dem Mutterschutzgesetz

In § 17 Abs. 1 Satz 1 MuSchG ist geregelt, dass eine Kündigung gegenüber einer Schwangeren[408] unzulässig ist, wenn dem Arbeitgeber zum Zeitpunkt der

---

406 Aus Darstellungsgründen werden die von Art. 16 GRC geschützten unternehmerisch tätigen Arbeitgeber im Folgenden als „Arbeitgeber“ bezeichnet.

407 *Oetker*, in: Kiel/Lunk/Oetker, Münchener Handbuch zum Arbeitsrecht 2018, § 12, Rz. 1.

408 Der Sonderkündigungsschutz nach dem Mutterschutzgesetz bezieht sich gemäß § 17 Abs. 1 Satz 1 MuSchG auf Schwangere und gilt darüber hinaus bis zum Ablauf von vier Monaten nach einer Fehlgeburt nach der zwölften Schwangerschaftswoche und bis zum Ende der Schutzfrist nach der Entbindung, mindestens jedoch bis zum Ablauf von vier Monaten nach der Entbindung. Zum Zwecke einer übersichtlichen Darstellung wird im Folgenden bei der Formulierung die den gesamten Schutzzeitraum lediglich auf einen Sonderkündigungsschutz für Schwangere bzw. während der Schwangerschaft abgestellt.

Kündigung die Schwangerschaft bekannt ist oder wenn sie ihm innerhalb von zwei Wochen nach Zugang der Kündigung mitgeteilt wird. Gemäß Satz 2 kann die Frist unter bestimmten Voraussetzungen folgenlos überschritten werden. Der Gesetzgeber hat § 17 Abs. 1 MuSchG mit Wirkung zum 01.01.2018 um einen neuen Satz 3 dahingehend erweitert, dass die Sätze 1 und 2 von § 17 Abs. 1 MuSchG entsprechend für Vorbereitungsmaßnahmen des Arbeitgebers gelten, die er im Hinblick auf die Kündigung der Frau trifft.

I. Regelungsgehalt von § 17 Abs. 1 Satz 3 MuSchG

Es ist unklar, welchen konkreten Regelungsgehalt § 17 Abs. 1 Satz 3 MuSchG aufweist.[409] Eine Klärung könnte sich im Wege der Auslegung unter Berücksichtigung des Wortlautes, der Gesetzesbegründung und der unionsrechtlichen Grundsätze und Vorgaben ergeben. Fraglich ist dabei insbesondere, ob die GRC bei der Auslegung relevant ist und welche konkreten Rechtsfolgen sich aus einer etwaigen Relevanz ergeben.

1. Wortlaut

Die Unklarheiten bei der Auslegung von § 17 Abs. 1 Satz 3 MuSchG beruhen maßgeblich auf dem Wortlaut der Vorschrift. § 17 Abs. 1 Satz 3 MuSchG legt seinen Anwendungsbereich nicht fest. Es ist also nicht unmittelbar ersichtlich, welche Vorbereitungsmaßnahmen von der Vorschrift erfasst sind. Das Mutterschutzgesetz enthält auch keine Definition des Begriffes „Vorbereitungsmaßnahmen". Vom Wortlaut erfasst wäre also eine Vielzahl an Maßnahmen, angefangen bei einer betriebsinternen Personalbedarfsprüfung über eine Betriebsratsanhörung wegen der Kündigung der Schwangeren bis hin zu einer Massenentlassungsanzeige, von der auch der Arbeitsplatz der Schwangeren betroffen ist. Sogar der gemäß § 17 Abs. 2 MuSchG ausdrücklich zulässige Antrag auf Erteilung einer behördlichen Zustimmung zur Kündigung aus Gründen, die nicht mit der Schwangerschaft in Zusammenhang stehen, fällt sprachlich unter den Begriff „Vorbereitungsmaßnahme". Darüber hinaus ist unklar, welche Rechtsfolge der Gesetzgeber im Falle von Vorbereitungsmaßnahmen vorgesehen hat. Laut § 17 Abs. 1 Satz 3 MuSchG gelten die Sätze 1 und 2 von § 17 Abs. 1 MuSchG entsprechend *für* Vorbereitungsmaßnahmen. Diese Formulierung legt die Unzulässigkeit der *Vorbereitungsmaßnahme* selbst nahe. Wäre die Unzulässigkeit der *Kündigung* als unmittelbare Rechtsfolge beabsichtigt gewesen, wäre hierfür die

409 Schöllmann, in: Rancke – HK MuSch/BEEG 2018, § 17, Rz. 23.

Formulierung „die Sätze 1 und 2 gelten entsprechend *bei* Vorbereitungsmaßnahmen" naheliegender und zweckmäßiger gewesen. Diese Differenzierung bei der Rechtsfolge kann von erheblicher Bedeutung sein. Eine unzulässige interne Personalbedarfsprüfung hat weder Auswirkungen auf die Wirksamkeit einer Kündigung noch auf andere unternehmerische Belange. Eine unzulässige Betriebsratsanhörung führt hingegen gemäß § 134 BGB i.V. mit § 102 Abs. 1 Satz 3 BetrVG zwingend zur Unwirksamkeit der Kündigung. Noch gravierender wäre die Unzulässigkeit einer Massenentlassungsanzeige, da in einem solchen Fall nicht nur die Kündigung der Schwangeren, sondern sämtliche von der Massenentlassungsanzeige erfassten Kündigungen gemäß § 134 BGB i.V. mit § 17 KSchG nichtig wären.[410]

2. *Gesetzesbegründung*

So wie das Mutterschutzgesetz, enthält auch dessen Gesetzesbegründung keine Definition des Begriffes „Vorbereitungsmaßnahme". Laut Gesetzesbegründung erfordern unionsrechtliche Vorgaben Anpassungen u.a. im Kündigungsschutz.[411]. Die Aufnahme von Satz 3 diene der Klarstellung im Sinne der Rechtsprechung des EuGH in der Rechtssache *Paquay* aus dem Jahr 2007.[412] Durch die Regelung in § 17 Abs. 1 Satz 3 MuSchG werde deutlich gemacht, dass eine Kündigung auch nach einer Schwangerschaft unwirksam ist, wenn der Arbeitgeber die Vorbereitung während der Schwangerschaft getroffen hat.[413]

3. *Unionsrechtliche Grundsätze und Vorgaben*

Da sich die Gesetzesbegründung ausdrücklich auf die Umsetzung unionsrechtlicher Vorgaben bezieht, wird sich zunächst mit dem zugrunde liegenden Unionsrecht auseinandergesetzt. Das Verbot, eine Schwangere[414] zu kündigen, beruht dabei auf zwei unionsrechtlichen Grundsätzen und Vorgaben.

---

410 Vgl. BAG, Urteil vom 22.09.2016 – 2 AZR 276/16, Rz. 21, NZA 2017, S. 175.

411 BT-Drucksache 18/8963 (RegE), S. 1.

412 BT-Drucksache 18/8963 (RegE), S. 88.

413 BT-Drucksache 18/8963 (RegE), S. 88.

414 Im Folgenden steht die Bezeichnung „Schwangere" aus Gründen der Darstellung gleichsam für Wöchnerinnen und stillende Arbeitnehmerinnen, die allesamt von den betreffenden unionsrechtlichen Grundlagen und Vorgaben geschützt werden.

a. Verbot der Diskriminierung

Gemäß Art. 14 Abs. 1 c) GleichbehandlungsRL[415] darf es im öffentlichen und privaten Sektor keine unmittelbare oder mittelbare Diskriminierung wegen des Geschlechtes u.a. in Bezug auf die Entlassungsbedingungen geben. Eine Kündigung wegen einer Schwangerschaft und/oder der Geburt eines Kindes kann aber naturgemäß nur eine Frau treffen. Eine solche Kündigung ist daher unabhängig vom Zeitpunkt des Ausspruches oder der Vorbereitung stets als unmittelbare Diskriminierung wegen des Geschlechtes anzusehen und damit gemäß Art. 14 Abs. 1 c) GleichbehandlungsRL verboten.[416]

b. Gesundheitsschutz der Schwangeren

Gemäß Art. 10 Nr. 1 HS. 1 MutterschutzRL[417] treffen die Mitgliedstaaten die erforderlichen Maßnahmen, um die Kündigung von schwangeren Arbeitnehmerinnen während der Zeit vom Beginn der Schwangerschaft bis zum Ende des Mutterschaftsurlaubes zu verbieten. Von diesem Kündigungsverbot ausgenommen sind gemäß Art. 10 Abs. 1 HS. 2 MutterschutzRL die nicht mit deren Zustand in Zusammenhang stehenden Ausnahmefälle. In diesen Ausnahmefällen ist eine Kündigung nur dann wirksam, wenn die nach nationalem Recht zuständige Behörde ihre (vorherige) Zustimmung erteilt hat.

Wie bereits die offizielle Bezeichnung der MutterschutzRL[418] zeigt, beinhaltet die Richtlinie Maßnahmen zur Verbesserung der Sicherheit und des Gesundheitsschutzes. Ausweislich des 15. Erwägungsgrundes der MutterschutzRL ist das Kündigungsverbot für Schwangere aus Gründen des Gesundheitsschutzes erforderlich. Konkret soll durch das Kündigungsverbot in Art. 10 MutterschutzRL vermieden werden, dass sich die Sorge um den Bestand des Arbeitsverhältnisses wegen des körperlichen Zustandes schädlich auf die physische und psychische Verfassung von Schwangeren auswirkt. Diese Schutzintention wird auch

---

415 Richtlinie 2006/54/EG vom 05. 07.2006 zur Verwirklichung des Grundsatzes der Chancengleichheit und Gleichbehandlung von Männern und Frauen in Arbeits- und Beschäftigungsfragen, ABl. 2006, L 204, S. 23.

416 EuGH, Rs. C-179/88, *Hertz*, ECLI:EU:C:1990:384, Rz. 13; EuGH, Rs. C-394/96, *Brown*, ECLI:EU:C:1998:331, Rz. 24; EuGH, Rs. C-460/06, *Paquay*, ECLI:EU:C:2007:601, Rz. 29; EuGH, Rs. C-232/09, *Danosa*, ECLI:EU:C:2010:674, Rz. 66.

417 Richtlinie 92/85/EWG vom 19.10.1992 über die Durchführung von Maßnahmen zur Verbesserung der Sicherheit und des Gesundheitsschutzes von schwangeren Arbeitnehmerinnen, Wöchnerinnen und stillenden Arbeitnehmerinnen am Arbeitsplatz, ABl. 1992, L 348, S. 1.

418 Siehe FN 417.

durch die Rechtsprechung des EuGH bestätigt[419]. Zusätzlich sieht der EuGH den Schutzzweck von Art. 10 MutterschutzRL darin, das Risiko eines freiwilligen[420] Schwangerschaftsabbruches aufgrund einer drohenden Kündigung zu vermeiden.[421]

Art. 10 MutterschutzRL sieht zwei Schutzmechanismen für Schwangere vor. Gemäß Art. 10 Abs. 3 MutterschutzRL haben die Mitgliedstaaten Schutz vor den Folgen einer widerrechtlichen Kündigung zu gewährleisten. Dazu können z.B. die Wiedereingliederung und die Zahlung der rückständigen Vergütung zählen. Darüber hinaus haben die Mitgliedstaaten gemäß Art. 10 Nr. 1 HS. 1 MutterschutzRL die erforderlichen Maßnahmen zu treffen, um die Kündigung der Schwangeren während der Dauer der Schutzzeit zu verbieten. Dieser präventive Schutz ist für den beabsichtigten Gesundheitsschutz der Schwangeren unentbehrlich, weil nur auf diesem Weg die mit einer möglichen Kündigung einhergehende physische und psychische Belastung für die Schwangere zu vermeiden ist.[422]

c. *Rechtsprechung des EuGH*

Wie bereits dargestellt, bezieht sich die Gesetzesbegründung zu § 17 Abs. 1 Satz 3 MuSchG ausdrücklich auf die Entscheidung des EuGH in der Rechtssache *Paquay*. Darüber hinaus hat sich der EuGH auch im Jahr 2018 in der Rechtssache *Guisado* intensiv mit dem Kündigungsschutz von Schwangeren auseinandergesetzt. Beide Entscheidungen bedürfen daher einer genaueren Analyse.

---

419 EuGH, Rs. C-179/88, *Hertz*, ECLI:EU:C:1990:384, Rz. 12; EuGH, Rs. C 109/00, *Tele Danmark*, ECLI:EU:C:2001:513, Rz. 26; EuGH, Rs. C-191/03, *McKenna*, ECLI:EU:C:2005:513, Rz. 48; EuGH, Rs. C-460/06, *Paquay*, ECLI:EU:C:2007:601, Rz. 30; EuGH, Rs. C-103/16, *Guisado*, ECLI:EU:C:2018:99, Rz. 45.

420 Freiwilligkeit in diesem Sinne kann nur als nicht medizinisch indizierter Abbruch der Schwangerschaft verstanden werden. Ob ein Schwangerschaftsabbruch wegen einer drohenden Kündigung wegen des damit verbundenen Drucks als freiwillig im eigentlichen Wortsinn verstanden werden kann, erscheint äußerst fraglich.

421 EuGH, Rs. C-179/88, *Hertz*, ECLI:EU:C:1990:384, Rz. 12; EuGH, Rs. C 109/00, *Tele Danmark*, ECLI:EU:C:2001:513, Rz. 26; EuGH, Rs. C-191/03, *McKenna*, ECLI:EU:C:2005:513, Rz. 48; EuGH, Rs. C-460/06, *Paquay*, ECLI:EU:C:2007:601, Rz. 30.

422 EuGH, Rs. C-103/16, *Guisado*, ECLI:EU:C:2018:99, Rz. 64.

aa. Rechtssache C-460/06 – *Paquay*

In dem der Entscheidung zugrunde liegenden Sachverhalt wendet sich eine Arbeitnehmerin gegen eine Kündigung, die ihr mehrere Wochen nach dem Ende der Schutzzeit gemäß der MutterschutzRL zuging. Vor Ausspruch der Kündigung und noch während der Zeit des Mutterschaftsurlaubes veröffentlichte der Arbeitgeber in einer Zeitung eine Stellenanzeige, um den Arbeitsplatz der im Mutterschaftsurlaub befindlichen Arbeitnehmerin neu besetzen zu können. Zum Zeitpunkt der Stellenausschreibung wusste der Arbeitgeber von der Schwangerschaft der Arbeitnehmerin. Es war zwischen den Parteien unstreitig, dass der Arbeitgeber den Arbeitsplatz der Arbeitnehmerin dauerhaft neu besetzen wollte und dass sich der Arbeitgeber hierzu während der Schwangerschaft entschieden hatte. Als Kündigungsgrund berief sich der Arbeitgeber letztlich erfolglos darauf, dass sich die Arbeitnehmerin nicht an die erforderliche arbeitsplatzbezogene Weiterentwicklung angepasst habe. Die Vermutung einer diskriminierenden Kündigung wegen der Schwangerschaft und/oder der Geburt des Kindes konnte der diesbezüglich beweisbelastete Arbeitgeber nicht widerlegen.[423]

Das vorlegende Gericht wollte sodann von dem EuGH wissen, ob Art. 10 MutterschutzRL dahin auszulegen ist, dass er nicht nur die Mitteilung einer auf der Schwangerschaft und/oder der Geburt eines Kindes beruhenden Kündigungsentscheidung während der Schwangerschaft verbietet, sondern auch untersagt, dass vor Ablauf dieser Zeit eine solche (diskriminierende) Kündigungsentscheidung getroffen und die endgültige Ersetzung der schwangeren Arbeitnehmerin vorbereitet wird.[424] In seinen Entscheidungsgründen bejahte der EuGH die Vorlagefrage und führte aus, dass Art. 10 MutterschutzRL auch Maßnahmen zur Vorbereitung einer auf der Schwangerschaft und/oder der Geburt eines Kindes beruhenden (und somit diskriminierenden) Kündigungsentscheidung während der Schwangerschaft untersage.[425]

bb. Rechtssache C-103/16 – *Guisado*

Die Frage nach dem Regelungsgehalt von Art. 10 MutterschutzRL stellte sich dem EuGH Anfang 2018 im Rahmen einer Vorlage durch ein spanisches Gericht erneut. Die Klägerin des Ausgangsrechtsstreites wehrte sich gegen eine Kündigung, die ihr Arbeitgeber während der Schwangerschaft ausgesprochen hatte

---

423 EuGH, Rs. C-460/06, *Paquay*, ECLI:EU:C:2007:601.
424 EuGH, Rs. C-460/06, *Paquay*, ECLI:EU:C:2007:601, Rz. 26.
425 EuGH, Rs. C-460/06, *Paquay*, ECLI:EU:C:2007:601, Rz. 38.

und die im Rahmen einer Massenentlassung im Sinne des Art. 1 Abs. 1 a) MassenentlassungsRL[426] erfolgte. Gemäß Art. 1 Abs. 1 a) MassenentlassungsRL liegt eine Entlassung im Sinne einer Massenentlassung vor, wenn der Arbeitgeber die Entlassung aus einem oder mehreren Gründen vornimmt, die nicht in der Person des Arbeitnehmers liegen und zusätzliche quantitative und zeitliche Voraussetzungen erfüllt sind. Zur Klärung der Rechtmäßigkeit der streitgegenständlichen Kündigung fragte das vorlegende Gericht nach der Zulässigkeit einer nationalen Regelung, nach der die Kündigung einer Schwangeren aufgrund einer Massenentlassung im Sinne von Art. 1 Abs. 1 a) MassenentlassungsRL zulässig ist. Das vorlegende Gericht betonte, dass das Vorabentscheidungsersuchen nicht den Schutz nach der GleichbehandlungsRL, sondern den Schutz nach Art. 10 MutterschutzRL betraf.[427]

Der EuGH wies in seinen Entscheidungsgründen auf die Intention des Kündigungsverbotes von Art. 10 MutterschutzRL (Gesundheitsschutz)[428] und auf dessen Ausnahme (kein Zusammenhang zwischen Kündigung und Schwangerschaft)[429] hin. Daraus leitete der EuGH sodann die Schlussfolgerung ab, dass die Kündigungsgründe im Sinne von Art. 1 Abs. 1 a) MassenentlassungsRL unter die Ausnahme von Art. 10 Nr. 1 HS. 2 MutterschutzRL fallen.[430] Art. 10 MutterschutzRL stehe somit einer Entlassung im Sinne von Art. 1 Abs. 1 a) MassenentlassungsRL auch während der Schwangerschaft mangels Zusammenhangs zwischen Kündigung und Schwangerschaft nicht entgegen.[431]

d. Zusammenfassung

Gemäß den unionsrechtlichen Grundlagen und Vorgaben darf ein Arbeitgeber einer Frau in keinem Fall *wegen* einer Schwangerschaft kündigen (absolutes Kündigungsverbot), weil es sich dabei um eine Diskriminierung wegen des Geschlechtes handeln würde. Zur Wahrung des Gesundheitsschutzes darf eine Kündigung *während* einer Schwangerschaft hingegen nur dann erfolgen, wenn

426 Richtlinie 98/59/EG vom 20.07.1998 zur Angleichung der Rechtsvorschriften der Mitgliedstaaten über Massenentlassungen, ABl. 1998, L 225, S. 16.

427 EuGH, Rs. C-103/16, *Guisado*, ECLI:EU:C:2018:99.

428 EuGH, Rs. C-103/16, *Guisado*, ECLI:EU:C:2018:99, Rz. 46.

429 EuGH, Rs. C-103/16, *Guisado*, ECLI:EU:C:2018:99, Rz. 48.

430 EuGH, Rs. C-103/16, *Guisado*, ECLI:EU:C:2018:99, Rz. 49.

431 EuGH, Rs. C-103/16, *Guisado*, ECLI:EU:C:2018:99, Rz. 50.

die Kündigung nicht mit der Schwangerschaft in Zusammenhang steht[432] und die nach nationalem Recht zuständige Behörde ihre Zustimmung erteilt hat (präventives Kündigungsverbot mit Erlaubnisvorbehalt).

4. *Ansichten in der Literatur*

Die Ansichten in der Literatur hinsichtlich des Regelungsgehaltes von § 17 Abs. 1 Satz 3 MuSchG gehen weit auseinander. Sie unterscheiden sich sowohl in Bezug auf den Anwendungsbereich der Vorschrift als auch bei der Bestimmung der Reichweite des Begriffes „Vorbereitungsmaßnahme".

Nach einer in der Literatur teilweise vertretenen Ansicht fällt jede Maßnahme zur tatsächlichen Vorbereitung einer Kündigung während des Mutterschutzes unter die Regelung von § 17 Abs. 1 Satz 3 MuSchG und führt daher zur Unwirksamkeit einer daraufhin ausgesprochenen Kündigung. Die Vertreter dieser Ansicht beziehen sich auf die Gesetzesbegründung, der zu Folge etwa die Suche und Planung eines endgültigen Ersatzes für die betroffene Arbeitnehmerin als Vorbereitungsmaßnahme im Sinne von § 17 Abs. 1 Satz 3 MuSchG zu qualifizieren ist.[433]

Nach einer anderen in der Literatur vertretenen Ansicht fallen trotz der Ausführungen in der Gesetzesbegründung lediglich solche Vorbereitungsmaßnahmen in den Anwendungsbereich von § 17 Abs. 1 Satz 3 MuSchG, die zielgerichtet auf das Arbeitsverhältnis der betroffenen Arbeitnehmerin bezogen sind. Als Beispiele werden die Anhörung des Betriebsrates gemäß § 102 BetrVG oder der Antrag auf Zustimmung zur Kündigung einer schwerbehinderten oder einer gleichgestellten Arbeitnehmerin beim Integrationsamt gemäß 168 SGB IX genannt.[434] Daraus wird zum Teil geschlussfolgert, dass eine Kündigung unmittelbar im Anschluss an die Zeit des Mutterschutzes kaum mehr möglich sei.[435]

---

432 Anderenfalls wäre es wiederum eine Kündigung wegen der Schwangerschaft, die in den Anwendungsbereich des absoluten Kündigungsschutzes fallen würde, und bereits wegen der damit verbundenen Diskriminierung unwirksam wäre.

433 *Böhm*, in: Gallner/Mestwerdt/Nägele, Kündigungsschutzrecht 2018, § 17 MuSchG, Rz. 5; *Velikova/Briegel*, in: Däubler/Hjort/Schubert/Wolmerath, Arbeitsrecht 2017, § 17 MuSchG, Rz. 2; *Karb*, öAT 2018, S. 8 (9).

434 *Bayreuther*, NZA 2017, S. 1145 f.; *Benkert*, NJW-Spezial 2017, S. 562; *Baeck/Winzer/Abend*, NZG 2018, S. 23 (24); *Schlachter*, in: Müller-Glöge/Preis/Schmidt, Erfurter Kommentar zum ArbR 2019, § 17 MuSchG, Rz. 10; *Evermann*, NZA 2018, S. 550 (551 ff.).

435 *Bayreuther*, NZA 2017, S. 1145 f.; *Benkert*, NJW-Spezial 2017, S. 562 (562); *Baeck/Winzer/Abend*, NZG 2018, S. 23 (24).

Teilweise wird auch danach differenziert, welche Gründe für die vorzubereitende Kündigung vorliegen. So ist es nach einer weiteren (sich teilweise mit vorheriger Ansicht überschneidenden) Ansicht zulässig, eine Kündigung in der Zeit des Mutterschutzes vorzubereiten, wenn die geplante Kündigung nicht im Zusammenhang mit der Schwangerschaft der Arbeitnehmerin steht.[436] Abweichend hiervon wird auch vertreten, dass Vorbereitungsmaßnahmen für eine nicht im Zusammenhang mit der Schwangerschaft stehende Kündigung nur dann zulässig seien, wenn vorab eine behördliche Zustimmung nach § 17 Abs. 2 MuSchG für deren Durchführung vorliege.[437]

Unstreitig ist, dass unabhängig von der tatsächlichen Reichweite von § 17 Abs. 1 Satz 3 MuSchG ein Antrag auf Zustimmung zu einer Kündigung gemäß § 17 Abs. 2 MuSchG weiterhin möglich sein muss.[438] Anderenfalls würde diese Ausnahmevorschrift vollständig leerlaufen, da ein solcher Antrag jedenfalls begrifflich zweifellos als Vorbereitungsmaßnahme einzustufen ist.

Der Frage nach der Rechtsfolge hat sich – soweit ersichtlich – lediglich *Schöllmann* gewidmet. Nach seiner Ansicht führt eine gemäß § 17 Abs. 1 Satz 3 MuSchG unzulässige Vorbereitungsmaßnahme lediglich zur Unwirksamkeit der Kündigung und nicht zur Unwirksamkeit der Vorbereitungsmaßnahme selbst.[439]

II. Stellungnahme

Die Bandbreite der in der Literatur vertretenen Ansichten zeigt das große Ausmaß an Unklarheiten, das die Regelung in § 17 Abs. 1 Satz 3 MuSchG und die dazugehörige Gesetzbegründung verursacht haben. Unter Berücksichtigung der unionsrechtlichen Grundsätze, Vorgaben und Grundrechte der GRC lässt sich § 17 Abs. 1 Satz 3 MuSchG aber präzise auslegen.

---

436 *Schlachter*, in: Müller-Glöge/Preis/Schmidt, Erfurter Kommentar zum ArbR 2019, § 17 MuSchG, Rz. 10; *Evermann*, NZA 2018, S. 550 (551 ff.); *Schöllmann*, in: Rancke – HK MuSch/BEEG 2018, § 17 MuSchG, Rz. 24.

437 *Dahm*, in: Rolfs/Giesen/Kreikebohm/Udsching, BeckOK Arbeitsrecht 2018, § 17 MuSchG, Rz. 50. Im Ergebnis würde das auf eine analoge Anwendung von § 17 Abs. 2 MuSchG auf Vorbereitungsmaßnahmen hinauslaufen, da § 17 Abs. 2 MuSchG ausweislich des Wortlautes unmittelbar nur auf Kündigungen Anwendung findet.

438 *Schöllmann*, in: Rancke – HK MuSch/BEEG 2018, § 17 MuSchG, Rz. 25; *Rolfs*, in: Ascheid/Preis/Schmidt, Kündigungsrecht 2017, § 16 MuSchG, Rz. 25; *Evermann*, NZA 2018, S. 550 (556).

439 *Schöllmann*, in: Rancke – HK MuSch/BEEG 2018, § 17 MuSchG, Rz. 26.

1. Verkennung des Inhalts der Entscheidung in der Rechtssache Paquay

Ein nicht unerheblicher Teil der in der Literatur vertretenen Ansichten[440] verkennt den Umstand, dass der Arbeitgeber in der Rechtssache *Paquay* die gekündigte Arbeitnehmerin unstreitig dauerhaft ersetzen wollte und diese Entscheidung während der Schwangerschaft der Arbeitnehmerin getroffen hatte. Der Zeitpunkt der Entscheidung ließ sich unmittelbar aus dem Zeitpunkt der Vorbereitungsmaßnahme – konkret die Schaltung einer Stellenanzeige – ableiten, die der Arbeitgeber unstreitig während der Schwangerschaft aufgegeben hatte. Die nach Art. 3 Abs. 1 a) i.V. mit Art. 4 Abs. 1 BeweislastRL[441] vermutete Diskriminierung wegen des Geschlechtes aufgrund des zeitlichen Zusammenhanges zwischen Schwangerschaft und Kündigungsentscheidung konnte der beweisbelastete Arbeitgeber nicht widerlegen.[442]

Dementsprechend lautet die erste Vorlagefrage, ob Art. 10 MutterschutzRL auch untersagt, dass vor Ablauf des Mutterschutzes eine auf der Schwangerschaft und/oder Geburt eines Kindes beruhende Kündigungsentscheidung getroffen und die endgültige Ersetzung der Arbeitnehmerin vorbereitet wird.[443] Ausschließlich auf einen solchen Fall der diskriminierenden Kündigung bezog sich der EuGH bei seinen Aussagen zur Unzulässigkeit von Vorbereitungsmaßnahmen, wie etwa die Suche und Planung eines endgültigen Ersatzes für die betroffene Arbeitnehmerin.[444] Konsequent kommt der EuGH zu folgender Antwort auf die erste Vorlagefrage:

> „Nach alledem ist auf die erste Frage zu antworten, dass Art. 10 der Richtlinie 92/85/EWG dahin auszulegen ist, dass er nicht nur für die Mitteilung einer auf der Schwangerschaft und/oder Geburt eines Kindes beruhenden Kündigungsentscheidung während der in Nr. 1 dieser Vorschrift vorgesehenen Schutzzeit verbietet, sondern auch untersagt, dass vor Ablauf dieser Zeit Maßnahmen in Vorbereitung einer solchen Entscheidung getroffen werden.“[445]

---

440 *Böhm*, in: Gallner/Mestwerdt/Nägele, Kündigungsschutzrecht 2018, § 17 MuSchG, Rz. 5; wohl auch *Velikova/Briegel*, in: Däubler/Hjort/Schubert/Wolmerath, Arbeitsrecht 2017, § 17 MuSchG, Rz. 2; *Karb*, öAT 2018, S. 8 (9).

441 Richtlinie 97/80/EG vom 15.12.1997 über die Beweislast bei Diskriminierung aufgrund des Geschlechtes, ABl. 1998, L 14, S. 6.

442 EuGH, Rs. C-460/06, *Paquay*, ECLI:EU:C:2007:601, Rz. 37.

443 EuGH, Rs. C-460/06, *Paquay*, ECLI:EU:C:2007:601.

444 EuGH, Rs. C-460/06, *Paquay*, ECLI:EU:C:2007:601, Rz. 33.

445 EuGH, Rs. C-460/06, *Paquay*, ECLI:EU:C:2007:601, Rz. 38 – Hervorhebungen durch den Verfasser dieser Arbeit.

Die Entscheidung des EuGH befasst sich also ausschließlich mit der Unzulässigkeit von Kündigungen und deren Vorbereitungen, die im Zusammenhang mit dem Zustand einer schwangeren Arbeitnehmerin stehen. Eine darüber hinausgehende Bedeutung in Bezug auf die (Un)Zulässigkeit nichtdiskriminierender Kündigungen und deren Vorbereitungen lässt sich der Entscheidung nicht entnehmen.

2. *Keine neuen Vorgaben durch die Entscheidung in der Rechtssache Paquay*

Die Entscheidung in der Rechtssache *Paquay* enthält keine Vorgaben, die eine Änderung des Kündigungsschutzes für Schwangere nach bereits zuvor geltendem Recht erforderlich gemacht hätten.

a. *Verbot der diskriminierenden Maßnahmen*

Eine rechtliche Würdigung des streitgegenständlichen Sachverhaltes wäre auch ohne die Neuregelung in § 17 Abs. 1 Satz 3 MuSchG zu demselben Ergebnis wie der EuGH – Unwirksamkeit der Kündigung und Unzulässigkeit der Vorbereitungsmaßnahme – gelangt.

Gemäß § 22 AGG trägt auch in Deutschland die beklagte Partei die Beweislast dafür, dass kein Verstoß gegen die Bestimmungen zum Schutz vor Benachteiligung vorgelegen hat, wenn im Streitfall die klagende Partei Indizien beweist, die eine Benachteiligung wegen eines Diskriminierungsmerkmals vermuten lassen. Der zeitliche Zusammenhang zwischen Umständen eines Diskriminierungsmerkmals und Maßnahmen des Arbeitgebers stellt ein solches Indiz dar.[446] Im Rahmen von § 22 AGG ist ausreichend, dass die Anknüpfung der Kündigungsentscheidung an ein Diskriminierungsmerkmal in Betracht kommt.[447] Demzufolge lag durch die Kündigungsentscheidung während der Schwangerschaft in der Rechtssache *Paquay* auch nach deutschem Recht ein Indiz vor, das eine Benachteiligung wegen der Schwangerschaft und damit wegen des Geschlechtes vermuten ließ, so dass gemäß § 22 AGG eine Diskriminierung vermutet worden wäre.

Diese Vermutung hätte der Arbeitgeber auch nicht widerlegen können. Dazu hätte der Arbeitgeber das Gericht davon überzeugen müssen, dass die Benachteiligung nicht auch auf einem Diskriminierungsmerkmal beruhte. Der Arbeitgeber

---

446 BAG, Urteil vom 26.03.2015 – 2 AZR 237/14, Rz. 43, NZA 2015, S. 734.
447 BAG, Urteil vom 22. 10. 2009 – 8 AZR 642/08, Rz. 28, NZA 2010, S. 280.

muss dazu Tatsachen vortragen und beweisen, aus denen sich ergibt, dass es ausschließlich andere Gründe waren, die zu der Kündigungsentscheidung geführt haben.[448] Das wäre dem Arbeitgeber in der Rechtssache *Paquay* nicht gelungen. Dort berief sich der Arbeitgeber zwar darauf, dass die Arbeitnehmerin sich nicht an die Weiterentwicklung in den architekturbezogenen Berufen angepasst habe. Allerdings bescheinigte er ihr in einem Arbeitszeugnis nach Ausspruch der Kündigung (und vor Anhängigkeit des Rechtsstreites), stets zu seiner völligen Zufriedenheit gearbeitet zu haben.[449]

Die in der Rechtssache *Paquay* streitgegenständliche Kündigung wäre nach deutschem Recht also auch vor Einführung von § 17 Abs. 1 Satz 3 MuSchG wegen der vermuteten und nicht widerlegten Diskriminierung gemäß § 134 BGB i.V. mit § 7 Abs. 1, §§ 1, 3 AGG unwirksam gewesen.[450]

b. Rechtlicher Mehrwert der MutterschutzRL

Sowohl Art. 14 Abs. 1 c) GleichbehandlungsRL als auch Art. 10 Nr. 1 HS. 1 MutterschutzRL untersagen eine Kündigung wegen der Schwangerschaft und/ oder Geburt eines Kindes, weil es sich dabei um eine unzulässige Diskriminierung wegen des Geschlechtes handeln würde. Dieser Schutz durch die MutterschutzRL ist somit redundant, weil er bereits durch die GleichbehandlungsRL gewährt wird.[451]

Ein umfassender Diskriminierungsschutz der schwangeren Arbeitnehmerin vor einer Kündigung, die mit ihrem Zustand in Zusammenhang steht, schließt somit folgerichtig auch die Vorbereitung einer solchen diskriminierenden Kündigungsentscheidung aus.[452] Der rechtliche Mehrwert aus der MutterschutzRL in Bezug auf den Kündigungsschutz besteht folglich in dem präventiven Schutz der schwangeren Arbeitnehmerin gemäß Art. 10 Nr. 2 HS. 2, der eine behördliche Zustimmung zu der Kündigung einer Schwangeren vorschreibt. Diese Vorgabe ist aber bereits durch § 17 Abs. 2 MuSchG umgesetzt.

---

448 BAG, Urteil vom 19.05.2016 – 8 AZR 470/14, Rz. 54, NZA 2016, S. 1394.

449 EuGH, Rs. C-460/06, *Paquay*, ECLI:EU:C:2007:601.

450 So im Ergebnis auch *Schöllmann*, in: Rancke – HK MuSch/BEEG 2018, § 17 MuSchG, Rz. 24.

451 Vgl. *Brose*, in: Preis/Sagan, Europäisches ArbR 2019, S. 509, Rz. 9.179, die der GleichbehandlungsRL deshalb eine Auffangfunktion zuspricht.

452 EuGH, Rs. C-460/06, *Paquay*, ECLI:EU:C:2007:601, Rz. 33.

3. Irreführende und falsche Darstellungen in der Gesetzesbegründung

Ein falscher Eindruck vom Inhalt der Entscheidung in der Rechtssache *Paquay* wird auch durch die Darstellungen in der Gesetzesbegründung gefördert.

a. Kein Erfordernis rechtlicher Anpassungen

In der Gesetzesbegründung heißt es zunächst, dass unionsrechtliche Vorgaben Anpassungen im Kündigungsschutz erfordern würden.[453] Wie vorstehend dargestellt, ist diese Ansicht nicht zutreffend. Es gibt keine unionsrechtlichen Vorgaben, die eine Anpassung des Kündigungsschutzes erforderlich machen. Der Schutz vor einer diskriminierenden Kündigung wegen des Geschlechtes ergibt sich bereits aus § 7 Abs. 1, §§ 1, 3 AGG. Die Vorbereitung einer solchen Kündigung während des Mutterschutzes führt zu der Vermutung einer Diskriminierung. Kann diese Vermutung nicht widerlegt werden, sind sowohl die Vorbereitung als auch die Kündigung selbst unzulässig. Kann die Vermutung einer Diskriminierung aber widerlegt werden, etwa weil die betroffene Arbeitnehmerin eine beweisbare verhaltensbedingte Pflichtverletzung begangen hat, liegt keine diskriminierende Maßnahme vor. Art. 10 MutterschutzRL wäre auch nach der EuGH-Entscheidung in der Rechtssache *Paquay* nicht einschlägig.

Der durch Art. 10 MutterschutzRL zusätzlich vorgegebene präventive Schutz vor einer Kündigung während der Zeit des Mutterschutzes ergibt sich aus § 17 Abs. 1 und Abs. 2 MuSchG. Auch diesbezüglich besteht also kein weiterer Regelungsbedarf.[454]

b. Falsche wörtliche Wiedergabe des EuGH

Nicht existent ist die von der Gesetzesbegründung wörtlich wiedergegebene Textpassage, die angeblich der Entscheidung in der Rechtssache *Paquay* zu entnehmen ist. In der Gesetzesbegründung heißt es:

> „Nach der Rechtsprechung des Europäischen Gerichtshofes in (sic!) Fall „Paquay“ (EuGH-Urteil vom 11. Oktober 2007, C-460/06, EuGH, NZA 2007, 1271) liegt bereits dann ein Verstoß gegen das Kündigungsverbot des Artikels 10 der Mutterschutzrichtlinie (92/85/EWG) vor, wenn „vor Ablauf dieser Zeit Maßnahmen in Vorbereitung einer solchen Entscheidung wie etwa die Suche und Planung eines endgültigen Ersatzes für die betroffene Angestellte getroffen werden“.“[455]

---

453 BT-Drucksache 18/8963, S. 1.

454 FUHLROTT, GWR 2018, S. 97.

455 BT-Drucksache 18/8963, S. 88.

Dieser Satz findet sich in der in Bezug genommenen Entscheidung nicht. Dort heißt es stattdessen:

> „Der Schutz, der den genannten Arbeitnehmerinnen[456] durch diese Bestimmung[457] gewährt wird, schließt sowohl aus, dass eine Kündigungsentscheidung getroffen wird, als auch dass Vorbereitungen für eine Kündigung getroffen werden wie etwa die Suche und Planung eines endgültigen Ersatzes für die betroffene Angestellte auf Grund der Schwangerschaft und/oder Geburt eines Kindes."[458]

Die wörtliche Wiedergabe in der Gesetzesbegründung ist somit nicht nur falsch, sondern gibt auch nicht den entscheidenden Verweis auf den diskriminierenden Charakter wieder. Dadurch entsteht der unzutreffende Eindruck, dass aus Sicht des EuGH Vorbereitungsmaßnahmen für sämtliche Kündigungen unabhängig von einer damit verfolgten Diskriminierung unzulässig seien.

4. *Übererfüllende Umsetzung der MutterschutzRL?*

Die unionsrechtlichen Vorgaben aus Art. 10 MutterschutzRL zum Schutz von schwangeren Arbeitnehmerinnen waren somit bereits vor Inkrafttreten von § 17 Abs. 1 Satz 3 MuSchG erfüllt. Eine weitere Umsetzungsmaßnahme wäre somit nicht erforderlich gewesen. Denkbar wäre aber, dass der Gesetzgeber mit der Kodifizierung von § 17 Abs. 1 Satz 3 MuSchG die Vorgaben von Art. 10 MutterschutzRL übererfüllend umsetzen wollte. Denkbar wäre eine Erweiterung des Kündigungsschutzes dahingehend, dass die Kündigung einer Arbeitnehmerin immer dann unwirksam sein soll, wenn diese – unabhängig von den Kündigungsgründen – während des Mutterschutzes vorbereitet wurde.

a. *Gesetzesbegründung*

Wie bereits dargestellt, geht die Gesetzesbegründung (zu Unrecht) davon aus, mit § 17 Abs. 1 Satz 3 MuSchG unionsrechtliche Vorgaben umzusetzen. Diese Formulierung steht aber auch der Annahme entgegen, dass der Gesetzgeber eine übererfüllende Umsetzung beabsichtigt hat.[459] Auch der Hinweis in der Gesetzesbegründung, § 17 Abs. 1 Satz 3 MuSchG diene im Hinblick auf das

456 Gemeint sind schwangere oder stillende Arbeitnehmerinnen oder Wöchnerinnen nach Art. 2 MutterschutzRL.

457 Gemeint ist Art. 10 MutterschutzRL.

458 EuGH, Rs. C-460/06, *Paquay*, ECLI:EU:C:2007:601, Rz. 33. Hervorhebung durch den Verfasser dieser Arbeit.

459 Evermann, NZA 2018, S. 550 (556).

mutterschutzrechtliche Kündigungsverbot der Klarstellung im Sinne der Rechtsprechung des EuGH, spricht gegen eine solche Intention des Gesetzgebers.

b. Grundrechtskonforme Auslegung

Unabhängig von der Intention des Gesetzgebers könnten bei der Auslegung von § 17 Abs. 1 Satz 3 MuSchG auch etwaig einschlägige Grundrechte der GRC zu berücksichtigen sein.[460]

aa. Anwendbarkeit der GRC

Zunächst müsste die GRC auf § 17 Abs. 1 Satz 3 MuSchG anwendbar sein. Die dem Mutterschutzgesetz zugrunde liegende MutterschutzRL beruht auf Art. 118a EWG[461] – der Vorgängerregelung zu § 153 AEUV. Zum Zeitpunkt des Inkrafttretens von § 17 Abs. 1 Satz 3 MuSchG am 01.01.2018 galt bereits Art. 153 AEUV. Wegen der dort kodifizierten unionsrechtlichen Schranke mit dem Erfordernis der Vereinbarkeit von übererfüllenden nationalen Rechtsakten mit den Verträgen wäre die GRC auf § 17 Abs. 1 Satz 3 MuSchG also auch im Falle einer übererfüllenden Umsetzung anwendbar.[462]

bb. Eingriff in Art. 16 GRC

Die Beschränkung der Möglichkeit, einen Arbeitsvertrag mit seinem Arbeitnehmer kündigen zu können, beeinträchtigt die von Art. 16 GRC geschützte Möglichkeit der Vertragsbeendigung[463] und stellt somit einen Eingriff in die durch Art. 16 GRC geschützte Vertragsfreiheit des Arbeitgebers dar.[464]

cc. Rechtfertigung des Eingriffes

Den Vorgaben von Art. 52 Abs. 1 GRC folgend muss das Ergebnis einer Auslegung von § 17 Abs. 1 Satz 3 MuSchG den Wesensgehalt von Art. 16 GRC achten und darf unter Wahrung des Grundsatzes der Verhältnismäßigkeit nur solche

---

460 Zum Erfordernis der grundrechtskonformen Auslegung von nationalen Privatrecht siehe *Jarass*, ZEuP 2017, S. 310 (320); *Herresthal*, ZEuP 2014, S. 238 (270 f.).

461 Vertrag zur Gründung der Europäischen Wirtschaftsgemeinschaft vom 25.03.1957.

462 Siehe hierzu oben unter Ziffer B. im vierten Teil der Arbeit ab S. 119. Dass Art. 153 AEUV die aktuelle Rechtsgrundlage für die MutterschutzRL darstellt ist und an dessen Vorgaben zu messen ist, ist unstreitig (siehe nur *Kocher*, Europäisches Arbeitsrecht 2016, S. 57, Rz. 2; *Fuchs/Marhold*, Europäisches Arbeitsrecht 2014, S. 490; *Sagan*, in: Preis/Sagan, Europäisches ArbR 2019, S. 28, Rz. 1.59.

463 Siehe hierzu oben unter Ziffer B. II. 1. c. cc. im dritten Teil der Arbeit ab S. 56.

464 EuGH, Rs. C-201/15, *AGET Iraklis*, ECLI:EU:C:2016:972, Rz. 69.

Einschränkungen der Vertragsfreiheit des Arbeitgebers vornehmen, die erforderlich sind und den von der Union anerkannten dem Gemeinwohl dienenden Zielsetzungen oder den Erfordernissen des Schutzes der Rechte und Freiheiten anderer tatsächlich entsprechen.

(1) Achtung des Wesensgehaltes

Die Achtung des Wesensgehaltes von Art. 16 GRC setzt voraus, dass eine eingreifende Vorschrift lediglich die Modalitäten der Ausübung der unternehmerischen Freiheit betrifft und nicht die Ausübung als solche untersagt. Darüber hinaus dürfen vertragliche Gestaltungen oder die einseitige Beendigung eines Vertrages nicht kategorisch ausgeschlossen sein.[465] Selbst nach der von großen Teilen der Literatur vertretenen weiten Auslegung von § 17 Abs. 1 Satz 3 MuSchG wäre einem Arbeitgeber die Vorbereitung einer Kündigung lediglich während der Schwangerschaft einer Arbeitnehmerin untersagt. Ein solcher Zeitraum ist eng begrenzt. Die Vertragsfreiheit als solche ist somit nicht betroffen. Die Vorbereitung einer Kündigung wird auch nicht kategorisch ausgeschlossen, sondern lediglich für einen kurzen Zeitraum untersagt. Insgesamt ist daher auch im Falle einer weiten Auslegung von § 17 Abs. 1 Satz 3 MuSchG von der Achtung des Wesensgehaltes von Art. 16 GRC auszugehen.

(a) Verhältnismäßigkeit

Ein Eingriff ist nur dann verhältnismäßig, wenn die damit verbundenen Einschränkungen dem Gemeinwohl dienende Ziele verfolgen oder den Erfordernissen des Schutzes der Rechte und Freiheiten anderer tatsächlich entsprechen[466] und hierzu geeignet und erforderlich sind.[467]

(aa) Legitimes Ziel

Art. 10 MutterschutzRL dient in erster Linie dem Gesundheitsschutz von Schwangeren durch die Vermeidung von diskriminierenden Kündigungen während der Schwangerschaft.[468] Die Vorschrift schützt nach Ansicht des EuGH darüber hinaus auch vor Diskriminierung wegen des Geschlechtes.[469] Beide Ziele werden auch durch Art. 31 Abs. 1 GRC (Recht auf gesunde, sichere und würdige Arbeitsbedingungen) sowie durch das Diskriminierungsverbot in Art. 21 GRC

465 Siehe hierzu ausführlich oben unter Ziffer D. II. 2. b. im dritten Teil auf S. 62.

466 Beide Zwecksetzungen werden im Folgenden als „legitimes Ziel" bezeichnet.

467 EuGH, Rs. C-283/11, *Sky Österreich*, ECLI:EU:C:2013:28, Rz. 50. Siehe hierzu vertiefend unter Ziffer D. II. 3. im dritten Teil ab S. 81.

468 Siehe hierzu Ziffer A. I. 3. b. in diesem Teil der Arbeit auf S. 142 f.

469 Siehe hierzu unter Ziffer A. I. 3. c. aa. in diesem Teil der Arbeit auf S. 144 f.

verfolgt und geschützt. Es handelt sich somit um fundamentale Interessen, die ausdrücklich durch die GRC geschützt werden und daher ein legitimes Ziel für einen Eingriff darstellen.

(bb) Geeignetheit

Ein Verbot der Vorbereitung von sämtlichen Kündigungen während der Schwangerschaft wäre geeignet, den Gesundheitsschutz von schwangeren Arbeitnehmerinnen zu fördern. Ein solches Verbot würde betroffenen Arbeitnehmerinnen die Sicherheit geben, dass der Bestand ihres Arbeitsverhältnisses nicht durch Maßnahmen während der Schwangerschaft gefährdet werden kann. Die damit verbundene abschreckende Wirkung auf Arbeitgeber dürfte dazu führen, dass die Vorbereitung einer Kündigung während der Schwangerschaft eher unterbleibt und die schwangere Arbeitnehmerin somit keinen (zusätzlichen) psychischen Druck erleiden muss.

Gleiches gilt für den Schutz vor Diskriminierung. Ein Verbot der Vorbereitung sämtlicher Kündigungen würde stets auch diskriminierende Kündigungen erfassen und damit verhindern.

(cc) Erforderlichkeit

Die Erforderlichkeit einer Maßnahme setzt voraus, dass bei mehreren zur Auswahl stehenden Maßnahmen die am wenigsten belastende gewählt wird, die die Erreichung des verfolgten legitimen Zieles gleichermaßen wirksam sicherstellt, und die verursachten Nachteile nicht außer Verhältnis zu den angestrebten Zielen stehen.[470]

In Bezug auf den Schutz vor Diskriminierung ist festzustellen, dass dieses Ziel gleichermaßen wirksam verfolgt werden kann, indem lediglich die Vorbereitung von diskriminierenden Kündigungen verboten wird. Das Verbot der Vorbereitung sämtlicher Kündigungen während der Schwangerschaft wäre wegen dieser milderen gleich effektiven Maßnahme also nicht als erforderlich anzusehen und damit unverhältnismäßig.

Der Schutz vor Diskriminierung ist aber erst durch den EuGH in Art. 10 MutterschutzRL hineininterpretiert worden. Hauptsächlich zielt die Vorschrift auf den Gesundheitsschutz schwangerer Arbeitnehmerinnen ab. Daher stellt sich primär die Frage, ob ein Verbot der Vorbereitung sämtlicher Kündigungen das mildeste Mittel zur Erreichung des Gesundheitsschutzes darstellt. Unbestreitbar würde ein solches umfassendes Verbot während der Schwangerschaft dazu führen, dass eine schwangere Arbeitnehmerin weniger Stress in der Schwangerschaft

---

470 Siehe hierzu unter Ziffer D. II. 3. im dritten Teil der Arbeit ab S. 81.

erleidet. Selbst wenn ihr Arbeitgeber sie kündigen wollte, müsste er die Vorbereitung der Kündigung auf einen späteren Zeitpunkt verschieben. Bestenfalls erlangt die schwangere Arbeitnehmerin deshalb während der Schwangerschaft keine Kenntnis von der Kündigungsabsicht des Arbeitgebers. Vor einer solchen Kenntnis der Kündigungsabsicht soll Art. 10 MutterschutzRL aber gerade nicht schützen. Art. 10 MutterschutzRL soll nicht einmal vor Kündigungen während der Schwangerschaft per se schützen. Vielmehr sieht Art. 10 MutterschutzRL sogar ausdrücklich die Zulässigkeit einer Kündigung vor, wenn diese nicht mit dem Zustand der Schwangeren in Zusammenhang steht. Diese Möglichkeit hat der deutsche Gesetzgeber in § 17 Abs. 2 MuSchG auch umgesetzt. Voraussetzungen für die Zulässigkeit einer (nicht diskriminierenden) Kündigung ist demnach die Zustimmung der zuständigen Behörde. Ein damit erforderliches Antragsverfahren durch den Arbeitgeber stellt aber ebenfalls die ausdrücklich zulässige Vorbereitung einer (nicht diskriminierenden) Kündigung dar.[471] Ein Verbot der Vorbereitung sämtlicher Kündigungen während der Schwangerschaft stellt somit nicht die mildeste Maßnahme zur Erreichung des von Art. 10 MutterschutzRL verfolgten Zweckes dar. Dieser Zweck könnte gleichermaßen effektiv erreicht werden, wenn lediglich die Vorbereitung von diskriminierenden Kündigungen untersagt wird.

(b) Zwischenergebnis zur Verhältnismäßigkeit

Eine mit der Vertragsfreiheit des Arbeitgebers in Einklang stehende grundrechtskonforme Auslegung von § 17 Abs. 1 Satz 3 MuSchG ergibt, dass lediglich die Vorbereitung einer im Zusammenhang mit der Schwangerschaft der betroffenen Arbeitnehmerin stehende Kündigung untersagt wird. Eine darüber hinausgehende Auslegung von § 17 Abs. 1 Satz 3 MuSchG wäre mangels Erforderlichkeit unverhältnismäßig und damit grundrechtswidrig.

5. *Begriff der Vorbereitungsmaßnahme*

Angesichts der grundrechtskonformen Auslegung von § 17 Abs. 1 Satz 3 MuSchG und der damit verbundenen Einschränkung des Anwendungsbereiches verliert die Definition des Begriffes „Vorbereitungsmaßnahme" massiv an Bedeutung. Eine diskriminierende Kündigung und auch jede Form der Vorbereitung sind ohne zeitliche Begrenzung bereits gemäß § 7 Abs. 1, §§ 1, 3 AGG unzulässig. Eine Beschränkung von § 17 Abs. 1 Satz 3 KSchG auf Vorbereitungsmaßnahmen, die

---

471 ROLFS, in: Ascheid/Preis/Schmidt, Kündigungsrecht 2017, § 16 MuSchG, Rz. 25; SCHÖLLMANN, in: Rancke – HK MuSch/BEEG 2018, § 17 MuSchG, Rz. 25.

für die rechtliche Wirksamkeit einer Kündigung zwingend Voraussetzung sind, ist somit weder geboten noch erforderlich. Als Vorbereitungsmaßnahme ist also jede Maßnahme des Arbeitgebers anzusehen, die die (diskriminierende) Kündigung einer Arbeitnehmerin während der Zeit des Mutterschutzes tatsächlich oder rechtlich vorbereiten soll.

6. *Rechtsfolge einer unzulässigen Vorbereitungsmaßnahme*

Bei der Frage nach der Rechtsfolge einer unzulässigen Vorbereitungsmaßnahme widersprechen sich der Wortlaut von § 17 Abs. 1 Satz 3 MuSchG und die Angaben in der Gesetzesbegründung. Der Wortlaut der Vorschrift suggeriert die Unzulässigkeit der Vorbereitungsmaßnahme selbst.[472] Die Gesetzesbegründung hingegen spricht von der Unwirksamkeit der Kündigung, wenn diese in der Zeit des Mutterschutzes vorbereitet worden ist.[473] Unter Berücksichtigung der hier vertretenen weiten Auslegung des Begriffes „Vorbereitungsmaßnahme" führt deren Unzulässigkeit nicht zwingend zur Unwirksamkeit der vorbereiteten Kündigung. Das wäre lediglich dann der Fall, wenn die Vorbereitungsmaßnahme eine rechtliche Wirksamkeitsvoraussetzung der Kündigung wäre, wie etwa bei einer Betriebsratsanhörung oder der Zustimmung des Integrationsamtes bei einer schwerbehinderten oder gleichgestellten Arbeitnehmerin. Aufgrund der Intention des Gesetzgebers, den Schutz von Arbeitnehmerinnen während der Zeit des Mutterschutzes zu verbessern und der insofern eindeutigen Angaben in der Gesetzesbegründung, ist also jedenfalls von der Unwirksamkeit der Kündigung auszugehen.[474] Gründe, die für die Unzulässigkeit der Vorbereitungsmaßnahme sprechen, sind hingegen nicht ersichtlich. Für den Schutz von schwangeren Arbeitnehmerinnen ist es irrelevant, ob eine vorbereitende Stellenanzeige in der Zeitung unwirksam ist. Gleiches gilt bei einer Vorbereitungsmaßnahme in Gestalt einer Neubesetzung durch einen anderen Arbeitnehmer. Die Unwirksamkeit dieser Maßnahmen würde sich ggf. vielmehr negativ auf den jeweiligen Vertragspartner des Arbeitgebers auswirken und den Arbeitgeber selbst noch nützen, da er möglicherweise dadurch den Verpflichtungen aus den zugrunde liegenden Rechtsgeschäften entgeht. Ein solcher Regelungsgehalt wäre somit nicht nur unverhältnismäßig, weil für den Schutz der schwangeren Arbeitnehmerin nicht erforderlich. Darüber hinaus wäre diese Rechtsfolge auch noch nachteilhaft für unbeteiligte Dritte. Die Rechtsfolge aus § 17 Abs. 1

---

472 Siehe hierzu oben unter Ziffer A. I. 1. in diesem Teil der Arbeit auf S. 140 f.

473 Siehe hierzu oben unter Ziffer A. I. 2. in diesem Teil der Arbeit auf S. 141 f.

474 So auch SCHÖLLMANN, in: Rancke – HK MuSch/BEEG 2018, § 17 MuSchG, Rz. 26.

Satz 3 MuSchG beschränkt sich somit auf die Unzulässigkeit der Kündigung und erstreckt sich nicht auf die Vorbereitungsmaßnahme an sich.

III. Ergebnis

Während der Zeit des Mutterschutzes führt die Vorbereitung einer Kündigung, die im Zusammenhang mit dem Zustand einer schwangeren Arbeitnehmerin steht, gemäß § 17 Abs. 1 Satz 3 MuSchG zur Unwirksamkeit dieser Kündigung. Das gilt auch, wenn die Kündigung erst nach Ablauf der Zeit des Mutterschutzes ausgesprochen wird. Eine solche diskriminierende Kündigung wäre aber ohnehin gemäß § 134 BGB i.V. mit § 7 Abs. 1, §§ 1, 3 AGG nichtig und damit unwirksam. Im Ergebnis hat § 17 Abs. 1 Satz 3 MuSchG daher lediglich eine rein deklaratorische Funktion.[475] Eine darüber hinaus gehende Auslegung von § 17 Abs. 1 Satz 3 MuSchG würde gegen die gemäß Art. 16 GRC geschützte Vertragsfreiheit des Arbeitgebers verstoßen.

Die Vorbereitung einer Kündigung während der Schwangerschaft stellt aber wegen des sich daraus ergebenden zeitlichen Zusammenhanges zwischen Schwangerschaft und Kündigungsentscheidung ein Indiz für eine unzulässige Ungleichbehandlung dar und führt daher gemäß § 22 AGG zu der Vermutung einer Diskriminierung. Kann der Arbeitgeber im Rahmen eines gerichtlichen Verfahrens darlegen und beweisen, dass die Kündigung keine Diskriminierung darstellt, ist die Vermutung widerlegt.[476]

Dieses Ergebnis bedeutet gleichsam, dass eine nicht diskriminierende Kündigung, die z.B. aus verhaltensbedingten oder betriebsbedingten Gründen erfolgt, nicht wegen Vorbereitungsmaßnahmen während der Schwangerschaft unwirksam ist. Damit stellen insbesondere betriebsbezogene Unternehmerentscheidungen, die zum Wegfall eines Arbeitsplatzes führen, der Abschluss eines Interessenausgleiches mit oder ohne Namensliste und die Schaltung einer

---

475 So im Ergebnis auch *Schöllmann*, in: Rancke – HK MuSch/BEEG 2018, § 17 MuSchG, Rz. 24. Möglicherweise hatte auch der Gesetzeber dieses Ergebnis im Sinn, da es in der Gesetzesbegründung heißt, dass § 17 Abs. 1 Satz 3 MuSchG „der *Klarstellung* im Sinne der Rechtsprechung des EuGH" diene (BT-Drucksache 230/16, S. 99 – Hervorhebung durch den Autor dieser Arbeit).

476 Die praktischen Auswirkungen sind insofern begrenzt, als dass der Arbeitgeber gemäß § 1 Abs. 2 Satz 4 KSchG ohnehin die Tatsachen zu beweisen hat, die eine Kündigung bedingen. Gleiches gilt bei einer außerordentlichen Kündigung gemäß § 626 BGB (BAG, Urteil vom 8. 4. 2003 – 2 AZR 355/02, NZA 2003, S. 856; BAG, Urteil vom 30. 9. 2004 – 8 AZR 462/03, NZA 2005, S. 43).

Massenentlassungsanzeige[477] keine unzulässigen Vorbereitungsmaßnahmen im Sinne von § 17 Abs. 1 Satz 3 MuSchG dar.[478]

B. Fortgeltung dynamischer Bezugnahmeklauseln nach einem Betriebsübergang

Ein „echter Klassiker" im Arbeitsrecht ist der Streit über Auslegung und Reichweite von arbeitsvertraglichen Bezugnahmeklauseln sowie der Umfang deren Fortgeltung nach einem Betriebsübergang.[479] Aufgrund der unionsrechtlichen Bezüge und der Aktualität des Themas setzt sich die Arbeit im Folgenden mit dem Problem der arbeitsvertraglichen dynamischen Bezugnahme auf tarifvertragliche Regelungen nach einem Betriebsübergang auseinander.

I. Bezugnahmeklauseln

Zunächst ist nach Reichweite arbeitsvertraglicher Bezugnahmeklauseln zu differenzieren. Praxisrelevant sind folgende Gestaltungsmöglichkeiten:

Ein Arbeitsvertrag kann auf einen konkreten Tarifvertrag in seiner aktuellen Fassung verweisen. Dabei handelt es sich um eine sogenannte statische Bezugnahme.

Alternativ kann der Arbeitsvertrag auch zeitdynamisch auf einen Tarifvertrag Bezug nehmen, Anwendung findet in diesem Fall dann die jeweils gültige Fassung des Tarifvertrages. Dabei handelt es sich um eine sogenannte kleine dynamische Bezugnahmeklausel. Schließlich kann auch der jeweils für den Betrieb des Arbeitgebers einschlägige Tarifvertrag in der jeweils gültigen Fassung, also zeitlich und fachlich dynamisch, in Bezug genommen werden.[480]

Die Frage nach dem Umfang der Fortgeltung nach einem Betriebsübergang bezieht sich ausschließlich auf kleine dynamische Bezugnahmeklauseln, also eine arbeitsvertragliche Bezugnahme auf die jeweils gültige Fassung eines Tarifvertrages.[481] Darüber hinaus gelten die folgenden Ausführungen ausschließlich für Erwerber eines Betriebes, die nicht selbst unmittelbar an denselben

---

477 So auch ausdrücklich EuGH, Rs. C-103/16, *Guisado*, ECLI:EU:C:2018:99, Rz. 40 ff.

478 So im Ergebnis auch *Evermann*, NZA 2018, S. 550 (557).

479 *E.M. Willemsen*, Die arbeitsvertragliche Bezugnahme 2009, S. 1.

480 *Thüsing/Lambrich*, RdA 2002, S. 193 (195).

481 Aus Darstellungsgründen werden die kleinen dynamischen Bezugnahmeklauseln im Folgenden auch als „Bezugnahmeklausel" bezeichnet.

Tarifvertrag wie der Veräußerer gebunden sind. Nur in solchen Konstellationen treten die im Folgenden darzustellenden Probleme auf.

II. Rechtsprechung des EuGH und des BAG

Ausgangspunkt der Problematik ist die Rechtsprechung des EuGH zu der Frage nach dem Umfang der Fortgeltung einer Bezugnahmeklausel nach einem Betriebsübergang und die dem entgegenstehende Ansicht des BAG. Es ist daher zunächst auf die aktuellste einschlägige Rechtsprechung von EuGH und BAG einzugehen.

1. Rechtssache C-499/04 – Werhof

In der Rechtssache *Werhof* verlangte der Kläger von seinem Arbeitgeber die Zahlung von Zusatzgehalt aufgrund der Entgelterhöhung eines arbeitsvertraglich dynamisch in Bezug genommenen Tarifvertrages. Zuvor war das Arbeitsverhältnis des Klägers im Wege eines Betriebsüberganges auf die nicht tarifgebundene Beklagte übergegangen.[482] Gegenstand der Vorlagefrage durch das LAG Düsseldorf war die Vereinbarkeit der Auslegung einer arbeitsvertraglichen dynamischen Bezugnahme auf tarifvertragliche Regelungen als sogenannte Gleichstellungsabrede mit den Vorgaben von Art. 3 Abs. 2 BÜ-RL alt.[483] Hintergrund der Vorlage war die zum damaligen Zeitpunkt bestehende Rechtsprechung zur Auslegung von Bezugnahmeklauseln. Das BAG hatte in der Vergangenheit in ständiger Rechtsprechung eine dynamisch wirkende Bezugnahmeklausel als sogenannte Gleichstellungsklausel ausgelegt, wenn der Arbeitgeber zum Zeitpunkt des Arbeitsvertragsschlusses an die in Bezug genommenen Tarifverträge normativ, also kraft eigener Tarifgebundenheit, gebunden war.[484]

---

482 EuGH, Rs. C-499/04, *Werhof*, ECLI:EU:C:2006:168.

483 Richtlinie vom 14.02.1977 zur Angleichung der Rechtsvorschriften der Mitgliedstaaten über die Wahrung von Ansprüchen der Arbeitnehmer beim Übergang von Unternehmen, Betrieben oder Unternehmens- oder Betriebsteilen, ABl. 1977, L 61, S. 26 = Vorgängerrichtlinie zur BÜ-RL in der noch nicht durch die Richtlinie 98/50/EG vom 29.06.1998 zur Änderung der Richtlinie 77/187/EWG zur Angleichung der Rechtsvorschriften der Mitgliedstaaten über die Wahrung von Ansprüchen der Arbeitnehmer beim Übergang von Unternehmen, Betrieben oder Betriebsteilen (ABl. 1998, L 201, S. 88) geänderten Fassung. Art. 3 Abs. 1 BÜ-RL alt entspricht dem Wortlaut von Art. 3 Abs. 1 BÜ-RL. Art. 3 Abs. 2 BÜ-RL alt entspricht dem Wortlaut von Art. 3 Abs. 3 BÜ-RL.

484 BAG, Urteil vom 14.02.1973 – 4 AZR 176/72, AP TVG § 4 Nachwirkung Nr. 6; BAG, Urteil vom 20.04.1996 – 4 AZR 135/95, AP TVG § 1 Bezugnahme auf Tarifvertrag Nr. 5; BAG, Urteil vom 01.12.2004 – 4 AZR 50/04, NZA 2005, 478. Nach der Ansicht

Bei einer Gleichstellungsklausel endete nach dieser BAG-Rechtsprechung die Bindung der Arbeitsvertragsparteien an die Dynamik des in Bezug genommenen Tarifvertrages, wenn die Tarifbindung des Arbeitgebers entfiel.[485] Ein solcher Fall konnte vorliegen, wenn – wie im Ausgangsrechtsstreit der Rechtssache *Werhof* – das Arbeitsverhältnis im Rahmen eines Betriebsüberganges auf einen nicht tarifgebundenen Arbeitgeber überging. Im Ergebnis wandelte sich die dynamische Bezugnahme dann in eine statische, so dass der Arbeitnehmer nicht mehr an der Tarifentwicklung teilnehmen konnte.

Der EuGH ordnete die in Bezug genommenen tariflichen Regelungen dogmatisch in Art. 3 Abs. 1 BÜ-RL alt ein, der einen (uneingeschränkten) Übergang der Rechte und Pflichten aus dem Arbeitsvertrag von dem Veräußerer auf den Erwerber vorsah.[486] Allerdings war der EuGH auch der Ansicht, dass der Regelung in Art. 3 Abs. 2 BÜ-RL alt Rechnung zu tragen sei, der eine Beschränkung der Anwendbarkeit von Kollektivverträgen beim Erwerber vorsah. Eine Verweisungsklausel auf einen Tarifvertrag könne laut EuGH keine weitergehende Bedeutung als dieser Tarifvertrag selbst haben.[487] Sinn und Zweck der Richtlinie sei es, lediglich die Rechte und Pflichten des Arbeitnehmers zu wahren, die unmittelbar vor dem Übergang gegenüber dem Veräußerer bestehen. Hypothetische Vergünstigungen oder bloße Erwartungen des Arbeitnehmers aufgrund der zukünftigen Entwicklung des Tarifvertrages würden hingegen von der Richtlinie nicht geschützt.[488] Darüber hinaus verwies der EuGH auf die zu berücksichtigenden Interessen des Erwerbers, der in der Lage sein müsse, die für die Fortsetzung seiner Tätigkeit erforderlichen Anpassungen vorzunehmen.[489] Auch bei der Auslegung der Bestimmung einer Richtlinie sei das von der Gemeinschaftsrechtsordnung zu schützende Grundrecht der Vereinigungsfreiheit zu beachten.[490] Eine dynamische Fortgeltung der Bezugnahmeklausel könne die negative Vereinigungsfreiheit des Erwerbers beeinträchtigten, eine statische Fortgeltung hingegen nicht. Aus diesem Grund sei Art. 3 Abs. 1 BÜ-RL

---

des BAG sollte mit der Vereinbarung einer Bezugnahmeklausel lediglich ein etwaig fehlende Tarifgebundenheit des Arbeitnehmers ersetzt werden.

485 BAG, Urteil vom 14.02.1973 – 4 AZR 176/72, AP TVG § 4 Nachwirkung Nr. 6; BAG, Urteil vom 20.04.1996 – 4 AZR 135/95, AP TVG § 1 Bezugnahme auf Tarifvertrag Nr. 5; BAG, Urteil vom 01.12.2004 – 4 AZR 50/04, NZA 2005, 478.

486 EuGH, Rs. C-499/04, *Werhof*, ECLI:EU:C:2006:168, Rz. 27.

487 EuGH, Rs. C-499/04, *Werhof*, ECLI:EU:C:2006:168, Rz. 28.

488 EuGH, Rs. C-499/04, *Werhof*, ECLI:EU:C:2006:168, Rz. 29.

489 EuGH, Rs. C-499/04, *Werhof*, ECLI:EU:C:2006:168, Rz. 31.

490 EuGH, Rs. C-499/04, *Werhof*, ECLI:EU:C:2006:168, Rz. 32 f.

alt nicht zu entnehmen, dass dynamische Bezugnahmeklauseln auch nach einem Betriebsübergang dynamisch beim Erwerber fortgelten müssen.[491]

2. *Rechtssache C-426/11 – Alemo-Herron*

Der bereits im Überblick dargestellten[492] Entscheidung in der Rechtssache *Alemo-Herron* lag ein zur Rechtssache *Werhof* vergleichbarer Sachverhalt zugrunde. Ein relevanter Unterschied bestand indes darin, dass das Arbeitsverhältnis von einer juristischen Person des öffentlichen Rechtes auf eine juristische Person des Privatrechtes überging und der Ausgangsrechtsstreit aus England stammte. Der Kläger verlangte von dem Betriebserwerber, seinem (neuen) Arbeitgeber, eine Lohnerhöhung und berief sich dabei auf eine entsprechende Entwicklung in dem arbeitsvertraglich in Bezug genommenen Tarifvertrag. In rechtlicher Hinsicht ging es bei diesem Vorabentscheidungsverfahren also nicht – wie in der Rechtssache *Werhof* – um die Frage, ob der nunmehr einschlägige Art. 3 Abs. 1 BÜ-RL zwingend eine dynamische Fortgeltung von dynamischen Bezugnahmeklauseln vorschreibt. Streitgegenständlich war stattdessen die Frage, ob Art. 3 BÜ-RL einer dynamischen Fortgeltung von dynamischen Bezugnahmeklauseln nach einem Betriebsübergang bei dem Erwerber entgegensteht.[493]

Der EuGH stellte zunächst fest, dass die Entscheidung in der Rechtssache *Werhof* trotz der unterschiedlichen Rechtsfragen einige sachdienliche Ausführung enthalte. Die BÜ-RL diene nicht ausschließlich dem Schutz der Arbeitnehmerinteressen, sondern solle einen gerechten Ausgleich zwischen den Interessen der Arbeitnehmer und denen des Erwerbers gewährleisten. Letzterer müsse in der Lage sein, die für die Fortsetzung seiner Tätigkeit erforderlichen Anpassungen vorzunehmen.[494] Solche Anpassungen seien bei einem Übergang des Arbeitsverhältnisses vom öffentlichen auf den privaten Sektor besonders erforderlich und könnten bei der Fortgeltung einer dynamischen Bezugnahme den vom privaten Erwerber benötigten Handlungsspielraum erheblichen einschränken.[495] Darüber hinaus ergebe sich aus der gemäß Art. 16 GRC geschützten Vertragsfreiheit[496] des Erwerbers, dass es ihm möglich sein müsse, „im Rahmen eines

491 EuGH, Rs. C-499/04, *Werhof*, ECLI:EU:C:2006:168, Rz. 34 ff.

492 Siehe hierzu oben unter Ziffer A. II. 1. b. bb. (2) im vierten Teil ab S. 104.

493 EuGH, Rs. C-426/11, *Alemo-Herron*, ECLI:EU:C:2013:521.

494 EuGH, Rs. C-426/11, *Alemo-Herron*, ECLI:EU:C:2013:521, Rz. 25.

495 EuGH, Rs. C-426/11, *Alemo-Herron*, ECLI:EU:C:2013:521, Rz. 27 f.

496 Auf die in der Rechtssache *Werhof* einschlägige Vereinigungsfreiheit ist der EuGH nicht eingegangen. Zur Begründung bezieht sich der EuGH auf die Vorgabe des

zum Vertragsabschluss führenden Verfahrens, an dem der Erwerber beteiligt ist, seine Interessen wirksam geltend zu machen und die die Entwicklung der Arbeitsbedingungen seiner Arbeitnehmer bestimmenden Faktoren mit Blick auf seine zukünftige wirtschaftliche Tätigkeit auszuhandeln."[497] Da dies dem Erwerber im Ausgangsrechtsstreit nicht möglich sei, könne der Wesensgehalt seines Rechts auf unternehmerische Freiheit beeinträchtigt sein.[498]

3. *Rechtssache C-680/15 – Asklepios*

Der Sachverhalt in der Entscheidung in der Rechtssache *Asklepios* entspricht dem der Rechtssache *Alemo-Herron* mit dem Unterschied, dass der Ausgangsrechtsstreit in Deutschland anhängig war.

a. *Vorlage des BAG*

Auch das BAG legte dem EuGH die Frage vor, ob Art. 3 BÜ-RL und Art. 16 GRC einer dynamischen Fortgeltung von dynamischen Bezugnahmeklauseln nach einem Betriebsübergang beim Erwerber entgegenstehen. Das BAG differenzierte zunächst zwischen den unterschiedlichen Regelungsregimen in Art. 3 BÜ-RL und deren Umsetzung in deutsches Recht. Dabei handelt es sich zum einen um einzelvertraglich begründete Rechte und Pflichten gemäß Art. 3 Abs. 1 BÜ-RL, umgesetzt in § 613a Abs. 1 Satz 1 BGB. Zum anderen handelt es sich um Regelungen, die gemäß Art. 3 Abs. 3 RL 2001/23 aufgrund eines kollektivrechtlichen Vertrages unmittelbar und zwingend für das Arbeitsverhältnis der Parteien gelten, die der deutsche Gesetzgeber in § 613a Abs. 1 Satz 2 bis Satz 4 BGB umgesetzt hat.[499] Darüber hinaus legte das BAG ausführlich die Rechtslage in Deutschland und die zugrunde liegende Dogmatik dar. Besonderen Wert legt das BAG dabei auf die Unterscheidung zwischen in Bezug genommenen und damit schuldrechtlich geltenden Tarifregelungen und solchen, die kraft

---

vorlegenden Gerichts, dass dieses Grundrecht nicht Gegenstand des Ausgangsverfahrens sei (EuGH, Rs. C-426/11, *Alemo-Herron*, ECLI:EU:C:2013:521, Rz. 31).

497 EuGH, Rs. C-426/11, *Alemo-Herron*, ECLI:EU:C:2013:521, Rz. 33.

498 *Buschmann* kritisiert die Entscheidung des EuGH vehement, verweist aber auch die Entscheidung in der Rechtssache *AGET Iraklis* und will draus eine Relativierung der Bedeutung von Art. 16 GRC ableiten (*Buschmann*, AuR 2017, S. 86 (86 f.) so auch *Klein/Leist*, ZESAR 2017, S. 467 (473); *Heuschmidt/Hlava*, NZA 2017, S. 429 (435)). Tatsächlich findet sich in der Entscheidung zur Rechtssache *AGET Iraklis* lediglich der übliche Textbaustein zur Einleitung der Verhältnismäßigkeitsprüfung bei Art. 16 GRC (EuGH, Rs. C-201/15, *AGET Iraklis*, ECLI:EU:C:2016:972, Rz. 85 f.).

499 BAG, Vorlagebeschluss vom 17.06.2015 – 4 AZR 61/14 (A), Rz. 12, NZA 2016, S. 373.

Tarifgebundenheit, also normativ gelten.[500] Hinsichtlich der in Bezug genommenen Tarifregelungen werde der Erwerber nach Ansicht des BAG gemäß § 613a Abs. 1 Satz 1 BGB so gestellt, als hätte er die Willenserklärung zum Abschluss des Arbeitsvertrages selbst abgegeben. Der Erwerber könne aber jederzeit eine einvernehmliche Änderung der in Bezug genommenen Regelungen vornehmen. Möglich sei darüber hinaus auch eine einseitige Anpassung gegen den Willen des Arbeitnehmers unter angemessener Wahrung der Arbeitnehmerinteressen im Wege der Änderungskündigung. Dadurch könne der Erwerber die für seine zukünftige wirtschaftliche Tätigkeit erforderlichen Anpassungen vornehmen.[501] Normativ wirkende Tarifregelungen würden hingegen gemäß § 613a Abs. 1 Satz 2 BGB lediglich statisch, also in dem Regelungszustand übergehen, den sie zum Zeitpunkt des Betriebsüberganges hatten.[502]

b. Entscheidung des EuGH

Auf knapp zwei Seiten wiederholt der EuGH zunächst die Kernaussagen aus den Entscheidungen in den Rechtssachen *Werhof* und *Alemo-Herron*.[503] Sodann nimmt der EuGH die Ausführungen des BAG auf und stellt fest, dass die „in Rede stehende nationale Regelung[504] sowohl einvernehmliche als auch einseitige Möglichkeiten für den Erwerber vorsieht, die zum Zeitpunkt des Übergangs bestehenden Arbeitsbedingungen nach dem Übergang anzupassen."[505] Aus diesem Grund sah der EuGH die Vorgaben von Art. 3 BÜ-RL und Art. 16 GRC als erfüllt an.[506] Eine Entscheidung über das tatsächliche Vorliegen oder die

---

500 BAG, Vorlagebeschluss vom 17.06.2015 – 4 AZR 61/14 (A), Rz. 14 ff., NZA 2016, S. 373.

501 BAG, Vorlagebeschluss vom 17.06.2015 – 4 AZR 61/14 (A), Rz. 15 und 45, NZA 2016, S. 373.

502 BAG, Vorlagebeschluss vom 17.06.2015 – 4 AZR 61/14 (A), Rz. 17, NZA 2016, S. 373.

503 Konkret stellt der EuGH fest, dass die BÜ-RL nicht alleine den Interessen der Arbeitnehmer diene, sondern einen gerechten Ausgleich zwischen den Interessen der Arbeitnehmer und des Erwerbers gewährleiste. Der Erwerber müsse daher nach einem Betriebsübergang die für seine künftige wirtschaftliche Tätigkeit erforderlichen Anpassungen vornehmen können (EuGH, Rs. C-680/15, *Asklepios*, ECLI:EU:C:2017:317, Rz. 22).

504 Der EuGH kann damit nur § 613a BGB gemeint haben, der die Vorgaben der BÜ-RL in deutschen Recht umsetzt (BAG, Vorlagebeschluss vom 17.06.2015 – 4 AZR 61/14 (A), Rz. 12, NZA 2016, S. 373).

505 EuGH, Rs. C-680/15, *Asklepios*, ECLI:EU:C:2017:317, Rz. 24.

506 EuGH, Rs. C-680/15, *Asklepios*, ECLI:EU:C:2017:317, Rz. 25 f.

Wirksamkeit der vom BAG in dem Vorlagebeschluss behaupteten Anpassungsmöglichkeiten des Erwerbers sei hingegen nicht Sache des EuGH, sondern vielmehr die des vorlegenden Gerichtes.[507]

c. *Entscheidung des BAG*

Bereits vier Monate nach der Entscheidung des EuGH verkündete das BAG sein Urteil in dem Ausgangsrechtsstreit. In Übereinstimmung mit der eigenen vorherigen Rechtsprechung[508] entschied das BAG, dass die Dynamik einer arbeitsvertraglichen Bezugnahme auf Tarifregelungen auch nach einem Betriebsübergang erhalten bleibe und der Erwerber an die nach dem Betriebsübergang erfolgten Tarifänderungen schuldrechtlich gebunden sei.[509] Die unionsrechtlichen Vorgaben aus Art. 3 BÜ-RL i.V. mit Art. 16 GRC seien erfüllt, da das deutsche Recht – wie vom EuGH in der Rechtssache *Asklepios* bestätigt – einvernehmliche und einseitige Anpassungsmöglichkeiten für den Erwerber vorsehe.[510] Die Änderungskündigung stelle laut BAG eine solche einseitige Anpassungsmöglichkeit dar, weil der Arbeitgeber bei sozialer Rechtfertigung entweder die Arbeitsbedingungen anpassen oder das Arbeitsverhältnis mit den ungewünschten Arbeitsbedingungen beenden könne. Einvernehmliche oder einseitige Anpassungen seien auch nicht nur rein theoretische Möglichkeiten. Hinsichtlich der einvernehmlichen Anpassungsmöglichkeit verwies das BAG insoweit auf die Sachverhalte von drei anderen Gerichtsentscheidungen,[511] in denen ein Großteil der Belegschaft zur einvernehmlichen Verschlechterung der Vertragsbedingungen bereit gewesen war.[512] Auch eine Änderungskündigung sei in Einklang mit den unionsrechtlichen Vorgaben möglich, da deren soziale Rechtfertigung im Anwendungsbereich des KSchG davon abhänge, ob sich das Änderungsangebot auf die für die Fortsetzung der Tätigkeit des Arbeitgebers „erforderlichen“ Anpassungen beschränke. Das entspreche bereits sprachlich („erforderlich“) den Vorgaben des EuGH und gebe inhaltlich den Gerichten die Möglichkeit, diese Vorgaben bei

---

507 EuGH, Rs. C-680/15, *Asklepios*, ECLI:EU:C:2017:317, Rz. 27 f.

508 BAG, Urteil vom 23.09.2009 – 4 AZR 331/08, Rz. 14 ff, NZA 2010, S. 513.

509 BAG, Urteil vom 30.08.2017 – 4 AZR 61/14, Rz. 41 ff, BeckRS 2017, 140697.

510 BAG, Urteil vom 30.08.2017 – 4 AZR 61/14, Rz. 44 ff, BeckRS 2017, 140697.

511 BAG, Urteil vom 26.06.2008 – 2 AZR 139/07, NZA 2008, S. 1182; BAG, Urteil vom 01.04.2009 – 10 AZR 353/08, NZA 2009, S. 1409; BAG, Urteil vom 07.06.2017 – 1 ABR 32/15, NZA 2017, S. 1410.

512 BAG, Urteil vom 30.08.2017 – 4 AZR 61/14, Rz. 49, BeckRS 2017, 140697.

der Beurteilung einer Änderungskündigung ausreichend zu berücksichtigen.[513] Darüber hinaus gebe es keinen Anlass, einen Betriebserwerber hinsichtlich der Rechtmäßigkeitsvoraussetzungen einer Änderungskündigung gegenüber anderen Arbeitgebern zu privilegieren. Der Erwerber könne den Inhalt der übergehenden Arbeitsverträge genauso wie andere vertragliche Bindungen – z.B. Leasing-Verträge und Kundenverträge – prüfen und beim Kauf des Betriebes im Rahmen des Kaufpreises angemessen berücksichtigen.[514] Zu den konkreten Voraussetzungen einer Änderungskündigung zwecks Entdynamisierung musste sich das BAG nicht äußern, da die Beklagte des Ausgangsrechtsstreites keine Änderungskündigung ausgesprochen hatte.

III. Ansichten in der Literatur

Nach der Entscheidung in der Rechtssache *Asklepios* liegt der Fokus der Diskussion in der Literatur schwerpunktmäßig auf der Frage, welche Auswirkungen die EuGH-Rechtsprechung auf das nationale Recht hat bzw. welche Voraussetzungen zu erfüllen sind, um den unionsrechtlichen Vorgaben gerecht zu werden.

Ausgangspunkt der Diskussion sind die Ausführungen des BAG, ein Erwerber könne jederzeit einvernehmlich oder – unter Wahrung der Arbeitnehmerinteressen – einseitig im Wege der Änderungskündigung gegen den Willen des Arbeitnehmers Anpassungen der arbeitsvertraglichen Bedingungen vornehmen und auf diese Weise die für seine zukünftige wirtschaftliche Tätigkeit erforderlichen Anpassungen vornehmen.[515] Auf Grundlage dieser pauschalen Darstellungen im Vorlagebeschluss[516] hatte der EuGH entschieden, dass aufgrund der

---

513 BAG, Urteil vom 30.08.2017 – 4 AZR 61/14, Rz. 56 f., BeckRS 2017, 140697. Das BAG konkretisiert die Voraussetzungen für eine entdynamisierende Änderungskündigung indes nicht und lässt diese Frage auch in anderen Entscheidungen ausdrücklich offen (BAG, Urteil vom 23.11.2017 – 6 AZR 739/15, Rz. 34, NZA 2018, S. 301; BAG, Urteil vom 23.11.2017 – 6 AZR 683/16, Rz. 31, NZA 2018, S. 311).

514 BAG, Urteil vom 30.08.2017 – 4 AZR 61/14, Rz. 58, BeckRS 2017, 140697. Auch *Jacobs/Frieling* weisen darauf hin, dass der Erwerber sich im Wege des Betriebsübergangs nicht einer im Arbeitsvertrag selbst, also ohne Verweis, angelegten Gehaltsdynamik entledigen können, auch wenn er nach dem Betriebsübergang dauerhaft daran gebunden ist (*Jacobs/Frieling*, EuZW 2013, S. 737 (738)).

515 Siehe hierzu oben unter Ziffer B. II. 3. a. in diesem Teil der Arbeit ab S. 163.

516 *Rieble* spricht sogar davon, dass das BAG den EuGH mit der Vorlage „veräppelt" habe (*Rieble*, NZA 2018, S. 1302 (1307)). „Vom BAG um die Fichte geführt worden" nennt es *Wolf* (*Wolf*, Bezugnahme auf Tarifverträge kollektiv denken (FS Willemsen 2018), S. 641 (645)).

Anpassungsmöglichkeiten eine dynamische Fortgeltung von Bezugnahmeklauseln mit Art. 3 BÜ-RL und Art. 16 GRC vereinbar sei.[517]

In der Literatur wird zum Teil bestritten, dass eine Änderungskündigung wegen deren Dogmatik eine einseitige Möglichkeit zur Anpassung der arbeitsvertraglichen Bedingungen durch den Arbeitgeber darstelle.[518]

Darüber hinaus wird in der Literatur verstärkt die Frage diskutiert, welche Voraussetzungen nach nationalem Recht erfüllt sein müssen, um eine wirksame Änderungskündigung vornehmen zu können. *Eylert*, zurzeit Vorsitzender des vierten Senates des BAG,[519] hat mit einem Verweis auf die BAG-Entscheidung vom 10.09.2009[520] im Rahmen eines Aufsatzes zusammen mit *Schinz* zu der nationalen Umsetzung der *Asklepios*-Entscheidung[521] den „Verdacht geweckt", dass das BAG bei den Wirksamkeitsanforderungen an eine entdynamisierende Änderungskündigung auf die Rechtsprechung zur einseitigen Entgeltabsenkung rekurrieren wird.[522] Für eine Entgeltabsenkung im Wege der Änderungskündigung fordert das BAG, dass nur durch diese Senkung der Personalkosten die Stilllegung des Betriebes oder eine deutliche Reduzierung der Belegschaft verhindert werden und die Kosten des Arbeitsgebers nicht durch andere Maßnahmen gesenkt werden können.[523] Dafür bedarf es nach Ansicht des BAG eines umfassenden Sanierungsplanes, der alle gegenüber der beabsichtigten Änderungskündigung milderen Mittel ausschöpft.[524] Darüber hinaus hat der Arbeitgeber die Finanzlage des Betriebes, den Anteil der Personalkosten sowie die Auswirkung der erstrebten Kostensenkungen für den Betrieb und für die Arbeitnehmer durch die Änderungskündigung darzustellen und darzulegen, weshalb

---

517 Siehe hierzu oben unter Ziffer B. II. 3. b. in diesem Teil ab S. 164.

518 *Sagan*, NZA-Beilage 2018, S. 47 (50); *Busch/Gerlach*, BB 2017, S. 2356 (2360); *Sagan*, ZESAR 2016, S. 116 (120); *Wahlig/Brune*, NZA 2018, S. 221 (226); *Hohenstatt*, Sechs Thesen zum Schicksal von Bezugnahmeklauseln (FS Willemsen 2018), S. 187 (193 f.), *E.M. Willemsen*, Bezugnahmeklauseln bei Betriebsübergang (FS Willemsen 2018), S. 619 (626).

519 Der vierte Senat des BAG ist u.a. zuständig für Tarifvertragsrecht sowie für die Anwendbarkeit eines Tarifvertrags in seiner Gesamtheit oder eines Tarifwerks auf ein Arbeitsverhältnis (Geschäftsverteilungsplan des BAG 2019 abzurufen unter www.bundesarbeitsgericht.de/geschaeftsverteilung/verteilung.html).

520 Az. 2 AZR 822/07, NZA 2010, S. 333.

521 *Eylert/Schinz*, RdA 2017, S. 140 (145 f.).

522 *Busch/Gerlach*, BB 2017, S. 2356 (2360).

523 BAG, Urteil vom 10.09.2008 – 2 AZR 822/07, Rz. 25, NZA 2010, S. 333.

524 BAG, Urteil vom 10.09.2008 – 2 AZR 822/07, Rz. 25, NZA 2010, S. 333.

andere Maßnahmen nicht in Betracht kommen.[525] Nach zahlreichen in der Literatur vertretenen Stimmen sind diese für die Wirksamkeitsvoraussetzungen aber zu streng, um den unionsrechtlichen Anforderungen an die Anpassungsmöglichkeiten des Erwerbers gerecht zu werden.[526] Darüber hinaus werden die im Zusammenhang mit den Änderungskündigungen stehenden logistischen und rechtlichen Probleme als Verstoß gegen die vom EuGH geforderten Anpassungsmöglichkeiten angesehen.[527] Die dem entgegenstehende Ansicht bezieht sich darauf, dass auch eine Änderungskündigung – wie vom EuGH gefordert – den Grundsatz der Verhältnismäßigkeit zu wahren habe und daher im Einklang mit den unionsrechtlichen Vorgaben stehe.[528]

IV. Stellungnahme

Der EuGH hat sich in der *Asklepios*-Entscheidung dem durch den BAG-Vorlagebeschluss avisierten Schicksal ergeben und ohne Berücksichtigung der in den Rechtssachen *Sky Österreich* und *Schaible* mustergültig dargelegten Grundrechtsprüfung[529] eine Verletzung der unternehmerischen Freiheit des Erwerbers mit pauschalem Verweis auf angebliche Anpassungsmöglichkeiten abgelehnt.

---

525 BAG, Urteil vom 10.09.2008 – 2 AZR 822/07, Rz. 25, NZA 2010, S. 333.

526 *Wissmann/Niklas*, NZA 2017, S. 697 (700 f.); *Busch/Gerlach*, BB 2017, S. 2356 (2361 ff.); *Busch/Gerlach*, BB 2018, S. 1780 (1781 f.); *Kempter*, BB 2014, S. 1785 (1788); *Sagan*, ZESAR 2016, S. 116 (120); *Naber/Krois*, BB 2015, S. 1600 (1600); *Jacobs/Frieling*, EuZW 2013, S. 737 (740); *Pawlak/Jürgen*, öAT 2018, S. 180 (182); *Gussen*, in: Rolfs/Giesen/Kreikebohm/Udsching, BeckOK Arbeitsrecht 2018, § 613a BGB, Rz. 261d; *Schubert*, Kollektivverträge und kleine dynamische Bezugnahmeklauseln (FS Willemsen 2018), S. 463 (470); *Hohenstatt*, Sechs Thesen zum Schicksal von Bezugnahmeklauseln (FS Willemsen 2018), S. 187 (192).

527 *Hohenstatt*, Sechs Thesen zum Schicksal von Bezugnahmeklauseln (FS Willemsen 2018), S. 187 (193 f.); *E.M. Willemsen*, Bezugnahmeklauseln bei Betriebsübergang (FS Willemsen 2018), S. 619 (626); *Busch/Gerlach*, BB 2017, S. 2356 (2363); *Schneider*, Die Wirkung arbeitsvertraglicher Bezugnahmeklauseln 2017, S. 257 f.

528 *Eylert/Schinz*, RdA 2017, S. 140 (145 f.); LAG Berlin-Brandenburg, Urteil vom 03.12.2014 – 24 Sa 1126/14, BeckRS 2015, 66687; BAG, Urteil vom 16.05.2018 – 4 AZR 209/15 Rz. 40 ff, NZA 2018, S. 1489; *Preis*, in: Müller-Glöge/Preis/Schmidt, Erfurter Kommentar zum ArbR 2019, § 613a BGB, Rz. 127c; *Heuschmidt* und *Bayreuther* vertreten sogar die Ansicht, dass die Änderungskündigung als Anpassungsmöglichkeit irrelevant sei, da der Erwerber Anpassungen durch einvernehmliche Vertragsänderungen vornehmen könne (*Heuschmidt*, AuR 2017, S. 502 (504) und *Bayreuther*, NJW 2017, S. 2158 (2159)); so im Ergebnis auch *Laber*, öAT 2018, S. 56.

529 Siehe hierzu oben unter Ziffer D. II. 3. a. bb. (3) im dritten Teil ab S. 85.

Auch die Ausführungen des BAG sowohl im Vorlagebeschluss als auch in dem sich anschließenden Urteil überzeugen weder hinsichtlich der Begründung noch hinsichtlich des Ergebnisses. Teile der in der Literatur vertretenen Ansichten deuten zwar in die richtige Richtung und kommen auch zu einem überzeugenden (Zwischen)Ergebnis, schaffen aber letztlich auch keine abschließende Klarheit über die Rechtslage.

1. Dogmatische Einordnung

Ausgangspunkt einer rechtlichen Würdigung ist die dogmatische Einordnung von arbeitsvertraglich dynamisch in Bezug genommenen Tarifregelungen nach einem Betriebsübergang. Hierbei ist zwischen den unionsrechtlichen Vorgaben auf der einen und deren Umsetzung in das nationale Arbeitsrecht auf der anderen Seite zu unterscheiden.

a. Regelungsregime in Art. 3 BÜ-RL und deren nationale Umsetzung

Gemäß Art. 3 Abs. 1 BÜ-RL gehen die Rechte und Pflichten des Veräußerers aus einem zum Zeitpunkt des Überganges bestehenden Arbeitsvertrag oder Arbeitsverhältnis aufgrund des Überganges auf den Erwerber über. Die Arbeitnehmer setzen ihr Arbeitsverhältnis mit dem Erwerber zu den Bedingungen fort, die mit dem Veräußerer vereinbart waren.[530] Diese Regelung hat der deutsche Gesetzgeber in § 613a Abs. 1 Satz 1 BGB umgesetzt.[531] Dort ist geregelt, dass der Erwerber eines Betriebes in die Rechte und Pflichten aus den im Zeitpunkt des Überganges bestehenden Arbeitsverhältnissen eintritt.

Die in einem Kollektivvertrag vereinbarten Arbeitsbedingungen erhält der Erwerber gemäß Art. 3 Abs. 3 BÜ-RL hingegen bis zur Kündigung oder zum Ablauf des Kollektivvertrages bzw. bis zum Inkrafttreten oder bis zu Anwendung eines anderen Kollektivvertrages in dem gleichen Maße aufrecht, wie sie in dem Kollektivvertrag für den Veräußerer vorgesehen waren. Die nationale Umsetzung erfolgte in § 613a Abs. 1 Satz 2 bis Satz 4 BGB. Gemäß § 613a Abs. 1 Satz 2 werden die durch Rechtsnormen eines Tarifvertrages oder durch eine Betriebsvereinbarung geregelten Rechte und Pflichten Inhalt des Arbeitsverhältnisses zwischen dem Erwerber und den vom Betriebsübergang betroffenen

530 Allgemein anerkannte Ansicht EuGH, Rs. C-499/04, *Werhof*, ECLI:EU:C:2006:168, Rz. 25; EuGH, Rs. C-396/07, *Juuri*, ECLI:EU:C:2008:656, Rz. 28; BAG, Vorlagebeschluss vom 17.06.2015 – 4 AZR 61/14 (A), Rz. 33, NZA 2016, S. 373.

531 *v. Alvensleben*, Rechte der Arbeitnehmer bei Betriebsübergang 1992, S. 275; siehe hierzu auch oben unter Ziffer B. II. 3. a. in diesem Teil ab S. 163.

Arbeitnehmern und dürften nicht vor Ablauf eines Jahres nach dem Zeitpunkt des Überganges zum Nachteil des Arbeitnehmers geändert werden. Der nicht eigens tarifgebundene Erwerber ist also statisch an die Regelungen des Kollektivvertrages gebunden, die vor dem Betriebsübergang normativ galten. Das entspricht der Rechtslage im Falle einer Nachbindung an Tarifregelungen gemäß § 3 Abs. 3 TVG.[532]

b. Deutsche Arbeitsrechtsdogmatik

Nach deutscher arbeitsrechtlicher Dogmatik ist zwischen normativ geltenden Regelungen eines Tarifvertrages und schuldrechtlich geltenden Regelungen eines Arbeitsvertrages zu differenzieren. Die normative Geltung von Regelungen eines Tarifvertrages setzt gemäß §§ 3, 4 TVG die Tarifgebundenheit des Arbeitgebers – gemäß § 3 Abs. 1 TVG entweder durch Mitgliedschaft in einem Arbeitgeberverband oder durch Abschluss eines Haustarifvertrages – sowie die des Arbeitnehmers – gemäß § 3 Abs. 1 TVG durch Mitgliedschaft in der tarifschließenden Gewerkschaft – voraus. Normative Geltung bedeutet gemäß § 4 Abs. 1 TVG unmittelbare und zwingende Wirkung im Arbeitsverhältnis.[533] Die schuldrechtliche Wirkung von Regelungen in einem Arbeitsverhältnis setzt die wirksame Vereinbarung im Rahmen eines Arbeitsvertrages gemäß § 611a BGB voraus. Die dogmatische Einordnung von Rechten und Pflichten aus einem Arbeitsverhältnis richtet sich somit nach der Natur ihrer Geltung und Wirkung. Normativ im Arbeitsverhältnis zwischen den Arbeitnehmern und dem Veräußerer geltende und damit unmittelbar und zwingend wirkende Regelungen eines Tarifvertrages gehen gemäß § 613a Abs. 1 Satz 2 bis Satz 4 BGB auf den Erwerber

---

532 BAG, Urteil vom 22. 4. 2009 – 4 AZR 100/08, Rz. 79 und 83, NZA 2010, S. 41; *Müller-Glöge*, in: MüKo zum BGB 2016, § 613a BGB, Rz. 131; *Bauer/v.Medem*, DB 2010, S. 2560 (2561 ff.); ausführlich *Sagan*, RdA 2011, S. 163 (166 ff.); *Breinlinger*, in: Boecken/Düwell/Diller/Hanau, Gesamtes ArbR 2016, § 613a, Rz. 101; *Althaus*, in: Nerlich/Kreplin, MAH Insolvenz 2019, § 19, Rz. 188; kritisch *Franzen*, NZA-Beilage 2011, S. 108 (111 ff.). A.A. *Oetker*, § 6 Bindung an den Tarifvertrag, in: Jacobs/Krause/Oetker/Schubert (Hrsg.) – Tarifvertragsrecht 2013, Rz. 155 ff., der sich für eine Transformation in Individualrecht ausspricht, wie zuvor auch das BAG mit Urteilen vom 13.09.1994 – 3 AZR 148/94, NZA 1995, S. 740 und vom 16.05.1995 – 3 AZR 535/94, NZA 1995, S. 1166.

533 Ausführlich hierzu *Löwisch/Rieble*, – TVG 2017, § 4, Rz. 29 ff.

über.[534] Schuldrechtlich geltende Regelungen richten sich nach den Vorgaben aus § 613a Abs. 1 Satz 1 BGB.[535]

c. *Einordnung*

Angesichts der Regelungen und Vorgaben auf den unterschiedlichen Ebenen (unionale und nationale Ebene) stellt sich die Frage, wie arbeitsvertraglich in Bezug genommene Regelungen eines Tarifvertrages dogmatisch einzuordnen sind.

aa. § 613a BGB

Arbeitsvertraglich in Bezug genommene Regelungen eines Tarifvertrages gelten im Arbeitsverhältnis nicht aufgrund einer Tarifgebundenheit des Arbeitgebers und des Arbeitnehmers, sondern aufgrund der schuldrechtlichen Vereinbarung einer Bezugnahmeklausel im Arbeitsvertrag. Sie gelten somit schuldrechtlich zwischen den Parteien des Arbeitsvertrages und sind aus diesem Grund dogmatisch in § 613a Abs. 1 Satz 1 BGB einzuordnen.[536]

bb. Art. 3 BÜ-RL

Die Einordnung auf unionaler Ebene in Art. 3 BÜ-RL ist hingegen deutlich umstrittener. In der Rechtssache *Werhof* schloss sich der EuGH noch der dargestellten deutschen Dogmatik an und prüfte die dynamische Bezugnahme anhand von Art. 3 Abs. 1 BÜ-RL.[537] In den sich anschließenden Entscheidungen in den

---

534 BAG, Vorlagebeschluss vom 17.06.2015 – 4 AZR 61/14 (A), Rz. 14, NZA 2016, S. 373; *Preis*, in: Müller-Glöge/Preis/Schmidt, Erfurter Kommentar zum ArbR 2019, § 613a BGB, Rz. 112; *Lorenz*, in: Däubler – TVG 2016, § 3, Rz. 194 f.

535 BAG, Vorlagebeschluss vom 17.06.2015 – 4 AZR 61/14 (A), Rz. 14, NZA 2016, S. 373; *Preis*, in: Müller-Glöge/Preis/Schmidt, Erfurter Kommentar zum ArbR 2019, § 613a BGB, Rz. 79; *Flockenhaus*, RdA 2017, S. 316 (322); *Thüsing*, Europäisches Arbeitsrecht 2017, S. 218, Rz. 40.

536 Dies ist sowohl in der Rechtsprechung als auch in der Literatur unstreitig; vgl. BAG, Vorlagebeschluss vom 17.06.2015 – 4 AZR 61/14 (A), Rz. 14, NZA 2016, S. 373; BAG, Urteil vom 22. 4. 2009 – 4 AZR 100/08, Rz. 28, NZA 2010, S. 41; *Preis*, in: Müller-Glöge/Preis/Schmidt, Erfurter Kommentar zum ArbR 2019, § 613a BGB, Rz. 79; *Mansel*, in: Jauernig – Bürgerliches Gesetzbuch, § 613a BGB, Rz. 7; *Flockenhaus*, RdA 2017, S. 316 (322); *Langener*, in: Umwandlungsgesetz/Umwandlungssteuergesetz 2018, Vorbemerkung zu §§ 322 – 325, Rz. 19; *Wank*, in: Wiedemann – TVG 2019, § 3, Rz. 436; *Oetker*, § 6 Bindung an den Tarifvertrag, in: Jacobs/Krause/Oetker/Schubert (Hrsg.) – Tarifvertragsrecht 2013, Rz. 165; *Dierssen*, in: Berg/Koch/Schumann – TVG 2018, § 3, Rz. 304; *E.M. Willemsen*, Die arbeitsvertragliche Bezugnahme 2009, S. 210.

537 EuGH, Rs. C-499/04, *Werhof*, ECLI:EU:C:2006:168, Rz. 27.

Rechtssachen *Alemo-Herron* und *Asklepios* vermeidet der EuGH hingegen eine konkrete Einordnung in einen der Absätze von Art. 3 BÜ-RL und legt sich damit in dogmatischer Hinsicht nicht fest. Stattdessen bezieht sich der EuGH in diesen Entscheidungen allgemein auf Art. 3 BÜ-RL.[538]

(1) Absatz 1

Der deutschen Dogmatik folgend ordnen die deutschen Gerichte und der überwiegende Teil der in der Literatur vertretenen Ansichten die in Bezug genommenen Regelungen in Art. 3 Abs. 1 BÜ-RL ein und beziehen sich dabei – sofern eine Begründung vorhanden ist – auf die schuldrechtliche Wirkung der in Bezug genommenen Tarifregelungen (Einordnung in Art. 3 Abs. 1 BÜ-RL) in Abgrenzung zu normativ geltenden Tarifregelungen (Einordnung in Art. 3 Abs. 3 BÜ-RL).[539]

(2) Absatz 3

Zutreffend ist indes eine dogmatische Einordnung von arbeitsvertraglich in Bezug genommenen tarifvertraglichen Regelungen in Art. 3 Abs. 3 BÜ-RL.[540]

(a) Unionsrechtlicher Kontext

Die Einordnung in Art. 3 Abs. 3 BÜ-RL widerspricht zwar der vom deutschen Gesetzgeber intendierten Umsetzung von Art. 3 BÜ-RL in § 613a Abs. 1 BGB. Dieser Widerspruch ist aber für die Auslegung einer *unions*rechtlichen Vorschrift kein entscheidender Einwand. Vielmehr kann das in Deutschland herrschende

---

538 EuGH, Rs. C-426/11, *Alemo-Herron*, ECLI:EU:C:2013:521; EuGH, Rs. C-680/15, *Asklepios*, ECLI:EU:C:2017:317.

539 BAG, Urteil vom 23.09.2009 – 4 AZR 331/08, Rz. 31 ff., BAGE 132, 169; BAG, Vorlagebeschluss vom 17.06.2015 – 4 AZR 61/14 (A), Rz. 12 ff, NZA 2016; *Jacobs/Frieling*, *EuZW 2013*, 737 (739); *Grau/Hartmann*, in: Preis/Sagan, Europäisches ArbR 2019, S. 770, Rz. 15.128; *Krause*, in: EnzEuR – Band 7, § 7, Rz. 78; *Klein*, NZA 2016, S. 410 (412); *Winter*, in: Franzen/Gallner/Oetker, Kommentar zum europäischen Arbeitsrecht 2018, Art. 3 RL 2001/23/EG, Rz. 26; *Krause*, Individualvertragliche Verweisungen (FS Willemsen 2018), S. 257 (259, 263); *Klein*, EuZA 2014, S. 325 (338).

540 *Willemsen/Krois/Mehrens*, RdA 2018, S. 151 (159 f.); *Wissmann/Niklas*, NZA 2017, S. 697 (700); *Mückl*, ZIP 2014, S. 207 (211); *Naber/Krois*, ZESAR 2014, S. 121 (123); *Schubert*, RdA 2018, S. 367 (371); *Schneider*, Die Wirkung arbeitsvertraglicher Bezugnahmeklauseln 2017, S. 118 ff. Generalanwalt *Bot* spricht sich für eine Einordnung in Art. 3 Abs. 1 BÜ-RL i.V. mit Art. 3 Abs. 3 BÜ-RL aus (Schlussantrag, Rs. C-390/12, *Pfleger*, EU:C:2013:747, Rz. 114), ihm folgend *Schubert*, Kollektivverträge und kleine dynamische Bezugnahmeklauseln (FS Willemsen 2018), S. 463 (469); im Ergebnis auch *Möller*, der Abs. 1 und Abs. 3 nicht in einem Exklusivverhältnis sieht (*Möller*, Zeitdynamische Bezugnahmeklauseln 2018, S. 70 ff.).

Verständnis beruhend auf der Differenzierung zwischen schuldrechtlich und normativ geltenden Regelungen wegen der unterschiedlichen Rechtslagen in den Mitgliedstaaten nicht auf die unionale Ebene übertragen werden.[541] Denn in den Mitgliedstaaten bestehen unterschiedliche Modelle in Bezug auf Geltung und Wirkung von Kollektivverträgen. In mehreren Staaten wirken tarifvertragliche Regelungen bei beiderseitiger Tarifgebundenheit zwar normativ auf die betroffenen Arbeitsverhältnisse ein. Das gilt z.B. neben Deutschland auch in Frankreich, Italien und Spanien.[542] In Belgien und Dänemark hingegen werden die tariflichen Regelungen Bestandteil des Arbeitsvertrages und wirken somit schuldrechtlich.[543] Gleiches gilt in England, wo Tarifvereinbarungen grundsätzlich unverbindlich sind und nur durch eine Vereinbarung zwischen Arbeitgeber und Arbeitnehmer Bestandteil des Arbeitsvertrages werden.[544] In Dänemark und Schweden verpflichten tarifvertragliche Regelungen den Arbeitgeber lediglich gegenüber der Gewerkschaft, die (und nicht der Arbeitnehmer) bei Verstößen berechtigt ist, gegen den Arbeitgeber zu klagen.[545] Die in weiten Teilen der deutschen Literatur und Rechtsprechung des BAG angewandte Differenzierung nach normativer und schuldrechtlicher Wirkung ist daher für die Einordnung einer Regelung in Art. 3 Abs. 1 oder Abs. 3 BÜ-RL ungeeignet.[546]

(b) Eigenständiger Anwendungsbereich

Eine Einordnung in Art. 3 Abs. 3 BÜ-RL ist auch deshalb geboten, weil dessen Regelungsgehalt hinsichtlich tarifvertraglicher Regelungen nahezu vollständig leerlaufen würde. Grund hierfür ist die häufige Verwendung von Bezugnahmeklauseln in deutschen Arbeitsverträgen. Die häufige Verwendung beruht darauf, dass ein Arbeitgeber seine Arbeitnehmer nicht nach ihrer Gewerkschaftszugehörigkeit fragen darf. Ein Arbeitnehmer dürfte jedenfalls sanktionslos auf eine solche Frage falsch antworten.[547] Ein tarifgebundener Arbeitgeber ist aber verpflichtet, gegenüber den Mitgliedern der tarifschließenden Gewerkschaft in seiner Belegschaft den Inhalt des geltenden Tarifvertrages zu beachten. Um diesen Verpflichtungen nachzukommen und um keine unterschiedlichen Arbeitsbedingungen im Betrieb beachten zu müssen, greifen tarifgebundene Arbeitgeber

541 *Sagan*, ZESAR 2016, S. 116 (120).
542 *Rebhahn*, NZA 2001, S. 763 (764).
543 *Rebhahn*, NZA 2001, S. 763 (764 f.).
544 *Harth/Taggart*, in: Henssler/Braun, Arbeitsrecht in Europa 2011, S. 532, Rz. 106.
545 *Rebhahn*, NZA 2001, S. 763 (764 f.).
546 So auch *Willemsen/Krois/Mehrens*, RdA 2018, S. 151 (159 f.).
547 BAG, Urteil vom 18.11.2014 - 1 AZR 257/13, Rz. 30 ff., NJW 2015, S. 1548.

sehr häufig zu Bezugnahmeklauseln, mit denen sie einen Gleichlauf zwischen den gewerkschaftlich organisierten und den nicht organisierten Arbeitnehmern herstellen können.[548] Aus diesem Grund hatte das BAG auch zunächst entschieden, dass Bezugnahmeklauseln als sogenannte Gleichstellungsabrede auszulegen sind.[549] Es finden sich regelmäßig Bezugnahmeklauseln in sämtlichen Arbeitsverträgen eines solchen Betriebes.[550] Bei gewerkschaftlich organisierten Arbeitnehmern ist der Arbeitgeber damit schuldrechtlich (durch die Bezugnahme) und normativ (wegen der Tarifgebundenheit) an die Regelungen des Tarifvertrages gebunden.[551] Durch diesen „doppelten Geltungsgrund"[552] wären stets sowohl Art. 3 Abs. 1 als auch Art. 3 Abs. 3 BÜ-RL einschlägig. Aufgrund der weitergehenden Rechtsfolge des Art. 3 Abs. 1 BÜ-RL würde die (statische) Rechtsfolge des Art. 3 Abs. 3 BÜ-RL regelmäßig auch bei tarifgebundenen Veräußerern und Arbeitnehmern leerlaufen und damit eine massive Einschränkung des eigentlich vorgesehenen Anwendungsbereiches erfahren.

(c) Rechtssache C-328/13 – Österreichischer Gewerkschaftsbund

Darüber hinaus hat der EuGH zum Verständnis von Art. 3 Abs. 3 BÜ-RL in der Rechtssache *Österreichischer Gewerkschaftsbund* ausgeführt, dass kollektivrechtlich vereinbarte Arbeitsbedingungen unabhängig von der Technik ihrer Geltung grundsätzlich unter Art. 3 Abs. 3 BÜ-RL fallen.[553] Es genüge laut EuGH, dass Arbeitsbedingungen in einem Kollektivvertrag vereinbart wurden und den Erwerber und die übergegangenen Arbeitnehmer tatsächlich binden.[554] Diese Voraussetzungen treffen auch auf arbeitsvertraglich in Bezug genommene

548 *Heine*, Die Auslegung arbeitsvertraglicher Bezugnahmeklauseln 2013, S. 3.

549 Siehe hierzu oben unter Ziffer B. II. 1. in diesem Teil der Arbeit ab S. 160.

550 *Möller*, Zeitdynamische Bezugnahmeklauseln 2018, S. 2; *Henssler/Heiden* gehen davon aus, dass bis zu 84% der Arbeitsverträge deutscher Arbeitnehmer eine Bezugnahmeklausel enthalten (*Henssler/Heiden*, RdA 2004, S. 241 (246, FN 1); laut *Preis* enthalten ca. 90% aller Arbeitsverträge Bezugnahmeklauseln (*Preis*, in: Preis, Der Arbeitsvertrag 2011, S. 61, Rz. 25).

551 BAG, Urteil vom 29.08.2007 – 4 AZR 767/06, Rz. 13, NZA 2008, S. 364; BAG, Urteil vom 24.02.2010 – 4 AZR 691/08, Rz. 43, NZA 2010, S. 530.

552 *Oekter*, § 6 Bindung an den Tarifvertrag, in: Jacobs/Krause/Oetker/Schubert (Hrsg.) – Tarifvertragsrecht 2013, Rz. 166.

553 EuGH, Rs. C-328/13, *Österreichischer Gewerkschaftsbund*, ECLI:EU:C:2014:2197, Rz. 25.

554 EuGH, Rs. C-328/13, *Österreichischer Gewerkschaftsbund*, ECLI:EU:C:2014:2197, Rz. 25.

tarifvertragliche Vorschriften zu.[555] Eine Klarstellung durch den EuGH in der zeitlich später entschiedenen Rechtssache *Asklepios* wäre wünschenswert gewesen und hätte sich aufgrund der umfangreichen Ausführungen des BAG in seinem Vorlagebeschluss[556] und des Generalanwaltes *Bot* in seinen Schlussanträgen[557] angeboten, ist aber dennoch ausgeblieben.

cc. Art. 8 BÜ-RL

Nach den Vorgaben von Art. 3 Abs. 3 BÜ-RL gehen somit dynamisch in Bezug genommene tarifvertragliche Regelungen nach einem Betriebsübergang statisch auf den Erwerber über. Damit ist die Regelung in § 613a Abs. 1 Satz 1 BGB, der zu Folge solche Regelungen dynamisch übergehen, aber nicht ohne Weiteres richtlinienwidrig. Denn gemäß Art. 8 BÜ-RL schränkt die BÜ-RL die Möglichkeit der Mitgliedstaaten nicht ein, für die Arbeitnehmer günstigere Rechts- oder Verwaltungsvorschriften anzuwenden oder zu erlassen oder für die Arbeitnehmer günstigere Kollektivverträge und andere zwischen den Sozialpartnern abgeschlossene Vereinbarungen, die für die Arbeitnehmer günstiger sind, zu fördern oder zuzulassen. Diese Regelung stellt klar, dass sich die Kompetenz der Union im Bereich des Arbeitsrechtes gemäß Art. 153 Abs. 2 und Abs. 4 Spiegelstr. 2

---

555 Bei der Entscheidung in der Rechtssache *Österreichischer Gewerkschaftsbund* ging es um die Frage, ob Regelungen eines nachwirkenden Tarifvertrages in Art. 3 Abs. 3 BÜ-RL einzuordnen sind. Dies wird teilweise zum Anlass genommen, die grundsätzliche Bedeutung der Ausführungen des EuGH zu Art. 3 Abs. 3 BÜ-RL zu relativieren und ausschließlich auf Regelungen eines nachwirkenden Tarifvertrages anzuwenden (*Flockenhaus*, RdA 2017, S. 316 (322); *Winter*, in: Franzen/Gallner/Oetker, Kommentar zum europäischen Arbeitsrecht 2018, Art. 3 RL 2001/23/EG, Rz. 26; *Krause*, Individualvertragliche Verweisungen (FS Willemsen 2018), S. 257 (259)). Tatsächlich beziehen sich die Ausführungen des EuGH nicht ausschließlich auf den der Entscheidung zugrunde liegenden Sachverhalt, sondern sind sehr allgemein formuliert. Der EuGH rekurriert in seinen Entscheidungsgründen ausdrücklich auf die Ausführungen von Generalanwalt *Cruz Villalón* (EuGH, Rs. C-328/13, *Österreichischer Gewerkschaftsbund*, ECLI:EU:C:2014:2197, Rz. 25), der sich wiederum ganz allgemein und grundsätzlich mit der Auslegung von Art. 3 Abs. 1 und Abs. 3 BÜ-RL auseinandersetzt (Schlussanträge, Rs. C-328/13, *Österreichischer Gewerkschaftsbund*, BeckRS 2014, 80956, Rz. 34 ff.). Auch dies spricht für ein allgemeines Verständnis der Ausführungen des EuGH, so dass sie auch hinsichtlich der Bezugnahmeklauseln fruchtbar gemacht werden können.

556 BAG, Vorlagebeschluss vom 17.06.2015 – 4 AZR 61/14 (A), Rz. 12 ff., NZA 2016, S. 373.

557 Schlussantrag, Rs. C-390/12, *Pfleger*, EU:C:2013:747, Rz. 63 ff.

AEUV auf den Erlass von Mindestvorschriften beschränkt.[558] Für die Arbeitnehmer gilt damit eine Art Günstigkeitsprinzip. Das bedeutet, dass sich Arbeitnehmer auf etwaig bestehende im Vergleich zum Unionsrecht günstigerere nationale Vorschriften berufen können.[559] Eine dynamische Fortgeltung von Bezugnahmeklauseln kann sich als für den Arbeitnehmer günstiger erweisen, wenn eine für den Arbeitnehmer positive Tarifentwicklung besteht.[560] § 613a Abs. 1 Satz 1 BGB ist somit nicht – jedenfalls nicht bereits aufgrund der übererfüllenden Umsetzung – unionsrechtswidrig.

2. Auswirkungen der Vertragsfreiheit des Arbeitgebers

Ungeachtet der grundsätzlichen Zulässigkeit von günstigeren Vorschriften für Arbeitnehmer stellt sich die Frage, ob die Regelung in § 613a Abs. 1 Satz 1 BGB mit der durch Art. 16 GRC geschützten Vertragsfreiheit des Arbeitgebers in Einklang steht oder ob sich aus der Berücksichtigung von Art. 16 GRC ein Anpassungsbedarf der deutschen Rechtslage ableiten lässt. Darüber hinaus ist zu klären, welche Auswirkungen sich aus einer möglicherweise gebotenen unionsgrundrechtskonformen Auslegung des deutschen Rechtes ergeben und wie diese prozessual umzusetzen sind.

a. Anwendbarkeit der GRC

Die Anwendbarkeit der GRC auf die Auslegung von § 613a Abs. 1 BGB im Kontext von dynamischen Bezugnahmeklauseln wird teilweise unter Bezugnahme auf eine fehlende Durchführung von Unionsrecht abgelehnt.[561] Dem EuGH

---

558 Siehe hierzu oben unter Ziffer A. IV. 2. b. bb. (1) und Ziffer A. IV. 2. b. bb. (2) im vierten Teil der Arbeit ab S. 115.

559 MAUL-SATORI, in: Boecken/Düwell/Diller/Hanau, Gesamtes ArbR 2016, Art. 153 AEUV, Rz. 13; REBHAN/REINER, in: Becker/Hatje/Schoo/Schwarze, EU-Kommentar 2019, Art. 153 AEUV, Rz. 69.

560 Vgl. auch Schlussanträge, C-680/15, *Asklepios*, ECLI:EU:C:2017:30; Rz. 109. Nur unter diesen Voraussetzungen wird sich ein Arbeitnehmer überhaupt auf die Dynamik der Bezugnahme berufen.

561 BAG, Vorlagebeschluss vom 17.06.2015 – 4 AZR 61/14 (A), Rz. 54, NZA 2016, S. 373; LAG Berlin-Brandenburg, Urteil vom 30.04.2015 – 26 Sa 1130/14, Rz. 80 ff; ECLI:DE:LAGBEBB:2015:0430.26SA1130.14.0A; SAGAN, ZESAR 2016, S. 116 (121); PREIS, in: Müller-Glöge/Preis/Schmidt, Erfurter Kommentar zum ArbR 2019, § 613a BGB, Rz. 127b; WISSMANN, RdA 2015, S. 301 (302 f.); KRAUSE, Individualvertragliche Verweisungen (FS Willemsen 2018), S. 257 (267 f.). Bemerkenswert ist, dass die beiden Letztgenannten damit argumentieren, dass die BÜ-RL tatsächlich auf Art. 153 AEUV beruht, was nach hier vertretener Ansicht gerade das entscheidende Argument für die

wurde deshalb hinsichtlich der *Alemo-Herron*-Entscheidung vorgehalten, im Falle einer Übertragung dieser Ansicht auf die deutsche Rechtslage nach § 613a Abs. 1 BGB ultra vires zu handeln.[562] Da die BÜ-RL aber auf Art. 153 AEUV beruht,[563] ergibt sich die Anwendbarkeit der GRC bei der Auslegung von § 613a Abs. 1 Satz 1 BGB als übererfüllende Umsetzungsnorm aus Art. 153 Abs. 4 UAbs. 2 AEUV.[564] Ein Ultra-Vires-Akt ist somit nicht zu befürchten. Vielmehr setzt die Anwendung der GRC die Vorgaben aus dem AEUV um.

b. Eingriff in Art. 16 GRC

Die grundrechtskonforme Auslegung von § 613a Abs. 1 Satz 1 BGB am Maßstab der Vertragsfreiheit des Arbeitgebers setzt zusätzlich voraus, dass ein Eingriff in Art. 16 GRC vorliegt.

aa. Gesetzlich angeordneter Übergang

Grundsätzlich besteht kein Zwang für einen Erwerber, einen anderen Betrieb zu übernehmen. Der Erwerber kann sich frei entscheiden, ob er die Voraussetzungen für den Übergang eines Arbeitsverhältnisses gemäß § 613a Abs. 1 Satz 1 BGB auslösen möchte. Mit Hinweis auf diese Entscheidungsfreiheit wird in der Literatur teilweise die Eingriffsqualität von § 613a Abs. 1 Satz 1 BGB abgelehnt bzw. in Frage gestellt.[565] Die Entscheidungsfreiheit über den Erwerb eines Betriebes ändert aber nichts daran, dass die von einem Betriebsübergang erfassten Arbeitsverhältnisse kraft Gesetzes zwingend von dem Veräußerer auf den Erwerber übergehen. Dem Erwerber werden damit Arbeitsverträge aufgezwungen, ohne dass eine Widerspruchsmöglichkeit besteht.[566] Der gesetzlich

---

Anwendbarkeit der GRC ist. *Schubert* entwickelte darüber hinaus die Anwendbarkeit der GRC aufgrund der Harmonisierungsermächtigung in Art. 115 AEUV (*Schubert*, in: Franzen/Gallner/Oetker, Kommentar zum europäischen Arbeitsrecht 2018, Art. 16 GRC, Rz. 25; *Schubert*, ZESAR 2018, S. 8 (13 f.)).

562 LAG Berlin-Brandenburg, Urteil vom 30.04.2015 – 26 Sa 1130/14, Rz. 80 ff; ECLI:DE:LAGBEBB:2015:0430.26SA1130.14.0A.

563 Siehe FN 344.

564 Siehe hierzu ausführlich oben unter Ziffer B. im vierten Teil ab S. 119.

565 *Flockenhaus*, RdA 2017, S. 316 (322); *Thüsing*, EWiR 2013, S. 543 (544); *Klein*, NZA 2016, S. 410 (414); *Kainer*, EuZA 2014, S. 230 (235); *Heuschmidt*, AuR 2013, S. 500 (500); Forst BD 2013, S. 1847 (1850).

566 EuGH, Rs. C – 362/89, *D' Urso*, ECLI:EU:C:1991:326, Rz. 12; EuGH, Rs. C-305/94, *Rotsart de Hertaing*, ECLI:EU:C:1996:435, Rz. 18; BAG, Vorlagebeschluss vom 17.06.2015 – 4 AZR 61/14 (A), Rz. 33, NZA 2016, S. 373.

angeordnete Übergang von Arbeitsverhältnissen stellt somit einen Eingriff in die (negative) Vertragsfreiheit des Erwerbers dar.[567]

bb. Vertraglich vereinbarter Übergang

Im Rahmen von Betriebsübergängen kommt es nicht selten vor, dass der Erwerber aus Gründen der Rechtssicherheit dreiseitige Vereinbarungen mit dem Veräußerer und bestimmten Arbeitnehmern, vorzugsweise mit Fachkräften und Leistungsträgern, abschließt, um das Arbeitsverhältnis dieser Arbeitnehmer von dem Veräußerer auf den Erwerber zu übertragen. Teilweise führen auch erst solche rechtsgeschäftlichen Übertragungen von Arbeitsverhältnissen zu einem Betriebsübergang. Voraussetzung dafür ist, dass es sich bei dem übernommenen Personal um einen nach Zahl und Sachkunde wesentlichen Teil des Personals handelt. Darüber hinaus muss er die Tätigkeit des Veräußerers weiterführen und das übernommene Personal gezielt bei dieser übernommenen Tätigkeit eingesetzt werden.[568] Gemäß § 613a Abs. 1 Satz 1 BGB gehen dann sämtliche dem übergehenden Betrieb zuzuordnende Arbeitsverhältnisse auf den Erwerber über. Bei Abschluss einer dreiseitigen Vereinbarung gehen die Arbeitsverhältnisse also sowohl aufgrund der vertraglichen Überleitung als auch aufgrund der gesetzlichen Anordnung auf den Erwerber über. Da der Erwerber einer Übernahme vertraglich zugestimmt hat, liegt mangels alleiniger gesetzlicher Anordnung eines Überganges kein Eingriff in die Vertragsfreiheit vor. In diesem Fall ist der Übergang tatsächlich Ausdruck und Rechtsfolge der Vertragsfreiheit des Erwerbers. Die folgenden Ausführungen gelten daher nicht für vertraglich übernommene Arbeitsverhältnisse. Etwaig bestehende dynamische Bezugnahmeklauseln

---

567 *Busch/Gerlach*, BB 2017, S. 2356 (2359); *Hartmann*, EuZA 2015, S. 203 (213); *Schiefer/Hartmann*, BB 2013, S. 2613 (2614); *Sutschet*, RdA 2013, S. 28 (34); *Latzel*, RdA 2014, S. 110 (116); *Mückl*, ZIP 2014, S. 207 (211); *Sagan*, ZESAR 2016, S. 116 (121); *Schneider*, Die unternehmerische Freiheit 2017, S. 164; BAG, Vorlagebeschluss vom 17.06.2015 – 4 AZR 61/14 (A), Rz. 57, NZA 2016, S. 373; *Krause*, Individualvertragliche Verweisungen (FS Willemsen 2018), S. 257 (264); *Schubert*, in: Franzen/Gallner/Oetker, Kommentar zum europäischen Arbeitsrecht 2018, Art. 16 GRC, Rz. 24; *Hartmann*, Negative Tarifvertragsfreiheit 2014, S. 327; *Möller*, Zeitdynamische Bezugnahmeklauseln 2018, S. 187 f.

568 EuGH, Rs. C-13/95, *Süzen*, ECLI:EU:C:1997:141, Rz. 21; EuGH, Rs. C-51/00, *Temco Service Industries*, ECLI:EU:C:2002:48, Rz. 26 ff.; BAG, Urteil vom 21. 6. 2012 – 8 AZR 181/11, Rz. 30 ff; NZA-RR 2013, S. 6; *Preis*, in: Müller-Glöge/Preis/Schmidt, Erfurter Kommentar zum ArbR 2019, § 613a BGB, Rz. 24 ff.

behalten in diesem Fall somit auch nach dem (rechtsgeschäftlich vereinbarten) Übergang ihre Dynamik.[569]

c. *Rechtfertigung des Eingriffes*

Der durch den Übergang von Arbeitsverhältnissen gemäß § 613a Abs. 1 Satz 1 BGB erfolgte Eingriff in die Vertragsfreiheit des Erwerbers könnte allerdings gerechtfertigt sein. Gemäß Art. 52 Abs. 1 GRC müsste § 613a Abs. 1 Satz 1 BGB dazu den Wesensgehalt von Art. 16 GRC achten und darf unter Wahrung des Grundsatzes der Verhältnismäßigkeit nur solche Einschränkungen vornehmen, die erforderlich sind und den von der Union anerkannten dem Gemeinwohl dienenden Zielsetzungen oder den Erfordernissen des Schutzes der Rechte und Freiheiten anderer tatsächlich entsprechen.

aa. Achtung des Wesensgehaltes

Als Maßstab für die Beachtung des Wesensgehaltes von Art. 16 GRC hat der EuGH festgestellt, dass die Ausübung der unternehmerischen Freiheit als solche nicht verboten werden dürfe.[570] Der Wesensgehalt der durch Art. 16 GRC gewährleisteten Vertragsfreiheit schütze vor Eingriffen, die vertragliche Gestaltungen kategorisch ausschließen und nicht lediglich einen Rahmen schaffen würden.[571] Diese Voraussetzungen sind bei isolierter Betrachtung von § 613a Abs. 1 Satz 1 BGB mit Blick auf die Fortgeltung einer dynamischen Bezugnahme ohne einseitige Anpassungsmöglichkeiten erfüllt.[572]

(1) Ausschluss der Abschluss- und Gestaltungsfreiheit

§ 613a Abs. 1 Satz 1 BGB zwingt den Erwerber, sämtliche dem übergehenden Betrieb zugeordneten Arbeitsverhältnisse zu übernehmen. Seine Freiheit zum Abschluss von Arbeitsverträgen, die in Gestalt der negativen Vertragsfreiheit

---

569 In der Praxis dürften die Auswirkungen eines fehlenden Eingriffes begrenzt sein, weil Leistungsträger und Fachkräfte häufig auf Grundlage von außertariflichen Arbeitsverträgen tätig sind und daher keine Bezugnahmeklausel im Arbeitsvertrag haben.

570 Siehe hierzu oben unter Ziffer D. II. 2. b. im dritten Teil ab S. 62.

571 Siehe hierzu oben unter Ziffer D. II. 2. b. im dritten Teil ab S. 62.

572 A.A. *Schubert*, in: Franzen/Gallner/Oetker, Kommentar zum europäischen Arbeitsrecht 2018, Art. 16 GRC, Rz. 24; *Klein*, NZA 2016, S. 410 (414); *Krause*, Individualvertragliche Verweisungen (FS Willemsen 2018), S. 257 (265), die trotz der Einschränkungen des Erwerber keine Beeinträchtigung des Wesensgehaltes annehmen.

auch den Nichtabschluss eines Vertrages umfasst,[573] wird bezüglich der übergehenden Arbeitnehmer vollständig ausgeschlossen.

Gemäß § 613a Abs. 1 Satz 1 BGB gehen die betroffenen Arbeitsverhältnisse so auf den Erwerber über, wie sie zum Veräußerer bestanden haben.[574] Die Inhalte der Arbeitsverhältnisse sind damit nicht das Ergebnis der Gestaltungsfreiheit des Erwerbers. Der Erwerber hat bei einer Bezugnahmeklausel auch keinen Einfluss auf die inhaltliche Entwicklung der übergegangenen Arbeitsverhältnisse. Statt einer vertraglichen Gestaltungsmöglichkeit bestimmen an dem Arbeitsverhältnis unbeteiligte Dritte – nämlich die Parteien des in Bezug genommenen Tarifvertrages – die Arbeitsbedingungen, an die Arbeitnehmer und Erwerber gebunden sind.

In der Kombination aus Versagung der Abschluss- und Gestaltungsfreiheit sowie der Einflussnahme unbeteiligter Dritter auf den Inhalt des Arbeitsvertrages schafft § 613a Abs. 1 Satz 1 BGB nicht lediglich einen Rahmen für vertragliche Gestaltungen, sondern greift massiv in die grundlegendsten Bereiche des Vertragsverhältnisses zwischen Arbeitnehmer und Erwerber und damit in den Wesensgehalt der Vertragsfreiheit des Erwerbers ein.

(2) Einvernehmliche Anpassungsmöglichkeit ungenügend

§ 613a Abs. 1 Satz 1 BGB schließt eine einvernehmliche Anpassung der arbeitsvertraglichen Bedingungen nicht aus. Eine Anpassung ist vielmehr auch zum Nachteil des Arbeitnehmers möglich,[575] ohne dass hierbei die Veränderungssperre nach § 613a Abs. 1 Satz 2 BGB gilt. Denn die Veränderungssperre findet lediglich für zwischen Veräußerer und Arbeitnehmer normativ wirkende Regelungen Anwendung.[576] Eine solche einvernehmliche Anpassungsmöglichkeit ist aber nicht geeignet, den Wesensgehalt der negativen Vertragsfreiheit des Erwerbers zu wahren.[577] Der maßgebliche Vorteil einer negativen Vertragsfreiheit ist die Möglichkeit, einer vertraglichen Verpflichtung nicht unterworfen zu werden. Der Berechtigte kann frei entscheiden, ob er ein Vertragsverhältnis begründen möchte.[578] Ab Vertragsschluss bestehen dann gemäß § 241 Abs. 1 BGB Ansprüche des Gläubigers gegen den Schuldner. Der Schuldner kann sich nicht mehr

---

573 Siehe hierzu oben unter Ziffer B. II. 1. c. bb. im dritten Teil dieser Arbeit ab S. 55.

574 Siehe hierzu oben unter Ziffer B. IV. 1. a. in diesem Teil der Arbeit ab S. 169.

575 BAG, Vorlagebeschluss vom 17.06.2015 – 4 AZR 61/14 (A), Rz. 15, NZA 2016, S. 373.

576 *Preis*, in: Müller-Glöge/Preis/Schmidt, Erfurter Kommentar zum ArbR 2019, § 613a BGB, Rz. 119.

577 So auch *Höpfner*, Tarifgeltung im Arbeitsverhältnis 2015, S. 377.

578 Vgl. *Di Fabio*, in: Maunz/Dürig, GG 2018, Art. 2 Abs. 1, Rz. 101.

frei entscheiden, ob und in welchem Umfang Ansprüche gegen ihn bestehen sollen oder nicht. Nur noch mit Zustimmung des Vertragspartners kann sich der Schuldner von den vertraglichen Verpflichtungen befreien oder deren Inhalt abändern. Genau diese Bindung und Abhängigkeit von der Zustimmung eines Dritten soll durch eine negative Vertragsfreiheit aber verhindert werden.[579] Möglicherweise hat auch der EuGH eine einvernehmliche Anpassungsmöglichkeit nicht als ausreichend angesehen, um von der Wahrung des Wesensgehaltes auszugehen. In der Rechtssache *Alemo-Herron* erwähnt der EuGH die einvernehmliche Anpassungsmöglichkeit jedenfalls nicht.[580]

Darüber hinaus scheint die Möglichkeit einer einvernehmlichen Anpassung in Gestalt der Entdynamisierung einer Bezugnahme eine eher theoretische Anpassungsmöglichkeit, da dies in aller Regel zu einer Verschlechterung der Situation der Arbeitnehmer führen würde. Das BAG hat zwar Beispiele genannt, bei denen sich Arbeitnehmer freiwillig zu einer einvernehmlichen Verschlechterung ihrer Arbeitsbedingungen bereit erklärt hatten.[581] Die Beispiele sind aber bereits deshalb nicht überzeugend, weil es in den zugrunde liegenden Sachverhalten um ein in der Existenz bedrohtes Unternehmen ging[582] bzw. der

---

579 Vgl. HARTMANN, EuZA 2017, S. 521 (530).

580 WISSMANN/NIKLAS, NZA 2017, S. 697 (701); WILLEMSEN/GRAU, NJW 2014, S. 12 (15); SCHNEIDER, Die Wirkung arbeitsvertraglicher Bezugnahmeklauseln 2017, S. 198. *Heuschmidt* erklärt das Verhalten des EuGH mit den Spezifika des englischen Arbeitsrechtes und verweist auf § 4 Abs. 4 TUPE (HEUSCHMIDT, AuR 2013, S. 500 (502). Gemäß § 4 Abs. 4 TUPE ist jede Änderung des Arbeitsvertrages mit einem übergegangenen Arbeitnehmer unwirksam, wenn der Grund für die Änderung der Betriebsübergang ist oder mit dem Betriebsübergang zusammenhängt und keine wirtschaftlichen, technischen oder organisatorischen Gründe vorliegen, die Änderungen im Bereich der Beschäftigung mit sich bringen. Hintergrund der Vorschrift ist die Rechtsprechung des EuGH in der Rechtssache *Daddy's Dancehall*. Dort hatte der EuGH ausgeführt, dass Arbeitnehmer nicht auf Rechte verzichten könnten, die ihnen aufgrund der BÜ-RL zustehen und bezog sich dabei insbesondere auf den Kündigungsschutz gemäß Art 4 BÜ-RL (EuGH, Rs. C-324/86, *Daddy's Dancehall*, ECLI:EU:C:1988:72, Rz. 14). Der EuGH fügte allerdings hinzu, dass Änderungen, die das nationale Recht auch im Verhältnis zum Veräußerer zulässt, nicht untersagt seien (EuGH, Rs. C-324/86, *Daddy's Dancehall*, ECLI:EU:C:1988:72, Rz. 17 f.). Daher überzeugt die Argumentation von *Heuschmidt* nicht.

581 BAG, Urteil vom 26.06.2008 – 2 AZR 139/07, NZA 2008, S. 1182; BAG, Urteil vom 01.04.2009 – 10 AZR 353/08, NZA 2009, S. 1409; BAG, Urteil vom 07.06.2017 – 1 ABR 32/15, NZA 2017, S. 1410.

582 BAG, Urteil vom 26.06.2008 – 2 AZR 139/07, NZA 2008, S. 1182.

Arbeitgeber nicht unerhebliche Gegenleistungen an die Arbeitnehmer erbracht hatte.[583] Bei Letzterem ist schon fraglich, ob überhaupt von einer Verschlechterung der Arbeitsbedingungen gesprochen werden kann, da die Arbeitgeber zu weitreichenden Zugeständnissen bereit waren. Die Beispiele vom BAG belegen somit vielmehr, dass ein Erwerber im Normalfall schon praktisch keine Möglichkeit hat, eine einvernehmliche Verschlechterung der arbeitsvertraglichen Bedingungen herbeizuführen. Ungeachtet dessen bleibt es dabei, dass eine einvernehmliche Anpassungsmöglichkeit nicht geeignet ist, den Wesensgehalt der negativen Vertragsfreiheit zu wahren.[584]

(3) Möglichkeit der einseitigen Anpassung

Da § 613a Abs. 1 Satz 1 BGB keine taugliche Anpassungsmöglichkeit durch den Erwerber vorsieht und auch eine entsprechende grundrechtskonforme Auslegung aufgrund des eindeutigen Wortlautes nicht möglich ist, ist zu prüfen, ob nicht im nationalen Recht an anderer Stelle eine Regelung enthalten ist, die einen ausreichenden Schutz der Vertragsfreiheit gewährleisten kann.[585] Ausreichend Schutz könnte sich aus einer entsprechenden Handhabung einer Änderungskündigung ergeben. Das BAG und ihm folgend auch der EuGH sehen diese im deutschen Recht bestehende Möglichkeit jedenfalls als ausreichend an, um eine Verletzung von Art. 16 GRC abzulehnen.[586]

(a) Dogmatik einer Änderungskündigung

Bei einer arbeitgeberseitigen Änderungskündigung kündigt der Arbeitgeber das bestehende Arbeitsverhältnis und bietet im Zusammenhang mit der Kündigung

---

583 BAG, Urteil vom 01.04.2009 – 10 AZR 353/08, NZA 2009, S. 1409; BAG, Urteil vom 07.06.2017 – 1 ABR 32/15, NZA 2017, S. 1410.

584 Zu den Möglichkeiten einer sogenannten Überkreuzablösung, also einer Ablösung der in Bezug genommenen Tarifregelungen durch eine Betriebsvereinbarung siehe UBBEN/MASSIG, BB 2017, S. 2230 (2231 ff.) sowie LEDER/SEIDLER, EWiR 2017, S. 441 (442). Da aber auch der Abschluss einer Betriebsvereinbarung zwingend ein Einvernehmen in Form einer Zustimmung durch den Betriebsrat voraussetzt, begegnet dieser Ansatz denselben Einwänden, wie die einvernehmliche Vertragsanpassung.

585 Bei einer grundrechtskonformen Auslegung ist also nicht nur die konkrete streitgegenständliche Vorschrift, sondern die gesamte einschlägige nationale Rechtsordnung einzubeziehen (EuGH, Rs. C-580/13, *Coty Germany*, ECLI:EU:C:2015:485, Rz. 41 f.; EuGH, Rs. C-212/04, *Adeneler*, ECLI:EU:C:2006:443, Rz. 111; EuGH, Rs. C-176/12, *Association de médiation sociale*, ECLI:EU:C:2014:2, Rz. 38; EuGH, Rs. C-397/01, *Pfeiffer*, ECLI:EU:C:2004:584, Rz. 119; siehe auch JARASS, ZEuP 2017, S. 310 (321)).

586 Siehe hierzu oben unter Ziffer B. II. 3. in diesem Teil der Arbeit ab S. 163.

die Fortsetzung des Arbeitsverhältnisses zu geänderten Arbeitsbedingungen an. Der Arbeitnehmer kann das Angebot im Anwendungsbereich des ersten und zweiten Abschnittes des KSchG[587] innerhalb von drei Wochen nach Zugang der Kündigung unter dem Vorbehalt der sozialen Rechtfertigung annehmen[588], das Angebot vorbehaltslos annehmen oder es ablehnen. Bei einer Ablehnung verfällt das Angebot des Arbeitgebers. Es kommt in diesem Fall zu einer (reinen) Beendigungskündigung. Bei einer vorbehaltslosen Annahme ändern sich die arbeitsvertraglichen Bedingungen entsprechend dem Angebot des Arbeitgebers. Bei einer Annahme unter Vorbehalt wird die Änderung des Arbeitsvertrages nur dann wirksam, wenn die Änderung sozial gerechtfertigt im Sinne des § 1 Abs. 2, Abs. 3 KSchG ist.[589]

(b) Mitwirkung des Arbeitnehmers

In der Literatur wird teilweise vertreten, dass eine Änderungskündigung wegen der zugrunde liegenden Dogmatik keine einseitige Anpassungsmöglichkeit darstelle.[590] Streng formal gesehen ist diese Ansicht zutreffend. Denn eine Änderung des Arbeitsvertrages tritt nur dann ein, wenn der Arbeitnehmer vorbehaltslos oder unter Vorbehalt das im Zusammenhang mit der Kündigung angebotene Änderungsangebot des Arbeitgebers annimmt. Ohne Annahme durch den Arbeitnehmer kommt es entweder zur Beendigung des Arbeitsverhältnisses oder zu der Fortführung mit den bisherigen Konditionen. Dem Arbeitgeber droht also anstelle der Änderung des Arbeitsvertrages bestenfalls eine Beendigung des Arbeitsverhältnisses.

Diese dogmatischen Schwächen einer Änderungskündigung sind aber aus praktischen Gründen nicht geeignet, der Änderungskündigung die Eigenschaft als taugliche Anpassungsmöglichkeit des Arbeitsverhältnisses abzusprechen. Denn selbst wenn es ein (fiktives) voraussetzungsfreies, einseitiges Gestaltungsrecht für die Anpassung des Arbeitsvertrages durch den Arbeitgeber geben

---

587 Vgl. § 23 Abs. 1 KSchG.

588 Siehe zur Zulässigkeit eines Annahmevorbehalts im Kleinbetrieb *Wagner*, ArbRAktuell 2016, S. 369 (369 f.).

589 *Oetker*, in: Müller-Glöge/Preis/Schmidt, Erfurter Kommentar zum ArbR 2019, § 2 KSchG, Rz. 28 ff.

590 *Sagan*, NZA-Beilage 2018, S. 47 (50); *Busch/Gerlach*, BB 2017, S. 2356 (2360); *Sagan*, ZESAR 2016, S. 116 (120); *Wahlig/Brune*, NZA 2018, S. 221 (226); *Hohenstatt*, Sechs Thesen zum Schicksal von Bezugnahmeklauseln (FS Willemsen 2018), S. 187 (193 f.).; *E.M. Willemsen*, Bezugnahmeklauseln bei Betriebsübergang (FS Willemsen 2018), S. 619 (626).

würde[591], könnte der Arbeitnehmer jederzeit unter Beachtung der für ihn geltenden Kündigungsfristen das Arbeitsverhältnis mit dem Arbeitgeber ohne Berufung auf Kündigungsgründe beenden. Der drohende Verlust des Arbeitsverhältnisses mit dem Arbeitnehmer aufgrund einer durch den Erwerber veranlassten Veränderung des Arbeitsvertrages ist daher für die Beurteilung der Änderungskündigung als taugliche Anpassungsmöglichkeit unschädlich.[592]

(c) Begleitumstände einer Änderungskündigung

In der Literatur wird darüber hinaus eingewandt, dass die mit einer Änderungskündigung verbundenen verwaltungsmäßigen und rechtlichen Probleme gegen die Tauglichkeit als unionsrechtskonforme Anpassungsmöglichkeit sprechen. Verwiesen wird hierbei auf eine ggf. zu erlassende Massenentlassungsanzeige gemäß § 17 Abs. 1 KSchG, dem etwaig erforderlichen Abschluss eines Sozialplanes gemäß §§ 111, 112 BetrVG, einer Verschlechterung der Atmosphäre innerhalb der Belegschaft, die Beachtung von Sonderkündigungsschutz und des bestehenden Prozessrisikos im Zusammenhang mit Kündigungsschutzklagen.[593] Soweit ersichtlich noch nicht genannt, gleichwohl aber eine erheblich negative Folge einer Änderungskündigung ist bei einer Kündigungsschutzklage neben dem Prozessrisiko die Kostenlast des Erwerbers. Denn der Erwerber muss bei einer Kündigungsschutzklage des Arbeitnehmers unabhängig von dem Ausgang des Gerichtsverfahrens in der ersten Instanz die eigenen Rechtsanwaltskosten gemäß § 12a Abs. 1 ArbGG selbst tragen. Im Fall von Massenänderungskündigungen kommt dadurch eine (weitere) erhebliche finanzielle Belastung auf den Erwerber zu.[594]

Sämtliche Einwände gegen die Möglichkeit der Änderungskündigung als taugliches Anpassungsmittel überzeugen indes nicht. Die genannten rechtlichen Probleme sind unbeachtlich, da sie einer Anpassung an sich nicht

---

591 Ein solches voraussetzungsloses Entdynamisierungsrecht fordert *Hartmann* für eine unionsrechtskonforme Umsetzung der BÜ-RL (*Hartmann*, EuZA 2017, S. 521 (530 f.).

592 So jedenfalls im Ergebnis auch BAG, Urteil vom 30.08.2017 – 4 AZR 61/14, Rz. 53, BeckRS 2017, 140697.

593 *Hohenstatt*, Sechs Thesen zum Schicksal von Bezugnahmeklauseln (FS Willemsen 2018), S. 187 (193 f.).; *E.M. Willemsen*, Bezugnahmeklauseln bei Betriebsübergang (FS Willemsen 2018), S. 619 (626); *Busch/Gerlach*, BB 2017, S. 2356 (2363); *Schneider*, Die Wirkung arbeitsvertraglicher Bezugnahmeklauseln 2017, S. 257 f.

594 Aus diesem Grund kann es auch in der Praxis wirtschaftlich für den Erwerber sinnvoller sein, gewünschte Änderungen des Arbeitsvertrages im Wege einer Vertragsanpassung vorzunehmen und die Zustimmung des Arbeitnehmers durch eine „Signing Fee" oder andere wirtschaftliche Vorteile zu erlangen.

entgegenstehen, sondern allenfalls zu einer zeitlichen Verzögerung führen. Die tatsächlichen Probleme sind gleichermaßen unbeachtlich, weil der Erwerber im Rahmen der Anpassungsmöglichkeiten nicht von jeder Anstrengung freigestellt werden muss. Gleiches gilt für die drohenden wirtschaftlichen Belastungen. Maßgebliches Kriterium für die Tauglichkeit der Änderungskündigung ist vielmehr die Möglichkeit, eine Anpassung auch vornehmen zu können. Etwaige Nachteile sind ggf. im Rahmen der Abwägung zwischen den widerstreitenden Interessen zu berücksichtigen.

(d) Zwischenergebnis

Mit der Änderungskündigung hat ein Erwerber ein Instrument, das trotz formaler Schwächen und tatsächlicher sowie rechtlicher Begleiterscheinungen als grundsätzlich geeignete einseitige Anpassungsmöglichkeit anzusehen ist. Dieses Instrument ermöglicht es dem Erwerber eines Betriebes grundsätzlich, Anpassungen vorzunehmen, die aufgrund einer dynamischen Fortgeltung von Bezugnahmeklauseln erforderlich sind. Der Wesensgehalt der Vertragsfreiheit des Erwerbers ist daher unter Berücksichtigung der Möglichkeit einer Änderungskündigung nicht durch eine dynamische Fortgeltung der Bezugnahmeklausel beeinträchtigt.

bb. Verhältnismäßigkeit

Die Beachtung des Wesensgehaltes bedeutet nicht gleichsam, dass die durch Art. 16 GRC geschützte Vertragsfreiheit des Erwerbers nicht verletzt wäre. Ob eine Verletzung durch eine gesetzlich angeordnete dynamische Fortgeltung von Bezugnahmeklauseln vorliegt, gilt es im Rahmen einer Verhältnismäßigkeitsprüfung zu erörtern.[595]

---

595 Bemerkenswert ist in diesem Zusammenhang, dass der EuGH in der Asklepios-Entscheidung eine Beeinträchtigung des Wesensgehaltes ablehnt und anschließend kein Wort zu Verhältnismäßigkeit des Eingriffes verliert (EuGH, Rs. C-680/15, *Asklepios*, ECLI:EU:C:2017:317, Rz. 24 ff.). *Schneider* leitet daraus ab, dass sich die Anwendbarkeit der GRC auf nationale übererfüllende Umsetzungsmaßnahmen lediglich auf den Schutz des Wesensgehaltes des betroffenen Grundrechtes beschränkt (SCHNEIDER, Die Wirkung arbeitsvertraglicher Bezugnahmeklauseln 2017, S.153 f.). Dieser Ansatz würde zwar das dogmatisch fragwürdige Vorgehen des EuGH in der Asklepios-Entscheidung erklären, lässt sich aber nicht mit den Vorgaben aus der GRC in Einklang bringen. Bei einer Anwendbarkeit der GRC kann Art. 52 Abs. 1 Satz 2 GRC, der u.a. die Verhältnismäßigkeit eines Eingriffes vorschreibt, nicht übergangen werden.

(1) Legitimes Ziel

Das von dem Eingriff in die Vertragsfreiheit des Erwerbers durch § 613a Abs. 1 BGB[596] sowie das ausweislich des dritten Erwägungsgrundes von der gesamten BÜ-RL verfolgte Ziel ist der Schutz der übergehenden Arbeitnehmer vor einer Veränderung ihrer arbeitsvertraglichen Situation durch den zwischen Veräußerer und Erwerber rechtsgeschäftlich vereinbarten Betriebsübergang.[597] Der Schutz der Arbeitnehmer ist als legitimes Ziel auf Unionsebene etabliert und zählt zu den vom EuGH anerkannten zwingenden Gründen des Allgemeininteresses.[598] Darüber hinaus ist die Vertragsfreiheit des Arbeitnehmers bezogen auf den Arbeitsvertrag von Art. 15 Abs. 1 GRC und damit auf Unionsebene grundrechtlich geschützt.[599]

(2) Geeignetheit

Der Übergang der Rechte und Pflichten aus dem Arbeitsverhältnis auf den Erwerber in der Form, dass der Erwerber so gebunden ist, als wenn er den Arbeitsvertrag selbst geschlossen hätte, ist zum Schutz der von einem Betriebsübergang betroffenen Arbeitnehmer geeignet.

---

596 BAG, Vorlagebeschluss vom 17.06.2015 – 4 AZR 61/14 (A), Rz. 36, NZA 2016, S. 373.

597 EuGH, Rs. C – 362/89, *D' Urso*, ECLI:EU:C:1991:326, Rz. 9; EuGH, Rs. C-209/91, *Rask und Christensen*, ECLI:EU:C:1992:436, Rz. 26; EuGH, Rs. C-4/01, *Martin*, ECLI:EU:C:2003:594, Rz. 39; EuGH, Rs. C-688/13, *Gimnasio Deportivo San Andrés*, ECLI:EU:C:2015:46, Rz. 34. Dem EuGH wurde vorgeworfen, das durch die dynamische Fortgeltung der Bezugnahmeklauseln geschützte Interesse der Arbeitnehmer bei der Prüfung von Art. 16 GRC zugunsten des Erwerbers zu Unrecht außer Betracht gelassen zu haben (BAG, Vorlagebeschluss vom 17.06.2015 – 4 AZR 61/14 (A), Rz. 35, NZA 2016, S. 373; LAG Berlin-Brandenburg, Urteil vom 03.12.2014 – 24 Sa 1126/14, juris Rz. 82 ff.; *Jacobs/Frieling*, EuZW 2013, S. 737 (739); *Forst*, DB 2013, S. 1847 (1849 f.); *Heuschmidt*, AuR 2013, S. 500 (501); *Kainer*, EuZA 2014, S. 230 (235); *Commandeur/Kleinebrink*, BB 2014, S. 181 (183); *Eylert/Schinz*, RdA 2017, S. 140 (145); *Bayreuther*, NJW 2017, S. 2158 (2159); *Thüsing*, EWiR 2013, S. 543 (544); *Rebhahn*, DRdA 2014, S. 406 (410). Diese Kritik lässt allerdings außer Betracht, dass der EuGH sich orientierend an Art. 52 Abs. 1 Satz 1 GRC von einem absolut geschützten und damit abwägungsfestem Wesensgehalt (siehe hierzu oben unter Ziffer D. II. 2. a. im dritten Teil ab S. 79) ausgeht.

598 EuGH, Rs. C-369/96, *Arblade*, ECLI:EU:C:1999:575, Rz. 36; EuGH, Rs. C-411/03, *SEVIC Systems*, ECLI:EU:C:2005:762, Rz. 28; EuGH, Rs. C-438/05, *International Transport Workers' Federation*, NZA 2008, S. 124, Rz. 77; EuGH, Rs. C-201/15, *AGET Iraklis*, ECLI:EU:C:2016:972, Rz. 73.

599 Siehe hierzu oben unter Ziffer D. II. 3. b. im dritten Teil der Arbeit ab S. 88.

(3) Erforderlichkeit

Die Regelung in § 613a Abs. 1 Satz 1 BGB ist hinsichtlich des Schutzes der Arbeitnehmer und ihrer arbeitsvertraglichen Ansprüche auch als erforderlich anzusehen.[600] Es ist kein milderes Mittel ersichtlich, das einen gleichermaßen effektiven Schutz vor einem Verlust von Ansprüchen der Arbeitnehmer bietet.

(4) Angemessenheit

Die Regelung in § 613a Abs. 1 Satz 1 BGB müsste darüber hinaus auch angemessen sein, also einen schonenden Ausgleich zwischen dem Schutz der Arbeitnehmer und der Vertragsfreiheit des Erwerbers schaffen.

(a) Interesse der Arbeitnehmer

Betroffene Arbeitnehmer haben ein berechtigtes Interesse an einer dynamischen Fortgeltung der Bezugnahmeklauseln. Für sie bedeutet eine Fortgeltung der Dynamik eine uneingeschränkte Fortgeltung des Arbeitsvertrages, den sie mit dem Veräußerer geschlossen haben. Dynamisch in Bezug genommene tarifvertragliche Regelungen vermitteln auch nicht nur „bloße Erwartungen und somit hypothetische Vergünstigungen".[601] Es handelt sich vielmehr um eine vertraglich gefestigte Rechtsposition. Grundlage des berechtigten Interesses ist aber die Erwartung, dass die tarifliche Entwicklung stets eine für den Arbeitnehmer vorteilhafte ist. Eine solche Entwicklung ist zwar – gerade in Zeiten einer stabil wachsenden Wirtschaft – der Regelfall.[602] Sie ist aber nicht zwingend. So kam es z.B. in Nordrhein-Westfalen in der Branche der Floristik-Fachbetriebe und Blumen- und Kranzbindereien von 2005 bis 2010 zu einer Verringerung des tariflichen Stundenentgeltes für hoch Qualifizierte von 12,71 EUR brutto auf 12,31 EUR brutto.[603] Die von ver.di vertretenen Friseurmeister mussten von 2005 bis 2010 eine Verringerung des tariflichen Stundenentgeltes von 9,93 EUR brutto auf 8,64 EUR brutto hinnehmen.[604] Die Gewichtung des Interesses der

600 Zu den Voraussetzungen der Erforderlichkeit siehe oben unter Ziffer A. II. 4. b. cc. (1) (d) in diesem Teil der Arbeit auf S. 155.

601 EuGH, Rs. C-499/04, *Werhof*, ECLI:EU:C:2006:168, Rz. 29.

602 Vgl. hierzu beispielhaft die Entwicklung der tariflichen Grundvergütungen in der Zeit von 1990 bis 2016 in Nordrhein-Westfalen unter: http://www.tarifregister.nrw.de/pdf/tarifinformationen/Berichte_Statistik/Tarif-Lohnentwicklung-2016.pdf – zuletzt abgerufen am 14.03.2019.

603 Http://www.tarifregister.nrw.de/pdf/tarifinformationen/Berichte_Statistik/Tarif-Lohnentwicklung-2016.pdf.

604 Http://www.tarifregister.nrw.de/pdf/tarifinformationen/Berichte_Statistik/Tarif-Lohnentwicklung-2016.pdf.

Arbeitnehmer hängt also maßgeblich von der Tarifentwicklung ab, die aber nicht zwingend für den Arbeitnehmer vorteilhaft ist.

Darüber hinaus sichert eine dynamische Fortgeltung der Bezugnahmeklausel zwar die Ansprüche, die sich auf zukünftige Tarifentwicklungen beziehen. Da diese Ansprüche aber zukunftsbezogen sind, entsteht den Arbeitnehmern bei einem Wegfall der Dynamik kein unmittelbarer Nachteil. Es würde vielmehr der zum Zeitpunkt des Betriebsüberganges bestehende status quo erhalten bleiben.[605]

Eine Reduzierung der Schutzbedürftigkeit ergibt sich auch aus einem Vergleich zu ausschließlich normativ an Tarifregelungen gebundenen Arbeitnehmern.[606] Nach § 613a Abs. 1 Satz 2 BGB gehen beim Veräußerer normativ wirkende Tarifregelungen trotz einer etwaig für den Arbeitnehmer positiven Entwicklung in der Zukunft statisch auf den Erwerber über. Die Fortgeltung der Dynamik nach § 613a Abs. 1 Satz BGB würde zu der paradoxen Rechtsfolge führen, dass unmittelbar tarifgebundene Arbeitnehmer auf deren Arbeitsverhältnis die Tarifnormen normativ einwirken nicht an der Tarifentwicklung teilhaben könnten, lediglich schuldrechtlich in Bezug genommene Tarifregelungen diese Entwicklung aber bewahren.[607]

(b) Interesse des Erwerbers

Der Erwerber wiederum hat ein berechtigtes Interesse daran, dass eine dynamische Bezugnahme nach dem Betriebsübergang nicht fort gilt. Zwar hängt auch die Gewichtung dieses Interesses von der jeweils einschlägigen Tarifentwicklung ab. Bei einer Steigerung des Tarifgehaltes wächst die finanzielle Belastung für den Erwerber und sein Interesse an einem Ende der Dynamik nimmt gleichermaßen zu. Bei einer rückläufigen Entwicklung des Tarifgehalts nimmt sein Interesse entsprechend ab.

Der Erwerber hat aber unabhängig von der konkreten tariflichen Entwicklung ein darüber hinaus gehendes Interesse an der Beendigung der Dynamik. Denn Tarifverträge beinhalten gemäß § 1 Abs. 1 TVG Rechtsnormen die den Inhalt, den Abschluss und die Beendigung von Arbeitsverhältnissen sowie betriebliche

---

605 So schon GIESEN, NZA 2006, S. 625 (632); auch das BAG selbst weist auf diesen Umstand hin (BAG, Urteil vom 30.08.2017 – 4 AZR 61/14, Rz. 57, BeckRS 2017, 140697).

606 Dies stellt, wie unter Ziffer B. IV. 1. c. bb. (2) (b) in diesem Teil der Arbeit ab S. 173 ausgeführt, in der Praxis den absoluten Ausnahmefall dar.

607 Vgl. HARTMANN, EuZA 2017, S. 521 (529). *Lobinger* weist zudem darauf hin, dass die normative und die schuldrechtlich vermittelte Geltung generell eng beieinanderliegen (LOBINGER, NZA 2013, S. 945 (946). Auch aus diesem Grund erscheint die unterschiedliche Rechtsfolge unangebracht.

und betriebsverfassungsrechtliche Fragen ordnen können. Erfasst sind somit die wesentlichen Arbeitsbedingungen, die bei Fortgeltung der Dynamik maßgeblich von den Tarifvertragsparteien ausgehandelt werden. Die Gewichtung dieses „Unabhängigkeitsinteresses“[608] wiederum hängt von den strukturellen Unterschieden zwischen Veräußerer und Erwerber ab. Ein sektorübergreifender Betriebsübergang führt demgemäß zu einem sehr hohen Unabhängigkeitsinteresse. Immer noch als hoch ist dieses Interesse bei einem branchenübergreifenden Betriebsübergang anzusehen. Wechselt der Betrieb beim Erwerber hingegen nicht die Branche und bleibt ein ggf. bestehender Flächentarifvertrag räumlich und fachlich anwendbar, ist das Unabhängigkeitsinteresse somit als gering zu erachten.

Nicht unmittelbar beachtlich ist hingegen ein Vereinheitlichungsinteresse des Erwerbers hinsichtlich der Arbeitsbedingungen.[609] Aus der negativen Vertragsfreiheit des Erwerbers ergibt sich lediglich das schützenswerte Interesse an einer Entdynamisierung und dem damit verbundenen Ende einer Einflussnahme auf die Arbeitsbedingungen durch unbeteiligte Dritte.[610] Die Entdynamisierung ist aber nicht mit einer Vereinheitlichung gleichzusetzen. Die Beendigung der Dynamik führt lediglich zu einer statischen Fortgeltung. Dadurch wird gleichermaßen verhindert, dass die Unterschiede zwischen Arbeitsbedingungen innerhalb der Belegschaft zunehmen. Einem Vereinheitlichungsinteresse wird somit allenfalls mittelbar gedient.[611]

Der vom BAG angestellte Vergleich zu anderen Arbeitgebern, denen gegenüber der Erwerber nicht privilegiert werden dürfe und auch der Vergleich zu anderen vom Veräußerer geschlossenen Verträgen, wie Leasing- oder Kundenverträge,[612] überzeugt nicht. Maßgeblicher Unterschied zwischen einem „normalen“ Arbeitgeber und dem Erwerber eines Betriebes ist der Entstehungsgrund

608 *Hartmann* bezeichnet dieses Interesse als „negative Tarifvertragsfreiheit“ und leitet den grundrechtlichen Schutz maßgeblich auf der negativen Koalitionsfreiheit in Verbindung mit der negativen Vertragsfreiheit ab (*Hartmann*, Negative Tarifvertragsfreiheit 2014, S. 47 ff.).

609 Ein Teil der Literatur stellt aber auch ein solches Vereinheitlichungsinteresse des Erwerbers als Rechtfertigung für eine Änderungskündigung ab (z.B. *Schneider*, Die Wirkung arbeitsvertraglicher Bezugnahmeklauseln 2017, S. 254 f.; *Jacobs/Frieling*, EuZW 2013, S. 737 (740).

610 EuGH, Rs. C-426/11, *Alemo-Herron*, ECLI:EU:C:2013:521, Rz. 33; EuGH, Rs. C-680/15, *Asklepios*, ECLI:EU:C:2017:317, Rz. 22 f.

611 *E.M. Willemsen*, Die arbeitsvertragliche Bezugnahme 2009, S. 415.

612 BAG, Urteil vom 30.08.2017 – 4 AZR 61/14, Rz. 58, BeckRS 2017, 140697.

der Vertragsverhältnisse. Dem Erwerber werden die Arbeitsverhältnisse der betroffenen Arbeitnehmer gesetzlich aufgezwungen. Ein „normaler“ Arbeitgeber hingegen kann sich frei entscheiden, ob er einen Vertrag abschließen möchte oder nicht. Hinsichtlich der Situation bei Leasing- oder Kundenverträgen besteht der maßgebliche Unterschied darin, dass die Vertragsbedingungen dieser Verträge nicht, wie bei einer dynamischen Bezugnahme auf tarifvertragliche Regelungen, durch am Vertrag unbeteiligte Dritte ausgehandelt werden.

Dem Erwerber kann auch nicht vorgehalten werden, er könne die dynamische Bindung durch die Bezugnahmeklausel im Rahmen einer Due Dilligence erkennen und im Rahmen der Kaufpreisverhandlungen berücksichtigen und sei damit nicht mehr schutzwürdig.[613] Die Vertreter dieser Ansicht verkennen, dass die zukünftige Tarifentwicklung schlicht nicht vorhergesehen werden kann.[614] Eine Tarifentwicklung muss auch nicht zwingend positiv für die Arbeitnehmer sein.[615] Die Kenntnis über dynamische Bezugnahmeklauseln in den Arbeitsverträgen der übergehenden Arbeitnehmer erlangt somit lediglich bei der Gewichtung der Interessen Bedeutung.

(c) Gewichtung der Interessen

Die Gewichtung der Interessen hängt maßgeblich von den konkreten Umständen des Einzelfalles, also von den Unterschieden zwischen den Arbeitsbedingungen der bisherigen Belegschaft des Erwerbers und denjenigen des in Bezug genommenen Tarifvertrages sowie dessen künftiger Tarifentwicklung ab. Insgesamt zeigt sich aber, dass das Interesse der betroffenen Arbeitnehmer an einer Beibehaltung der Dynamik weniger schwer wiegt als das Interesse des Erwerbers an einer Entdynamisierung. Das liegt insbesondere daran, dass dem Arbeitnehmer durch eine Entdynamisierung keine unmittelbare wirtschaftliche Verschlechterung droht, der Erwerber aber einer erheblichen Einflussnahme auf seine vertraglichen Pflichten durch unbeteiligte Dritte ausgesetzt wird. Allerdings ist auch zu berücksichtigen, dass der Erwerber aufgrund einer Due Dilligence weiß oder

---

613 So aber BAG, Urteil vom 30.08.2017 – 4 AZR 61/14, Rz. 58, BeckRS 2017, 140697; LAG Berlin-Brandenburg, Urteil vom 03.12.2014 – 24 Sa 1126/14, juris Rz. 74; *Hanau*, AuR 2016, S. 159 (162); *Forst*, DB 2013, S. 1847 (1850); *Höpfner*, Tarifgeltung im Arbeitsverhältnis 2015, S. 376; *Eylert/Schinz*, RdA 2017, S. 140 (145).

614 *Naber/Krois*, BB 2015, S. 1600 (1600); *Busch/Gerlach*, BB 2017, S. 2356 (2359); *Willemsen/Krois/Mehrens*, RdA 2018, S. 151 (157); *Hartmann*, EuZA 2015, S. 203 (214); *Latzel*, RdA 2014, S. 110 (117); *Naber/Krois*, ZESAR 2014, S. 121 (124).

615 Siehe hierzu oben unter Ziffer B. IV. 2. c. bb. (4) (a) in diesem Teil der Arbeit auf S. 187.

zumindest wissen könnte, dass durch einen Betriebsübergang auch Arbeitsverträge mit dynamischen Bezugnahmeklauseln auf ihn übergehen.[616]

(d) Schonender Ausgleich

Aufgrund der dargestellten Abhängigkeit von den Umständen des Einzelfalles verbietet sich eine Pauschallösung.[617] In jedem Fall bedarf es aber zur Wahrung des Wesensgehaltes der Vertragsfreiheit des Erwerbers einer Anpassungsmöglichkeit im Wege einer Änderungskündigung.[618] Da eine Anpassung des Arbeitsvertrages durch eine Änderungskündigung wiederum einen Eingriff in die Vertragsfreiheit des Arbeitnehmers darstellt[619] und darüber hinaus auch Art. 30 GRC einen Schutz vor ungerechtfertigter Entlassung vorsieht, ist ein schonender Ausgleich der grundrechtlich geschützten Interessen bei der Festlegung der Wirksamkeitsvoraussetzungen für eine Änderungskündigung unter Berücksichtigung der genannten Erkenntnisse zur Gewichtung der widerstreitenden Interessen[620] vorzunehmen.[621]

(aa) Änderungskündigung im Kleinbetrieb

In einem Kleinbetrieb mit nicht mehr als zehn Arbeitnehmern gelten der erste und zweite Abschnitt des KSchG, in dem die soziale Rechtfertigung einer

---

616 Ohne dass diese etwaige Kenntnis Einfluss auf die Eingriffsqualität von § 613a Abs. 1 Satz 1 BGB hätte (siehe hierzu oben unter Ziffer B. IV. 2. b. in diesem Teil der Arbeit ab S. 177) oder sich diese Erkenntnis konkret in die Kaufpreisverhandlung mit dem Veräußerer einkalkulieren ließe (siehe hierzu den unmittelbar vorangegangenen Gliederungspunkt B. IV. 2. c. bb. (4) (a) (bb) ab S. 188).

617 *Schneider* und *Wiedemann* verwenden bei ihren Lösungen daher unbestimmte Rechtsbegriffe, wie den der Unzumutbarkeit (*Wiedemann*, BB 2016, S. 1400 (1403)) und der fehlende Schutzwürdigkeit (*Schneider*, Die Wirkung arbeitsvertraglicher Bezugnahmeklauseln 2017, S. 290); um eine einzelfallgerechte Handhabung zu ermöglichen.

618 Siehe hierzu oben unter Ziffer B. IV. 2. c. aa. in diesem Teil der Arbeit ab S. 179.

619 Siehe hierzu oben und Ziffer D. II. 3. b. im dritten Teil der Arbeit ab S. 88.

620 Siehe hierzu den unmittelbar vorangegangenen Gliederungspunkt B. IV. 2. c. bb. (4) (c) ab S. 190.

621 Es bedarf somit zu einer unions- und insbesondere grundrechtskonformen Auslegung der Regelungen zur Änderungskündigung (vgl. *Schneider*, Die Wirkung arbeitsvertraglicher Bezugnahmeklauseln 2017, S. 254, der das Instrument der Änderungskündigung aber wegen der negativen „Begleitumstände" ablehnt; *Sagan*, ZESAR 2016, S. 116 (121); *Forst*, DB 2013, S. 1847 (1850)). Auch das BAG geht von der Durchführung von Unionsrecht und damit von der Anwendbarkeit der GRC aus, wenn der Erwerber eine Kündigung im Zusammenhang mit einem Betriebsübergang ausspricht (BAG, Beschluss vom 08. 12. 2011 – 6 AZN 1371/11, Rz. 10, NZA 2012, 286).

Kündigung vorgeschrieben ist, nicht. Dort gilt unter Beachtung eines etwaig bestehenden Sonderkündigungsschutzes und der etwaig bestehenden Mitbestimmungsrechte des Betriebsrates der Grundsatz der Kündigungsfreiheit.[622] Eine (Änderungs)Kündigung darf lediglich nicht gemäß § 138 BGB sittenwidrig sein, gegen Treu und Glauben gemäß § 242 BGB verstoßen oder eine Diskriminierung darstellen.[623] Das nationale Recht bietet dem Erwerber also unter erleichterten Voraussetzungen Anpassungsmöglichkeiten durch Änderungskündigungen.[624]

(bb) Soziale Rechtfertigung der entdynamisierenden Änderungskündigung

Im Anwendungsbereich des ersten und zweiten Abschnitts des KSchG bedarf die Änderungskündigung hingegen der sozialen Rechtfertigung. Eine wirksame Änderungskündigung aus betriebsbedingten Gründen setzt gemäß § 1 Abs. 2 Satz 1 KSchG zunächst ein entsprechendes dringendes betriebliches Erfordernis voraus. Darüber hinaus muss sich der Arbeitgeber darauf beschränken, lediglich solche Änderungen anzubieten, die der Arbeitnehmer billigerweise hinnehmen muss. Dies ist nach dem Verhältnismäßigkeitsgrundsatz zu bestimmen. Die angebotenen Änderungen müssen geeignet und erforderlich sein, um den Inhalt des Arbeitsvertrages den geänderten Beschäftigungsmöglichkeiten anzupassen. Die angebotenen Änderungen dürfen sich vom Inhalt der bisherigen vertraglichen Regelungen nicht weiter entfernen, als zur Erreichung des angestrebten Zieles erforderlich ist.[625]

---

622 *Künzl*, in: Ascheid/Preis/Schmidt, Kündigungsrecht 2017, § 2 KSchG, Rz. 351.

623 *Eylert*, in: Boecken/Düwell/Diller/Hanau, Gesamtes ArbR 2016, § 23 KSchG, Rz. 45; vertiefend hierzu *Gragert*, NZA 2000, S. 961.

624 Zur Verfassungsgemäßheit der Kleinbetriebsklausel generell siehe BVerfG, Beschluss vom 27.1.1998 – 1 BvL 15/87, NZA 1998, S. 470; BAG, Urteil vom 19.04.1990 – 2 AZR 487/89, NJW 1990, S. 2405. Da eine Änderungskündigung zur Entdynamisierung nach einem Betriebsübergang im Anwendungsbereich der GRC erfolgen würde, darf der durch die Kleinbetriebsklausel verminderte Kündigungsschutz konsequenterweise auch keine Verletzung von Art. 15 Abs. 1 GRC und insbesondere von Art. 30 GRC darstellen (siehe zu den unionsrechtlichen Implikationen des Arbeitnehmerschutzes beim Kündigungsverbot gemäß § 613a Abs. 4 BGB *Meyer*, NZA 2014, S. 993 (996)). Dieses Problem ist indes nicht Gegenstand der vorliegenden Arbeit und wird daher nicht weiter vertieft.

625 BAG, Urteil vom 20.06.2013 – 2 AZR 396/12, Rz. 17, NZA 2013, S. 1409.

Unter Beachtung der widerstreitenden Interessen und deren Gewichtung ergeben sich folgende konkrete Wirksamkeitsvoraussetzungen für eine entdynamisierende Änderungskündigung nach einem Betriebsübergang:

Das dringende betriebliche Erfordernis ergibt sich für den Erwerber durch den Anpassungsbedarf aufgrund der gemäß § 613a Abs. 1 Satz 1 BGB dynamischen Fortgeltung der Bezugnahmeklausel. Die Anpassung in Form der Entdynamisierung ist dann verhältnismäßig, wenn sie zur selbstbestimmten und zweckmäßigen Ausübung der wirtschaftlichen Tätigkeit des Erwerbers geboten ist. Das ist wiederum der Fall, wenn die in Bezug genommenen tariflichen Regelungen erheblich von denen der bisherigen Belegschaft[626] abweichen und eine Prognose hinsichtlich der weiteren Tarifentwicklung des in Bezug genommenen Tarifvertrages dafür spricht, dass sich diese Abweichungen in Zukunft noch verstärken. Dabei ist auf eine Gesamtbetrachtung der Regelungen abzustellen.

(cc) Prozessuale Umsetzung

Um die zahlreich verwendeten unbestimmten Rechtsbegriffe praxistauglich unter Berücksichtigung eines schonenden Ausgleichs der widerstreitenden Interessen anwenden zu können, wird folgende prozessuale Umsetzung vorgeschlagen:

Insgesamt ist auslegungs- und interpretationsleitend zu beachten, dass bei der Auslegung der unbestimmten Rechtsbegriffe keine zu hohen Anforderungen gestellt werden dürfen. Maßstab können somit nicht die Wirksamkeitsvoraussetzungen für eine Entgeltabsenkung durch Änderungskündigung sein.[627] Denn Maßstab für die Wirksamkeit einer entdynamisierenden Änderungskündigung ist nicht das wirtschaftliche Überleben des Erwerbers,[628] sondern die Möglichkeit einer selbstbestimmten und zweckmäßigen Fortführung der wirtschaftlichen Tätigkeit.

In Bezug auf die Darlegung der erheblichen Abweichungen genügt der Erwerber seiner Darlegungslast zunächst damit, dass er vorträgt, dass ein sektor- oder branchenübergreifender Betriebsübergang vorliegt. Anschließend ist es Aufgabe des Arbeitnehmers im Sinne einer abgestuften Darlegungs- und Beweislast[629]

---

626 Sollte der Erwerber keine bisherige Belegschaft haben, etwa weil es sich um ein neugegründetes Unternehmen handelt, ist zum Vergleich auf die Regelungen in dem auf den Betrieb des Erwerbers theoretisch anwendbaren Tarifvertrag abzustellen.

627 Siehe hierzu oben unter Ziffer B. III. in diesem Teil der Arbeit ab S. 166.

628 Vgl. EuGH, Rs. C-426/11, *Alemo-Herron*, ECLI:EU:C:2013:521, Rz. 33; EuGH, Rs. C-680/15, *Asklepios*, ECLI:EU:C:2017:317, Rz. 22.

629 Vgl. zum Begriff COMMANDEUR/KLEINEBRINK, NJW 2008, S. 3467 (3469 ff.).

substantiiert darzulegen, weshalb trotz der mit einem sektor- oder branchenübergreifenden Betriebsübergang regelmäßig verbundenen Änderungen der Arbeitsbedingungen keine erheblichen Abweichungen vorliegen.[630] Erfüllt der Arbeitnehmer diese Voraussetzungen ist es wiederum an dem Erwerber darzulegen und letztlich zu beweisen, dass so erhebliche Abweichungen zwischen den Regelungen des in Bezug genommenen Tarifvertrages und seiner bisherigen Belegschaft bestehen, dass eine selbstbestimmte und zweckmäßige Ausübung seiner wirtschaftlichen Tätigkeit nicht mehr möglich ist. Im Falle eines brancheninternen Betriebsüberganges bleibt es bei der vollen Darlegungs- und Beweislast des Erwerbers hinsichtlich der genannten Voraussetzungen für eine entdynamisierende Änderungskündigung.

Zum Zeitpunkt der Änderungskündigung müssen darüber hinaus objektive Umstände vorliegen, die im Rahmen einer Prognose die Besorgnis einer Tarifentwicklung befürchten lassen, die zu einer Verstärkung der Abweichungen bei den Arbeitsbedingungen führen wird. Eine entsprechende Entwicklung bei den letzten drei Tarifabschlüsse[631] indiziert eine solche künftige Verstärkung der Abweichung.[632] Eine ergiebige Prognose kann durch den Arbeitnehmer widerlegt werden, indem dieser substantiiert Umstände vorträgt, die geeignet sind, die Prognose zu erschüttern.

V. Ergebnis

Dynamische Bezugnahmeklauseln bleiben gemäß § 613a Abs. 1 Satz 1 BGB auch nach einem Betriebsübergang im Arbeitsverhältnis zwischen Arbeitnehmer und Erwerber bestehen. Aufgrund des damit verbundenen Eingriffes in die gemäß Art. 16 GRC geschützte negative Vertragsfreiheit des Erwerbers hat dieser aber

630 Auch das BVerfG erkennt unter bestimmten Umständen eine Abstufung der Darlegungs- und Beweislast im Kündigungsschutzverfahren aufgrund der verfahrensrechtlichen Dimension von Art. 12 Abs. 1 GG an (BVerfG, Urteil vom 16.11.1993 – 1 BvR 258/86, NZA 1994, S. 745); siehe auch *Gieseler*, in: Gallner/Mestwerdt/Nägele, Kündigungsschutzrecht 2018, § 13, Rz. 98.

631 Hierbei kann es sich naturgemäß nicht um eine starre Vorgabe handeln. In der Regel dürfte sich aber aus der Betrachtung der drei vergangenen Tarifentwicklungen eine belastbare Tendenz für die künftige Tarifentwicklung ableiten lassen.

632 Das Prinzip, eine Prognose anhand der Umstände aus der Vergangenheit zu erstellen, ist im deutschen Arbeitsrecht bereits aus der Rechtsprechung zu personenbedingten Kündigungsgründen bekannt (vgl. BAG, Urteil vom 10. 11. 2005 – 2 AZR 44/05, juris Rz. 20; BAG, Urteil vom 07.11.2002 – 2 AZR 599/01, juris Rz. 27; BAG, Urteil vom 12.12.1996 – 2 AZR 7/96, juris Rz. 13).

die Möglichkeit, die Dynamik im Wege der Änderungskündigung zu beseitigen. Im Anwendungsbereich des ersten und zweiten Abschnittes des KSchG setzt diese Entdynamisierung voraus, dass eine solche Anpassung der arbeitsvertraglichen Bedingungen für eine selbstbestimmte und zweckmäßige Ausübung der wirtschaftlichen Tätigkeit des Erwerbers geboten ist.

VI. Ausblick

Möglicherweise wird das BAG die Ansicht vertreten, dass die Frage nach den Wirksamkeitsvoraussetzungen einer entdynamisierenden Änderungskündigung nach einem Betriebsübergang ausschließlich durch das nationale Recht und durch die nationalen Gerichte zu klären ist.[633] Denn der EuGH hatte in der Rechtssache *Asklepios* pauschal auf die nach deutschem Recht bestehenden Anpassungsmöglichkeiten des Erwerbers verwiesen.[634] Die Beklagte des Ausgangsrechtsstreites hatte zwar auf Bedenken wegen des Vorliegens und der Wirksamkeit etwaiger Anpassungsmöglichkeiten hingewiesen. Der EuGH stellte hierzu aber fest, dass es nicht seine Aufgabe sei, den Sachverhalt zu würdigen und das nationale Recht auszulegen.[635] Ungeachtet dieser Ausführungen des EuGH bleibt es aber dabei, dass sich das nationale Recht im Anwendungsbereich der BÜ-RL und bei deren (übererfüllender) Umsetzung an die Vorgaben der Richtlinie zu halten und die einschlägigen Grundrechte der GRC zu beachten hat. Bei Zweifeln über die sich aus der Auslegung der BÜ-RL und Art. 16 GRC ergebenden Rechtsfolgen für die Wirksamkeitsvoraussetzungen einer entdynamisierenden Änderungskündigung, die nach den (kaum vorhandenen) Ausführungen des EuGH in der Rechtssache *Asklepios* offenkundig verbleiben, ist das BAG[636] gemäß Art. 267 UAbs. 3 AEUV zur Vorlage an EuGH zwecks Konkretisierung der Voraussetzungen verpflichtet.[637]

---

633 So jedenfalls *Sagan*, der den Schutz des Erwerbers vor dynamischer Bindung nach der EuGH-Entscheidung in der Rechtssache *Asklepios* als zur Disposition der Mitgliedstaaten gestellt ansieht (*Sagan*, NZA-Beilage 2018, S. 47 (50)).

634 EuGH, Rs. C-680/15, *Asklepios*, ECLI:EU:C:2017:317, Rz. 24.

635 EuGH, Rs. C-680/15, *Asklepios*, ECLI:EU:C:2017:317, Rz. 27 f.

636 Entscheidungen des BAG sind mit ordentlichen Rechtsbehelfen nicht mehr anfreifbar. Das BAG ist daher letztinstanzliches Geicht im Sinne von Art. 267 UAbs. 3 AEUV (vgl. *Pechstein*, EU-Prozessrecht 2011, Rz. 828; *Gündisch*, Rechtsschutz in der Europäischen Gemeinschaft 1994, S. 104).

637 Sollte sich das BAG trotz der Pflicht verweigern, könnte auch ein unterinstanzliches Gericht die Frage vor den EuGH bringen, wie im Jahr 2005 das Arbeitsgericht Berlin. Damals wollte das BAG seine Rechtsprechung zum Begriff der Entlassung im Rahmen einer Massenentlassung nicht an die unionsrechtlichen Vorgaben anpassen und

C. Auswirkungen zeitlicher Unterbrechung auf die Rechtsmissbrauchskontrolle im Befristungsrecht

Die Befristung eines Arbeitsvertrages ist auf der einen Seite ein probates Mittel für einen Arbeitgeber, die Dauer der vertraglichen Bindung zu begrenzen und damit das Prozessrisiko einer einseitigen Beendigung des Arbeitsverhältnisses zu vermeiden. Auf der anderen Seite bedeutet die Befristung für den Arbeitnehmer eine nur (zeitlich) begrenzte Aussicht auf eine gesicherte Erwerbstätigkeit mit dem Verlust von Kündigungsschutzvorschriften. Die Gesetzgeber auf unionsrechtlicher und mitgliedstaatlicher Ebene haben daher Regelungen getroffen bzw. umgesetzt, um einen Missbrauch durch die Verwendung von aufeinanderfolgenden befristeten Arbeitsverträgen zu vermeiden. Bislang nicht abschließend geklärt ist dabei, welche Auswirkungen zeitliche Unterbrechungen zwischen den Abschlüssen befristeter Arbeitsverträge im Rahmen einer Missbrauchskontrolle haben und welche Rolle dabei der gemäß Art 16 GRC geschützten Vertragsfreiheit von Unternehmen zukommt. Auf diese Fragen soll im Folgenden eingegangen werden.

I. Unionsrechtliche Vorgaben

Die unionrechtlichen Vorgaben setzen sich aus der zugrunde liegenden unionalen Gesetzgebung und der dazu ergangenen EuGH-Rechtsprechung zusammen.

1. Rechtsgrundlagen

Grundlage für das unionsrechtliche Befristungsrecht ist die zwischen den allgemeinen branchenübergreifenden Organisationen EGB, UNICE und CEEP geschlossene Rahmenvereinbarung über befristete Arbeitsverträge vom 18.03.1999 (im Folgenden: Rahmenvereinbarung). Da diese Rahmenvereinbarung selbst keinen Rechtssetzungsakt der Union im Sinne von Art. 288 AEUV darstellt, war zunächst ein solcher Rechtssetzungsakt in Gestalt der BefristungsRL[638] erforderlich.

änderte schließlich nach Abschluss des Vorlageverfahrens durch das Arbeitsgericht dann doch seine Rechtsprechung (siehe hierzu *Kreitner*, in: Küttner – Personalbuch 2018, Massenentlassung, Rz. 12). Das BAG würde also mit einer Verweigerung der Vorlage an den EuGH nicht zwingend auch die weitere unionsrechtliche Befassung mit dem Thema verhindern können.

638 Richtlinie 1999/70/EG vom 28.06.1999 zu der EGB-UNICE-CEEP-Rahmenvereinbarung über befristete Arbeitsverträge, ABl. 1999, L 175, S. 43.

Gemäß § 1 Nr. 2 Rahmenvereinbarung sollen die Regelungen einen Rahmen schaffen, der den Missbrauch durch aufeinanderfolgende befristete Arbeitsverträge oder -verhältnisse[639] verhindert. Die Mitgliedstaaten können dazu gemäß § 5 Nr. 1 Rahmenvereinbarung sachliche Gründe festlegen, die die Verlängerung befristeter Verträge rechtfertigen und/oder die insgesamt maximal zulässige Dauer aufeinanderfolgender Arbeitsverträge und/oder die zulässige Zahl der Verlängerung solcher Verträge vorgeben.[640]

2. *Vorgaben des EuGH*

Der EuGH hat die Vorgaben der Rahmenvereinbarung im Zuge seiner Rechtsprechung konkretisiert.

a. *Anforderungen an das Vorliegen eines Sachgrundes*

Ausweislich des siebten Erwägungsgrundes der Rahmenvereinbarung hilft eine aus objektiven Gründen erfolgende Inanspruchnahme befristeter Arbeitsverträge Missbrauch durch Befristung zu vermeiden. Daraus leitet der EuGH ab, dass unter sachlichen Gründen im Sinne von § 5 Nr. 1 Rahmenvereinbarung genau bezeichnete, konkrete Umstände zu verstehen sind, die eine bestimmte Tätigkeit kennzeichnen und daher in diesem speziellen Zusammenhang die Verwendung aufeinander folgender befristeter Arbeitsverträge rechtfertigen können. Diese Umstände können sich laut EuGH etwa aus der besonderen Art der dem Arbeitsvertrag zugrunde liegenden Aufgaben und deren Wesensmerkmalen oder aus der Verfolgung eines legitimen sozialpolitischen Zieles durch den Mitgliedstaat ergeben.[641]

b. *Zusätzliche Rechtsmissbrauchskontrolle*

Das Vorliegen eines sachlichen Grundes im Sinne des § 5 Nr. 1 Rahmenvereinbarung kann die Befristung eines Arbeitsvertrages grundsätzlich rechtfertigen. Ein Rechtsmissbrauch durch Kettenbefristungen wäre in diesem Fall somit eigentlich ausgeschlossen.[642] Etwas anderes gilt lediglich dann, wenn die mit der

---

639 Aus Darstellungsgründen wird im Folgenden lediglich auf befristete Arbeitsverträge abgestellt.

640 Vgl. auch STRAUSS, in: Boecken/Düwell/Diller/Hanau, Gesamtes ArbR 2016, EU-Richtlinien, Rz. 33.

641 EuGH, Rs. C-212/04, *Adeneler*, ECLI:EU:C:2006:443, Rz. 69 f.

642 EuGH, Rs. C-586/10, *Kücük*, ECLI:EU:C:2012:39, Rz. 51; EuGH, Rs. C-22/13, *Mascolo*, ECLI:EU:C:2014:2401, Rz. 103.

Verlängerung des befristeten Arbeitsvertrages verbundenen Umstände zeigen, dass die vom Arbeitnehmer zu erbringenden Leistungen einem nicht nur vorübergehenden Bedarf entsprechen.[643] Laut EuGH haben die Gerichte für Arbeitssachen daher trotz Vorliegens eines sachlichen Befristungsgrundes umfassend zu prüfen, ob ein Arbeitgeber durch unzulässige Kettenbefristungen rechtsmissbräuchlich auf befristete Arbeitsverträge zurückgreift. Bei einer solchen Rechtsmissbrauchskontrolle sind alle Umstände des Einzelfalles zu prüfen und dabei die Anzahl der mit derselben Person oder zur Verrichtung der gleichen Arbeit geschlossenen aufeinanderfolgenden befristeten Verträge zu berücksichtigen.[644]

II. Umsetzung in Deutschland

Der deutsche Gesetzgeber und das BAG haben sowohl die Vorgaben der Rahmenvereinbarung als auch die Vorgaben des EuGH übernommen und umgesetzt.

1. Umsetzung der BefristungsRL

Der deutsche Gesetzgeber hat durch die Normierung von Befristungsgründen in § 14 Abs. 1 Satz 2 TzBfG sowie durch die Vorgabe einer Höchstdauer und der maximalen Anzahl an Vertragsverlängerungen für sachgrundlose Befristungen in § 14 Abs. 2 Satz 1 TzBfG die Rahmenvereinbarung umgesetzt.[645] Gemäß § 14 Abs. 1 Satz 1 TzBfG ist die Befristung eines Arbeitsvertrages zulässig, wenn sie durch einen sachlichen Grund gerechtfertigt ist. Ein sachlicher Grund liegt gemäß § 14 Abs. 1 Satz 2 TzBfG insbesondere vor, wenn

- „der betriebliche Bedarf an der Arbeitsleistung nur vorübergehend besteht“,
- „die Befristung im Anschluss an eine Ausbildung oder ein Studium erfolgt, um den Übergang des Arbeitnehmers in eine Anschlussbeschäftigung zu erleichtern“,
- „der Arbeitnehmer zur Vertretung eines anderen Arbeitnehmers beschäftigt wird“,

---

643 EuGH, Rs. C-212/04, *Adeneler*, ECLI:EU:C:2006:443, Rz. 88; EuGH, Rs. C-378/07, *Angelidaki*, ECLI:EU:C:2007:675, Rz. 103; EuGH, Rs. C-586/10, *Kücük*, ECLI:EU:C:2012:39, Rz. 51; EuGH, Rs. C-22/13, *Mascolo*, ECLI:EU:C:2014:2401, Rz. 103.

644 EuGH, Rs. C-378/07, *Angelidaki*, ECLI:EU:C:2007:675, Rz. 157; EuGH, Rs. C-586/10, *Kücük*, ECLI:EU:C:2012:39, Rz. 40.

645 BT-Drucksache 14/4374, S. 1.

- „die Eigenart der Arbeitsleistung die Befristung rechtfertigt“,
- „die Befristung zur Erprobung erfolgt“,
- „in der Person des Arbeitnehmers liegende Gründe die Befristung rechtfertigen“,
- „der Arbeitnehmer aus Haushaltsmitteln vergütet wird, die haushaltsrechtlich für eine befristete Beschäftigung bestimmt sind, und er entsprechend beschäftigt wird“ oder
- „die Befristung auf einem gerichtlichen Vergleich beruht“.

Der Gesetzgeber definiert den Begriff des Sachgrundes also nicht und konkretisiert seine Vorgaben durch eine nicht abschließende Auflistung von die Befristung aus Sicht des Gesetzgebers typischerweise rechtfertigenden Gründen.[646]

2. *Umsetzung der Vorgaben zur Rechtsmissbrauchskontrolle*

Der EuGH entwickelte die Vorgaben zur Rechtsmissbrauchskontrolle zeitlich nach dem Inkrafttreten des TzBfG am 01.01.2001,[647] so dass eine unmittelbare Berücksichtigung dieser Vorgaben im Gesetzgebungsverfahren nicht mehr möglich und aufgrund der Generalklausel des § 242 BGB im deutschen Zivilrecht auch nicht zwingend erforderlich war.

Die Rechtsmissbrauchskontrolle ist im deutschen Recht nach den Grundsätzen des institutionellen Rechtsmissbrauchs (§ 242 BGB) vorzunehmen. Das BAG knüpft dabei an die gesetzliche Wertung von § 14 Abs. 2 Satz 1 TzBfG, also den Begrenzungen für eine sachgrundlose Befristung, an. Gemäß § 14 Abs. 2 Satz TzBfG ist die kalendermäßige Befristung eines Arbeitsvertrages ohne Vorliegen eines sachlichen Grundes bis zur Dauer von zwei Jahren zulässig; bis zu dieser Gesamtdauer ist auch die höchstens dreimalige Verlängerung eines kalendermäßig befristeten Arbeitsvertrages zulässig. Liegt ein Sachgrund gemäß § 14 Abs. 1 TzBfG vor, besteht nach Ansicht des BAG kein gesteigerter Anlass zur Rechtsmissbrauchskontrolle, es sei denn, die in § 14 Abs. 2 Satz 1 TzBfG bezeichneten Grenzen sind um ein Mehrfaches überschritten.[648] Mittlerweile hat das BAG die aus seiner Sicht maßgeblichen Schwellenwerte weiter konkretisiert:

---

646 Meinel, in: Meinel/Heyn/Herms – TzBfG 2015, § 14, Rz. 32.

647 Siehe Art. 4 TzBfG.

648 BAG, Urteil vom 17.05.2017 – 7 AZR 420/15, Rz. 17, NZA 2017, S. 1600; BAG, Urteil vom 26.10.2016 – 7 AZR 135/15, Rz. 26, NZA 2017, S. 382; BAG, Urteil vom 24.08.2016 – 7 AZR 41/15, Rz. 32, NZA 2017, S. 307; BAG, Urteil vom 11.02.2015 – 7 AZR 113/13, Rz. 31, NZA 2015, S. 617.

Mehrfach überschritten sind die Grenzen von § 14 Abs. 2 Satz 1 TzBfG, wenn mindestens das Vierfache eines Grenzwertes oder das Dreifache beider Werte überschritten ist. In diesem Fall ist eine umfassende Rechtsmissbrauchskontrolle geboten.[649]

Bei einer besonders gravierenden Überschreitung der Grenzwerte kann ein institutionalisierter Rechtsmissbrauch indiziert sein. Voraussetzung dafür ist, dass einer der Werte von § 14 Abs. 2 Satz 1 TzBfG um mehr als das Fünffache oder beide Werte mehr als das jeweils Vierfache überschritten sind.[650] Der Arbeitgeber hat dann die Möglichkeit, die Vermutung eines indizierten Rechtsmissbrauches durch die Darlegung entsprechender Umstände zu entkräften.[651]

III. Relevanz von zeitlichen Unterbrechungen

Entscheidend für die Durchführung der Rechtsmissbrauchskontrolle sind also die Gesamtdauer der Befristung und/oder die Anzahl der Verlängerungen der befristeten Arbeitsverträge.[652] Da das übergeordnete Ziel der Rahmenvereinbarung die Vermeidung von Rechtsmissbrauch durch aufeinanderfolgende befristete Arbeitsverträge ist, stellt sich die Frage, wann befristete Arbeitsverträge als „aufeinanderfolgend" im Sinne der Rahmenvereinbarung anzusehen sind. Umgekehrt stellt sich damit auch die Frage, wann eine Unterbrechung zwischen dem Abschluss von befristeten Arbeitsverträgen so lange andauert, dass die vor und nach der Unterbrechung abgeschlossenen befristeten Verträge nicht mehr als „aufeinanderfolgend" im Sinne von § 5 Nr. 1 Rahmenvereinbarung anzusehen und somit die der Unterbrechung vorangegangenen befristeten Arbeitsverträge nicht mehr in die Rechtsmissbrauchskontrolle einzubeziehen sind.

1. Festlegung durch die Mitgliedstaaten

Gemäß § 5 Nr. 2 a) Rahmenvereinbarung legen die Mitgliedstaaten, nach Anhörung der Sozialpartner, und/oder die Sozialpartner ggf. fest, unter welchen Bedingungen befristete Arbeitsverträge oder Beschäftigungsverhältnisse als „aufeinanderfolgend" zu betrachten sind. Der EuGH betont aber unter Verweis auf Art. 288 AEUV und Art. 2 Abs. 1 BefristungsRL in Verbindung mit dem

---

649 BAG, Urteil vom 17.05.2017 – 7 AZR 420/15, Rz. 18, NZA 2017, S. 1600; BAG, Urteil vom 26.10.2016 – 7 AZR 135/15, Rz. 26 f., NZA 2017, S. 382.

650 BAG, Urteil vom 17.05.2017 – 7 AZR 420/15, Rz. 19, NZA 2017, S. 1600; BAG, Urteil vom 26.10.2016 – 7 AZR 135/15, Rz. 28, NZA 2017, S. 382.

651 BAG, Urteil vom 26.10.2016 – 7 AZR 135/15, Rz. 28, NZA 2017, S. 382.

652 *Boecken*, in: Boecken/Joussen, TzBfG 2018, § 14, Rz. 23c.

17. Erwägungsgrund der BefristungsRL, dass der den Mitgliedstaaten belassene Ermessensspielraum nicht unbegrenzt sei. Die Mitgliedstaaten dürften bei der Umsetzung der Vorgaben der BefristungsRL nicht das Ziel oder die praktische Wirksamkeit der Rahmenvereinbarung in Frage stellen.[653]

Der deutsche Gesetzgeber hat sich indes dazu entschlossen, keine Definition des Begriffes „aufeinanderfolgend" festzusetzen.[654] Das ist insofern bemerkenswert, als dass dieser Begriff die entscheidende Grundlage für eine Rechtsmissbrauchsprüfung darstellt.[655] Der deutsche Gesetzgeber hat es vielmehr der Rechtsprechung und Literatur überlassen, eine Definition zu entwickeln.

2. *Ansicht des EuGH*

Der EuGH hat den Begriff „aufeinanderfolgend" in § 5 Nr. 1 Rahmenvereinbarung mit dem Begriff „ununterbrochen" gleichgesetzt.[656] Rein sprachlich ließe diese Gleichsetzung vermuten, dass jede Unterbrechung zwischen zwei befristeten Arbeitsverträgen erheblich ist und die vor der Unterbrechung abgeschlossenen befristeten Arbeitsverträge somit im Rahmen der Rechtsmissbrauchskontrolle irrelevant sind. Allerdings orientiert sich der EuGH auch bei der Beurteilung der Erheblichkeit von Unterbrechungen an dem Sinn und Zweck der Rahmenvereinbarung, nämlich dem Schutz vor Rechtsmissbrauch durch Kettenbefristungen. Maßgeblich ist für den EuGH, ob eine Unterbrechungsdauer dazu führt, dass ein bestehendes Arbeitsverhältnis derart unterbrochen wird, dass jeder etwaig später unterschriebene Vertrag nicht mehr als darauffolgend angesehen werden kann.[657] Maßstab hierfür ist, ob es einem Arbeitgeber, der tatsächlich ständig und dauerhaft Arbeitskräftebedarf hat, möglich ist, den von der Rahmenvereinbarung gewährten Schutz gegen Rechtsmissbrauch zu umgehen.[658] Diesem Maßstab folgend hat der EuGH entschieden, dass eine Unterbrechung

653 EuGH, Rs. C-212/04, *Adeneler*, ECLI:EU:C:2006:443, Rz. 68, 82; EuGH, Rs. C-22/13, *Mascolo*, ECLI:EU:C:2014:2401, Rz. 76.

654 Im Gegensatz hierzu gilt z.B. in den Niederlanden eine Höchstdauer von zwei Jahren, die nach einer Wartezeit von sechs Monaten erneut zu laufen beginnt (*Kamanabrou*, NZA 2016, S. 385 (389).

655 Zur Bedeutung der Definition auch EuGH, Rs. C-212/04, *Adeneler*, ECLI:EU:C:2006:443, Rz. 83, der von einem „Schlüsselbegriff" spricht.

656 EuGH, Rs. C-362/13, *Fiamingo*, ECLI:EU:C:2014:2044, Rz. 71.

657 EuGH, Rs. C-364/07, *Vassilakis*, ECLI:EU:C:2008:346, Rz. 115; EuGH, Rs. C-362/13, *Fiamingo*, ECLI:EU:C:2014:2044, Rz. 71.

658 EuGH, Rs. C-364/07, *Vassilakis*, ECLI:EU:C:2008:346, Rz. 115; EuGH, Rs. C-362/13, *Fiamingo*, ECLI:EU:C:2014:2044, Rz. 71.

von 20 Tagen zwischen den Abschlüssen zweier befristeter Arbeitsverträge für die Verhinderung von rechtsmissbräuchlichen Kettenbefristungen nicht erheblich sei. Die Einstufung einer derart kurzen Unterbrechung als erheblich würde den Sinn und Zweck der Rahmenvereinbarung sowie deren praktische Wirksamkeit unterlaufen.[659] Erheblich ist hingegen eine Unterbrechungsdauer von 60 Tagen,[660] und drei Monaten[661]. Bei einer derart langen Unterbrechungsdauer könne nach Ansicht des EuGH nicht mehr von der Deckung eines Dauerbedarfes gesprochen werden.[662]

3. *Ansichten der deutschen Gerichte*

Auch deutsche Gerichte haben sich bereits mit der Frage nach der Erheblichkeit von Unterbrechungen für die Rechtsmissbrauchskontrolle beschäftigt und sind dabei teilweise zu sehr unterschiedlichen Ergebnisse gelangt.

a. BAG

Das BAG äußerte sich zunächst nur unpräzise zur Dauer einer erheblichen Unterbrechung zwischen befristeten Arbeitsverträgen. Es gab an, dass „nicht unerhebliche Unterbrechungszeiten" gegen eine rechtsmissbräuchliche Kettenbefristung sprechen würden.[663] Im Jahr 2017 hat das BAG diese Ansicht konkretisiert und hält seitdem eine Unterbrechungsdauer von zwei Jahren für in der Regel erheblich, weil bei einer solchen Unterbrechungsdauer nicht mehr von der Deckung eines ständigen und dauerhaften Arbeitskräftebedarfes ausgegangen werden könne.[664]

---

659 EuGH, Rs. C-212/04, *Adeneler*, ECLI:EU:C:2006:443, Rz. 84.

660 EuGH, Rs. C-362/13, *Fiamingo*, ECLI:EU:C:2014:2044, Rz. 71.

661 EuGH, Rs. C-364/07, *Vassilakis*, ECLI:EU:C:2008:346, Rz. 115; EuGH, Rs. C-378/07, *Angelidaki*, ECLI:EU:C:2007:675, Rz. 157.

662 EuGH, Rs. C-364/07, *Vassilakis*, ECLI:EU:C:2008:346, Rz. 115; EuGH, Rs. C-378/07, *Angelidaki*, ECLI:EU:C:2007:675, Rz. 156; EuGH, Rs. C-362/13, *Fiamingo*, ECLI:EU:C:2014:2044, Rz. 71. Siehe auch *Franzen*, NZA-Beilage 2015, S. 77 (78).

663 BAG, Urteil vom 10.7.2013 7 AZR 761/11, Rz. 30, NZA 2014, 26.

664 BAG, Urteil vom 21.03.2017 – 7 AZR 369/15, Rz. 32, NZA 2017, S. 706; BAG, Urteil vom 21.02.2018 – 7 AZR 765/16, Rz. 30, NZA, S. 858. Der letztgenannten Entscheidung lag eine Unterbrechung im Umfang von mehr als 3, 5 Monaten zugrunde, einer Unterbrechungsdauer also, die der EuGH bereits als erheblich angesehen hatte (siehe hierzu den unmittelbar vorangegangenen Gliederungspunkt C. III. 2. ab S. 201). Nach der Unterbrechung war der Kläger bei der Beklagten weniger als zwei Jahre beschäftigt, so dass ein Rechtsmissbrauch bei isolierter Betrachtung dieses Zeitraums offensichtlich ausgeschlossen wäre. Das BAG sprach in seiner Entscheidung auch die

b. Instanzgerichte

Abweichend von der Ansicht des BAG sah das LAG Schleswig-Holstein eine Unterbrechungsdauer im Umfang von vier Monaten – ohne nähere Begründung – als erheblich an.[665] Das LAG Düsseldorf hat entschieden, dass eine Unterbrechung im Umfang von mindestens drei Wochen einen Dauerbedarf an Arbeitskraft ausschließe und daher erheblich sei.[666] Das LAG Düsseldorf verwies zur Begründung auf die Rechtsprechung des BAG[667] zur Erheblichkeit von Unterbrechungen für die Berechnung der Wartezeit gemäß § 1 Abs. 1 KSchG.[668] Im Gegensatz hierzu vertritt das LAG Rheinland-Pfalz die Ansicht, dass eine Unterbrechung von zwei Monaten nicht erheblich sei.[669]

4. Ansichten in der Literatur

Auch in der Literatur gehen die Meinungen zur Dauer einer erheblichen Unterbrechung auseinander. Teilweise wird unter Bezugnahme auf die EuGH-Entscheidung in der Rechtssache *Fiamingo* davon ausgegangen, dass eine Unterbrechung von mehr als 60 Tagen erheblich[670] und die Rechtsprechung des BAG

Ansicht des EuGH unter Bezugnahme auf die Rechtssache *Fiamingo* ausdrücklich an, schenkte dieser Ansicht in der Folge aber keine Beachtung mehr, sondern setzte die übliche Prüfung der Rechtmäßigkeit der streitgegenständlichen Befristung fort (BAG, Urteil vom 21.02.2018 – 7 AZR 765/16, Rz. 30 ff., NZA, S. 858).

665 LAG Schleswig-Holstein, Urteil vom 19.12.2012 – 6 Sa 62/12, juris Rz. 55; 6 Sa 62/12.

666 LAG Düsseldorf, Urteil vom 13.01.2012 – 6 Sa 1238/11, juris Rz. 63 f., BeckRS 2013, 70235. Diese Ansicht steht nicht nur im Widerspruch zur BAG-Rechtsprechung, sondern wohl auch zur Ansicht des EuGH in der Rechtssache *Adeneler*, in der der EuGH entschieden hatte, dass eine Unterbrechung im Umfang von 20 Tagen nicht als erheblich anzusehen sei (EuGH, Rs. C-212/04, *Adeneler*, ECLI:EU:C:2006:443, Rz. 84), auch wenn sich das LAG Düsseldorf auf eine Unterbrechungsdauer von drei Wochen, also 21 Tage bezieht.

667 Siehe BAG Urteil vom 09.08.2000 – 7 AZR 339/99, BeckRS 2000, 30786110; BAG, Urteil vom 22.09. 2005 – 6 AZR 607/04, NZA 2006, S. 429.

668 LAG Düsseldorf, Urteil vom 13.01.2012 – 6 Sa 1238/11, juris Rz. 63, BeckRS 2013, 70235.

669 LAG Rheinland-Pfalz, Urteil vom 11.01.2013 – 9 Sa 366/12, juris Rz. 67, BeckRS 2013, 67504. Das LAG Rheinland-Pfalz begründet seine Ansicht, die auch von den Vorstellungen des EuGH abweicht (siehe hierzu oben unter Ziffer C. III. 2. in diesem Teil der Arbeit ab S. 201), nicht, sondern misst der streitgegenständlichen Unterbrechungsdauer schlicht keine Bedeutung zu.

670 Meinel, in: Meinel/Heyn/Herms – TzBfG 2015, § 14, Rz. 63; *v.* Stein, NJW 2015, S. 369 (373).

daher überholt sei.[671] *Bruns* schließt sich hingegen der dargestellten Ansicht des LAG Düsseldorf[672] an und erachtet eine Unterbrechung im Umfang von drei Wochen als erheblich.[673] *Wiese* nimmt sich die mittlerweile außer Kraft getretene Regelung in § 1 Abs. 3 Satz 3 BeschFG zum Vorbild und leitet daraus eine erhebliche Unterbrechungsdauer im Umfang von vier Monaten ab.[674]

5. *Stellungnahme*

Zunächst ist zu konstatieren, dass die vertretenen Ansichten zum Umfang einer erheblichen Unterbrechungsdauer in Rechtsprechung und Literatur mit drei Wochen auf der einen, zwei Jahren auf der anderen und einigen Werten dazwischen ein sehr großes Spektrum aufweisen.

a. *Auswirkungen der Vertragsfreiheit des Arbeitgebers*

Bei der Diskussion in Rechtsprechung und Literatur ist allerdings die durch Art. 16 GRC geschützte Vertragsfreiheit des Arbeitgebers bislang unberücksichtigt geblieben. Es ist daher zu untersuchen, inwieweit die Vertragsfreiheit des Arbeitgebers einen begrenzenden Einfluss auf die Auslegung und Anwendung der Vorgaben aus § 14 Abs. 1 TzBfG in Verbindung mit der Rechtsmissbrauchskontrolle zeitigt. Die Untersuchung konzentriert sich dabei auf den Einfluss auf die Bestimmung einer für die Rechtsmissbrauchskontrolle erheblichen Unterbrechungsdauer.

aa. Anwendbarkeit der GRC

Zunächst müsste die GRC Anwendung auf die nationale Umsetzung der unionsrechtlichen Vorgaben[675] finden.

(1) Anwendbarkeit gemäß Art. 51 Abs. 1 Satz 1 GRC

Die Anwendbarkeit der GRC auf nationales Recht setzt gemäß Art. 51 Abs. 1 Satz 1 GRC grundsätzlich die unmittelbare Durchführung von Unionsrecht voraus. Nach dem insoweit zutreffenden Verständnis des EuGH bedeutet dies, dass die Mitgliedstaaten auf Grundlage unionsrechtlicher Befugnisse tätig werden

---

671 *v. Stein*, NJW 2015, S. 369 (373).

672 Siehe hierzu den unmittelbar vorangegangenen Gliederungspunkt C. III. 3. b. ab S. 203.

673 *Bruns*, NZA 2013, S. 769 (771); *Bruns*, BB 2014, S. 53 (54).

674 *Wiese*, Mehrfach befristete Arbeitsverhältnisse 2016, S. 186 f.

675 Siehe hierzu oben unter Ziffer C. I. in diesem Teil der Arbeit ab S. 196.

müssen, dass Unionsrecht Prüfungsmaßstab für das nationale Recht sein muss und/oder dass Verpflichtungen durch unionsrechtliche Vorschriften eingehalten werden müssen.[676] Sämtliche Voraussetzungen sind bei der Bestimmung einer erheblichen Unterbrechungsdauer durch das nationale Recht erfüllt. Die Befugnis zur inhaltlichen Bestimmung des Begriffes „aufeinanderfolgende befristete Arbeitsverträge" ergibt sich aus § 5 Nr. 2 a) Rahmenvereinbarung und damit aus der die Rahmenvereinbarung umsetzenden BefristungsRL, mithin aus Unionsrecht. Die Vorgaben aus der Rahmenvereinbarung – Vermeidung von Rechtsmissbrauch durch Kettenbefristungen – stellen auch den Prüfungsmaßstab für die Rechtmäßigkeit des nationalen Rechtes dar. Das nationale Umsetzungsrecht darf nicht den Sinn und Zweck sowie die praktische Wirksamkeit dieser Vorgaben unterlaufen.[677] Hieraus ergibt sich auch, dass die Mitgliedstaaten bei der Umsetzung der BefristungsRL Verpflichtungen durch unionsrechtliche Vorschriften einzuhalten haben. Es besteht die Pflicht, einen effektiven und hinreichenden Schutz vor rechtsmissbräuchlichen Kettenbefristungen zu schaffen.[678] Somit ist die GRC anwendbar.[679]

(2) Anwendbarkeit gemäß Art. 153 Abs. 4 Spiegelstr. 2 AEUV

Die Anwendbarkeit der GRC ergibt sich auch aus der Beachtung der Vorgaben von Art. 153 AEUV.[680] Denn dessen Vorgaben gelten auch im Rahmen der Rechtssetzung von Art. 155 AEUV.[681] Denn die Durchführung der auf Unionsebene gemäß Art. 155 AEUV geschlossenen Vereinbarungen erfolgt entweder nach den jeweiligen Verfahren und Gepflogenheiten der Sozialpartner und der Mitgliedstaaten oder – in den von Art. 153 AEUV erfassten Bereichen – auf gemeinsamen Antrag der Unterzeichnerparteien durch einen Beschluss des Rates auf Vorschlag der Kommission. Gemäß Art. 155 Abs. 2 Satz 2 AEUV

676 Siehe hierzu ausführlich oben unter Ziffer A. IV. 2. im vierten Teil ab S. 113.

677 Siehe hierzu oben unter Ziffer C. III. 2. ab S. 201.

678 Mangels hinreichender unionsrechtlicher Determinierung wird das BVerfG die unzutreffende Ansicht vertreten, dass keine Durchführung von Unionsrecht vorliegt, da die Rahmenvereinbarung den Mitgliedstaaten ausdrücklich die Entscheidung über konkrete Regelungen zur Vermeidung von rechtsmissbräuchlichen Kettenbefristungen überlässt (vgl. BVerfG, Beschluss vom 06.06.2018 – 1 BvL 7/14, Rz. 31, NZA 2018, S. 774).

679 *Franzen*, NZA-Beilage 2015, S. 77 (81).

680 Zur Geltung von Art. 153 AEUV bei der Rechtssetzung im Bereich des gesamten Arbeitsrechtes siehe FN 332 auf S. 102 f.

681 *Rebhahn*, in: Becker/Hatje/Schoo/Schwarze, EU-Kommentar 2019, Art. 155 AEUV, Rz. 5.

wird das Europäische Parlament unterrichtet. Die Rechtssetzungskompetenzen der Union werden im Vergleich zu Art. 153 AEUV also nicht erweitert. Vielmehr sind die Vorgaben von Art. 153 AEUV – mit Ausnahme des in Art. 155 AEUV vorgesehenen Gesetzgebungsverfahren – einzuhalten. Die für einen Ratsbeschluss[682] erforderliche Mehrheit richtet sich dementsprechend nach den in Art. 153 AEUV geregelten Anforderungen.[683] Da Art. 153 AEUV die allgemeinen Bestimmungen für die Rechtssetzungskompetenz der Union enthält und diese auch im Rahmen der Rechtssetzung nach Art. 155 Abs. 2 AEUV zu beachten ist, gilt gleichermaßen die Regelung in Art. 153 Abs. 4 Spiegelstr. 2 AEUV für Richtlinien auf der Grundlage von Art. 155 AEUV. Die Mitgliedstaaten dürfen also auch für die Arbeitnehmer strengere Schutzvorschriften als in der gemäß Art. 155 Abs. 2 AEUV umgesetzten Vereinbarung beibehalten oder treffen, wenn diese strengeren Schutzmaßnahmen gemäß Art. 153 Abs. 4 Spiegelstr. 2 AEUV mit den Verträgen vereinbar sind. Auch aufgrund dieser unionsrechtlichen Schranke ist die GRC damit anwendbar.[684]

(3) Zwischenergebnis zur Anwendbarkeit der GRC
Die GRC ist auf die nationale Umsetzung der BefristungsRL anwendbar.[685]

bb. Eingriff

§ 14 Abs. 1 TzBfG in Verbindung mit der vom EuGH vorgegebenen und durch das BAG übernommenen Rechtsmissbrauchskontrolle beschränken die Möglichkeiten des Arbeitgebers, Befristungen des Arbeitsvertrages vorzunehmen. Eine solche Beschränkung stellt somit unabhängig von der noch zu ermittelnden Dauer einer erheblichen Unterbrechung einen Eingriff in die gemäß Art. 16 GRC geschützte Vertragsfreiheit des Arbeitgebers dar.

---

682 Tatsächlich kommt als Rechtssetzungsform lediglich die Richtlinie in Betracht (*Eichenhofer*, in: Streinz, EUV/AEUV 2012, Art. 155 AEUV, Rz. 17; *Birk*, EuZW 1997, S. 453 (459).

683 *Maul-Satori*, in: Boecken/Düwell/Diller/Hanau, Gesamtes ArbR 2016, Art. 155 AEUV, Rz. 17; *Rebhahn* in: Becker/Hatje/Schoo/Schwarze, EU-Kommentar 2019, Art. 155 AEUV, Rz. 6.

684 Siehe hierzu ausführlich oben unter Ziffer B. III. im vierten Teil ab S. 126.

685 *Schubert*, in: Franzen/Gallner/Oetker, Kommentar zum europäischen Arbeitsrecht 2018, Art. 15 GRC, Rz. 26 mit derselben Begründung zu § 14 Abs. 2 TzBfG.

cc. Rechtfertigung des Eingriffes

Der Eingriff könnte gerechtfertigt sein. Gemäß Art. 52 Abs. 1 GRC müssten die eingreifenden Vorgaben durch § 14 Abs. 1 TzBfG in Verbindung mit der Rechtsmissbrauchskontrolle den Wesensgehalt von Art. 16 GRC achten und dürfen unter Wahrung des Grundsatzes der Verhältnismäßigkeit nur solche Einschränkungen vornehmen, die erforderlich sind und den von der Union anerkannten dem Gemeinwohl dienenden Zielsetzungen oder den Erfordernissen des Schutzes der Rechte und Freiheiten anderer tatsächlich entsprechen.

(1) Achtung des Wesensgehaltes

§ 14 Abs. 1 TzBfG und die Rechtsmissbrauchskontrolle geben durch die damit verbundenen Beschränkungen einen regulatorischen Rahmen für die Befristungsmöglichkeiten der Arbeitsvertragsparteien.[686] Befristungen sind aber weiterhin grundsätzlich möglich. Die Vertragsfreiheit des Arbeitgebers ist daher nicht in ihrem Wesensgehalt beeinträchtigt.

(2) Verhältnismäßigkeit

De Beschränkungen der Vertragsfreiheit müssten darüber hinaus verhältnismäßig sein.

(a) Legitimes Ziel und Geeignetheit

Legitimes Ziel der Beschränkungen ist ausweislich des 14. Erwägungsgrundes der BefristungsRL u.a. der Schutz der Arbeitnehmer vor rechtsmissbräuchlicher Verwendung von aufeinanderfolgenden befristeten Arbeitsverträgen.[687] Die Beschränkung der Verwendungsmöglichkeiten von befristeten Arbeitsverträgen stellt ein geeignetes Mittel dar, um einen etwaigen Rechtsmissbrauch zu verhindern.

(b) Erforderlichkeit

Die Beschränkungen sind auch erforderlich.[688] Der vollständige Verzicht auf eine zusätzliche Rechtsmissbrauchskontrolle bei Vorliegen eines sachlichen Befristungsgrundes würde zwar weniger intensiv in die Vertragsfreiheit des Arbeitgebers eingreifen. Allerdings wäre das alleinige Erfordernis eines sachlichen

---

686 Siehe hierzu ausführlich oben unter Ziffer D. II. 2. b. im dritten Teil auf S. 62.

687 EuGH, Rs. C-212/04, *Adeneler*, ECLI:EU:C:2006:443, Rz. 63; EuGH, Rs. C-378/07, *Angelidaki*, ECLI:EU:C:2007:675, Rz. 73; EuGH, Rs. C-586/10, *Kücük*, ECLI:EU:C:2012:39, Rz. 25. Zum Arbeitnehmerschutz als unionsrechtlich anerkanntes Allgemeininteresse siehe oben unter Ziffer B. IV. 2. c. bb. (1) in diesem Teil der Arbeit ab S. 186.

688 Zu den Voraussetzungen der Erforderlichkeit siehe oben unter Ziffer A. II. 4. b. cc. (1) (d) in diesem Teil der Arbeit auf S. 155.

Befristungsgrundes kein gleich effektives Mittel zur Verhinderung von Rechtsmissbrauch durch Kettenbefristung. Die zusätzliche Rechtsmissbrauchskontrolle unter Berücksichtigung der Gesamtumstände, namentlich der Anzahl der mit derselben Person oder zur Verrichtung der gleichen Arbeit geschlossenen aufeinanderfolgenden befristeten Verträge,[689] schafft vielmehr eine zusätzliche und übergeordnete Kontrollmöglichkeit, die den Schutz der von Befristungen betroffenen Arbeitnehmern erhöht.

(c) Angemessenheit

Zur Angemessenheit des Eingriffes in die gemäß Art. 16 GRC geschützte Vertragsfreiheit des Arbeitgebers bedarf es in Bezug auf die Rechtsmissbrauchskontrolle einer Handhabung, die die widerstreitenden Interessen zwischen Arbeitnehmern und Arbeitgebern schonend zu einem Ausgleich bringt.

(aa) Interessen der Arbeitnehmer

Arbeitnehmer haben ein berechtigtes Interesse an einem Schutz vor rechtsmissbräuchlichen Kettenbefristungen. Ein solcher Rechtsmissbrauch enthält den Arbeitnehmern den Genuss von Kündigungsschutzvorschriften und der mit einer unbefristeten Beschäftigung verbundenen Planungssicherheit vor, obwohl tatsächlich ein Dauerbedarf des Arbeitgebers an Arbeitskräften besteht.

Allerdings greift eine Beschränkung der Befristungsmöglichkeiten auch in die gemäß Art. 15 Abs. 1 GRC geschützte Vertragsfreiheit der Arbeitnehmer[690] ein. Auch ihnen wird eine arbeitsvertragliche Gestaltungsmöglichkeit erschwert. Darüber hinaus können sich die Beschränkungen negativ auf die ebenfalls gemäß Art. 15 GRC geschützte Berufswahlfreiheit der Arbeitnehmer auswirken. Denn bereits mit Sachgrund befristete Arbeitnehmer werden in Konkurrenz um einen weiteren mit Sachgrund befristeten Arbeitsplatz gegenüber einem nicht bereits befristet beschäftigten Arbeitnehmer geringere Chancen auf einen Vertragsabschluss haben, da der Arbeitgeber einen Verstoß gegen die Beschränkungen der Befristungsmöglichkeiten vermeiden wollen könnte.[691]

---

689 Siehe zu den Anforderungen an Rechtsmissbrauchskontrolle oben unter Ziffer C. I. 2. b. in diesem Teil der Arbeit auf S. 197.

690 Siehe hierzu oben unter Ziffer D. II. 3. b. im dritten Teil dieser Arbeit auf S. 88.

691 Vgl. hierzu BVerfG, Beschluss vom 06.06.2018 – 1 BvL 7/14, Rz. 40, NZA 2018, S. 774, zu der Situation betreffend das Vorbeschäftigungsverbot bei sachgrundloser Befristung gemäß § 14 Abs. 2 Satz 2 TzBfG.

(bb) Interessen des Arbeitgebers

Der Arbeitgeber hat ein berechtigtes Interesse an der Ausrichtung der arbeitsvertraglichen Gestaltung an den eigenen Vorstellungen und Bedürfnissen, die den Erfordernissen des Wettbewerbes gerecht werden.[692] Der Wettbewerb und eine Steigerung der Beschäftigungsintensität und des Wachstums führen zu einem erhöhten Bedarf sowohl an Flexibilität bei der Personalplanung als auch an einem geringeren Prozess- und Kostenrisiko bei der Beendigung eines Arbeitsverhältnisses.

(cc) Gewichtung der Interessen

Auch wenn die Beschränkungen der Befristungsmöglichkeiten gleichermaßen einen Eingriff in die Vertragsfreiheit des Arbeitgebers und des Arbeitnehmers darstellen, überwiegen die Interessen des Arbeitnehmers insgesamt die des Arbeitgebers. Das gilt insbesondere deshalb, weil die Beschränkungen aus § 14 Abs. 1 TzBfG in Verbindung mit der Rechtsmissbrauchskontrolle lediglich einen Rechtsmissbrauch durch aufeinanderfolgende befristete Arbeitsverträge und nicht die vertragliche Gestaltungsmöglichkeit der Befristung per se verhindern wollen. Bei einem Rechtsmissbrauch ist der Arbeitgeber in seinem Wunsch nach Flexibilität nicht mehr schützenswert, da in diesem Fall ein tatsächlich bestehender Dauerbedarf an Arbeitskräften durch befristet eingestellte Arbeitnehmer gedeckt wird.

(dd) Schonender Ausgleich

Eine Beschränkung der Befristungsmöglichkeiten muss dennoch die Vertragsfreiheit des Arbeitgebers im Umfang der Gewichtung der widerstreitenden Interessen soweit möglich berücksichtigen. Das wäre nicht mehr der Fall, wenn eine Beschränkung (zu weit) über das Regelungsziel und den damit verbundenen Schutz der Arbeitnehmerinteressen hinausgeht.[693] Dies gilt entsprechend auch für die Beurteilung der Dauer einer Unterbrechung als erheblich in dem Sinne, dass die Zeiten vor der Unterbrechung nicht mehr im Rahmen der Rechtsmissbrauchskontrolle zu beachten wären. Je länger eine Unterbrechung zwischen den befristeten Arbeitsverträgen andauern könnte, ohne von der Rechtsprechung als erheblich angesehen zu werden, desto intensiver würde diese Rechtsprechung in die Vertragsfreiheit des Arbeitgebers eingreifen. Umgekehrt würde

---

692 Vgl. hierzu auch den fünften Erwägungsgrund der BefristungsRL.

693 Vgl. BAG, Urteil vom 06.04.2011 – 7 AZR 716/09, Rz. 33, NZA 2011, 905; *Schubert*, in: Franzen/Gallner/Oetker, Kommentar zum europäischen Arbeitsrecht 2018 2018, Art. 15 GRC, Rz. 26 jeweils zur Bestimmung der Dauer des Vorbeschäftigungsverbotes gemäß § 14 Abs. 2 Satz 2 TzBfG.

ein Eingriff umso schonender ausfallen, je kürzer eine solche Unterbrechung andauerte. Den erforderlichen Mindestumfang für eine erhebliche Unterbrechung aus unionsrechtlicher Sicht hat der EuGH bereits näher bestimmt. Nach Ansicht des EuGH reicht zwar eine Unterbrechung im Umfang von 20 Tagen nicht aus, um einen Rechtsmissbrauch zu verhindern; eine Unterbrechung im Umfang von 60 Tagen hingegen schon.[694] Diese Vorstellungen des EuGH sind aber nicht unmittelbar auf die nationale Rechtslage zu übertragen. Denn bei der Beurteilung eines schonenden Ausgleiches zwischen den widerstreitenden Interessen ist zu berücksichtigen, dass gemäß § 5 Nr. 2 a) Rahmenvereinbarung die Mitgliedstaaten festlegen, wann befristete Arbeitsverträge als aufeinanderfolgend anzusehen sind. Daher können die Mitgliedstaaten grundsätzlich auch festlegen, ab welcher Dauer eine Unterbrechung als erheblich anzusehen ist.[695] Die Vorgabe des BAG, dass eine Unterbrechung erst ab einer Dauer von zwei Jahren als erheblich anzusehen ist, kann also nicht schlicht mit Verweis auf die hiervon abweichende EuGH-Rechtsprechung als überregulierend und damit unangemessen eingestuft werden. Diese Vorgehensweise würde den durch die BefristungsRL eingeräumten Ermessensspielraum für die Mitgliedstaaten außer Betracht lassen.[696] Die Ansicht des EuGH ist aber bei der rechtlichen Würdigung dahingehend gebührend zu berücksichtigen, als dass sie eine Richtung für den angemessenen Umfang einer erheblichen Unterbrechungsdauer vorgeben kann.

(ee) Analoge Anwendung nationaler Vorschriften

Eine Lösung für die Frage nach einer erheblichen Unterbrechungsdauer könnte sich auch aus Regelungen der deutschen Rechtsordnung ergeben, sofern die Voraussetzungen für eine Analogie erfüllt sind. Eine solche Regelung findet sich im deutschen Arbeitsrecht in Gestalt der Regelung in § 1 Abs. 1b Satz 2 AÜG.

Die analoge Anwendung einer gesetzlichen Bestimmung setzt voraus, dass das Gesetz eine planwidrige Regelunglücke enthält und eine vergleichbare Interessenlage vorliegt. Eine analoge Anwendung muss zur Auffüllung einer Lücke erforderlich sein, so dass die Rechtsfolge eines gesetzlichen Tatbestandes auf einen vergleichbaren, aber im Gesetz nicht geregelten Tatbestand zu übertragen ist. Der dem Gesetz zugrunde liegende Regelungsplan ist aus ihm selbst im Wege der historischen und teleologischen Auslegung zu schließen. Es ist zu fragen, ob das Gesetz gemessen an seiner eigenen Regelungsabsicht, unvollständig ist.[697]

694 Siehe hierzu ausführlich oben unter Ziffer C. III. 2. In diesem Teil der Arbeit ab S. 201.
695 So ausdrücklich EuGH, Rs. C-362/13, *Fiamingo*, ECLI:EU:C:2014:2044, Rz. 72.
696 Zum Ermessensspielraum der Mitgliedstaaten siehe *Krebber*, EuZA 2017, S. 3 (7 ff.).
697 BAG, Urteil vom 21.02.2012 – 9 AZR 487/10, NZA 2012, 793.

Diese Voraussetzungen sind in Bezug auf die Vermeidung eines Rechtsmissbrauchs durch Kettenbefristungen gemäß § 14 Abs. 1 TzBfG in Verbindung mit der Rechtsmissbrauchskontrolle erfüllt.

(i) Planwidrige Regelungslücke

Den Vorgaben von § 5 Nr. 1 lit. a) der Rahmenvereinbarung über befristete Arbeitsverträge entsprechend ging der deutsche Gesetzgeber davon aus, durch die Vorgabe von Befristungsgründen in § 14 Abs. 1 TzBfG einen ausreichenden Schutz vor rechtsmissbräuchlichen Kettenbefristungen zu gewährleisten.[698] Ergänzend zu diesen gesetzlichen Vorgaben hält der EuGH aber einen zusätzlichen Prüfungsschritt für erforderlich, um betroffene Arbeitnehmer umfassend im Sinne der BefristungsRL vor Rechtsmissbrauch durch Kettenbefristungen zu schützen. Dieser zweite Prüfungsschritt soll verhindern, dass die von einem befristet eingestellten Arbeitnehmer zu erbringenden Leistungen trotz Vorliegens eines sachlichen Grundes tatsächlich einen Dauerbedarf decken.[699] Da der deutsche Gesetzgeber bei der Kodifizierung von § 14 Abs. 1 TzBfG das Erfordernis von Befristungsgründen als ausreichende Schutzmaßnahme gegen unzulässige Kettenbefristungen erachtet hat, bestand aus seiner Sicht keine Notwendigkeit, den Begriff der aufeinanderfolgenden Arbeitsverträge näher zu definieren. Insbesondere wäre es nach damaliger Ansicht nicht erforderlich gewesen, die rechtlichen Auswirkungen einer zeitlichen Unterbrechung zwischen mehreren befristeten Arbeitsverträgen festzulegen.[700] Seit der durch die Rechtsprechung von EuGH und BAG entwickelten Vorgabe eines zweiten, im Gesetzgebungsverfahren nicht berücksichtigten Prüfungsschrittes besteht daher eine nicht beabsichtigte, also planwidrige Regelungslücke. § 14 Abs. 1 TzBfG ist, gemessen an seiner eigenen Regelungsabsicht, unvollständig. Diese Regelungslücke ist durch eine analoge Anwendung von § 1 Abs. 1b Satz 2 AÜG zu schließen.

(ii) Vergleichbare Interessenlage

Zwischen den Tatbeständen des § 14 Abs. 1 TzBfG in Verbindung mit der Rechtsmissbrauchskontrolle und § 1 Abs. 1b AÜG besteht auch die erforderliche vergleichbare Interessenlage. Ausgangspunkt ist die Erkenntnis, dass unbefristete Arbeitsverhältnisse die übliche Form des Beschäftigungsverhältnisses zwischen Arbeitgeber und Arbeitnehmer darstellen.[701] Wie bereits dargestellt, dient

---

698 Siehe hierzu oben unter Ziffer C. II. 1. in diesem Teil der Arbeit ab S. 198.
699 Siehe hierzu oben unter Ziffer C. I. 2. b. in diesem Teil der Arbeit ab S. 197.
700 Siehe hierzu oben unter Ziffer C. III. 1. In diesem Teil der Arbeit ab S. 200.
701 Vgl. Präambel der Rahmenvereinbarung.

die Regelung in § 14 Abs. 1 TzBfG in Verbindung mit der Rechtsmissbrauchskontrolle der Vermeidung von Kettenbefristungen trotz bestehenden Dauerbedarfs. Gleiches gilt entsprechend für die Regelungen des AÜG. Gemäß § 5 Abs. 5 LeiharbeitsRL[702] ergreifen die Mitgliedstaaten die erforderlichen Maßnahmen um eine Umgehung der Vorschriften der LeiharbeitsRL durch aufeinanderfolgende Überlassungen eines Arbeitnehmers zu verhindern. Regelungszweck der nationalen Regelungen ist dementsprechend u.a. die Schärfung der Funktion der Arbeitnehmerüberlassung als Instrument zur zeitlich begrenzten Deckung eines Arbeitskräftebedarfes sowie die Verhinderung des Missbrauches von Leiharbeit.[703] Hierzu schreibt § 1 Abs. 1b Satz 1 AÜG vor, dass ein Einsatz bei demselben Entleiher grundsätzlich nicht länger als 18 aufeinanderfolgende Monate erfolgen darf. Dadurch soll vermieden werden, dass ein tatsächlich bestehender Dauerbeschäftigungsbedarf durch Kettenüberlassungen gedeckt und die Stammbelegschaft durch Leiharbeitnehmer substituiert wird.[704] Da sowohl das Leiharbeitsverhältnis als auch das befristete Arbeitsverhältnis eine Abweichung vom „normalen“ Arbeitsverhältnis darstellen, sind die hiervon betroffenen Arbeitnehmer in besonderer Weise schutzbedürftig.[705] Dieser Schutzbedürftigkeit wird in beiden Regelungskomplexen – wie dargestellt – insbesondere durch Maßnahmen zur Vermeidung von Rechtsmissbrauch durch unzulässige Kettenbefristungen bzw. Kettenüberlassungen Rechnung getragen. Dem Vergleich der Interessenlagen ließe sich auch nicht entgegenhalten, dass die Schutzbedürftigkeit der Leiharbeitnehmer geringer ist als diejenige von befristet beschäftigten Arbeitnehmern, weil die Überlassungsdauer auf maximal 18 Monate beschränkt ist. Richtig ist zwar, dass die Festlegung einer Höchstüberlassungsdauer einen Rechtsmissbrauch durch Kettenüberlassungen weniger wahrscheinlich macht. Gleiches gilt allerdings auch in Bezug auf die gegenständliche Rechtsmissbrauchskontrolle im Rahmen von Befristungen mit Sachgrund. Denn auch das Vorliegen eines Sachgrundes rechtfertigt die Befristung grundsätzlich.[706] Ein Rechtsmissbrauch durch Kettenbefristung ist somit gleichermaßen unwahrscheinlich, so dass die Interessenlagen in jeder Hinsicht vergleichbar sind. Der enge Zusammenhang zwischen Befristungs- und Arbeitnehmerüberlassungsrecht zeigt sich

702 Richtlinie 2008/104/EG vom 19.11.2008 über Leiharbeit, ABl. 2008, L 327, S. 9.

703 BT-Drucksache 18/9232, S. 1.

704 BT-Drucksache 18/9232, S. 20.

705 Vgl. hierzu den dritten Erwägungsgrund der BefristungsRL der genauso wie der zweite Erwägungsgrund der LeiharbeitsRL auf Nummer 7 der Gemeinschaftscharta der Sozialen Grundrechte der Arbeitnehmer verweist.

706 Siehe hierzu oben unter Ziffer C. I. 2. in diesem Teil der Arbeit ab S. 197.

auch in dem Koalitionsvertrag der amtierenden Regierung. Dort ist vorgesehen, dass bei der Berechnung der vorgesehenen Höchstdauer für Befristungen auch eine oder mehrere vorherige Entleihung(en) des befristetet eingestellten Arbeitnehmers angerechnet werden.[707]

Gemäß § 1 Abs. 1b Satz 2 AÜG wird bei der Bemessung der zulässigen Einsatzdauer eines Leiharbeitnehmers der Zeitraum vorheriger Überlassungen durch denselben oder einen anderen Verleiher an denselben Entleiher nur dann angerechnet, wenn zwischen den Einsätzen jeweils nicht mehr als drei Monate liegen. Der deutsche Gesetzgeber bringt damit zum Ausdruck, dass es sich nicht mehr um aufeinanderfolgende Überlassungen im Sinne des § 5 Abs. 5 LeiharbeitsRL handelt, wenn zwischen den jeweiligen Überlassungszeiträumen eine Unterbrechung von mehr als drei Monaten liegt.

IV. Ergebnis

Aufgrund der planwidrigen Regelungslücke in § 14 Abs. 1 TzBfG in Verbindung mit der Rechtsmissbrauchskontrolle betreffend die Definition von „aufeinanderfolgenden Arbeitsverträgen" und der vergleichbaren Interessenlage zwischen Leiharbeits- und Befristungsrecht ist § 1 Abs. 1b Satz 2 AÜG also im Rahmen der Kontrolle eines institutionellen Rechtsmissbrauchs durch Kettenbefristungen analog anzuwenden. Somit ist im Befristungsrecht nicht mehr von aufeinanderfolgenden befristeten Arbeitsverträgen auszugehen, wenn zwischenzeitlich eine Unterbrechung von mehr als drei Monaten besteht. Die Bewertung einer Unterbrechungsdauer im Umfang von drei Monaten als erheblich für die Rechtsmissbrauchskontrolle berücksichtigt darüber hinaus gebührend die Ansicht des EuGH, der hierfür einen Zeitraum von 60 Tagen als ausreichend angesehen hat.

V. Ausblick

Der Koalitionsvertrag vom 07.02.2018 sieht vor, dass sämtliche Befristungen lediglich für eine Höchstdauer von fünf Jahren zulässig sein sollen.[708] Ein erneut befristetes Arbeitsverhältnis mit demselben Arbeitgeber soll erst nach Ablauf einer Karenzzeit von drei Jahren wieder zulässig sein.[709] Hierbei ist eine Differenzierung nach Vorliegen eines Sachgrundes oder einer sachgrundlosen

---

707 S. 52, Rz. 2361 – 2363 des Koalitionsvertrages vom 07.02.2018 – abzurufen unter https://www.bundesregierung.de/breg-de/themen/koalitionsvertrag-zwischen-cdu-csu-und-spd-195906 (im Folgenden: Koalitionsvertrag).

708 S. 52, Rz. 2354 – 2356 des Koalitionsvertrages; *Braun/Sura*, ZRP 2018, S. 75 (76).

709 S. 52, Rz. 2363 – 2364 des Koalitionsvertrages; *Braun/Sura*, ZRP 2018, S. 75 (76).

Befristung nicht vorgesehen. Eine solche Karenzzeitregelung würde aber sogar noch über die vom BAG bislang geforderte Unterbrechungsdauer im Umfang von zwei Jahren hinausgehen und sich damit noch weiter von der Ansicht des EuGH entfernen, der bereits eine Unterbrechung im Umfang von 60 Tagen als ausreichend angesehen hat, um einen Rechtsmissbrauch durch Kettenbefristungen zu verhindern. Auch die Diskrepanz zu der Karenzzeitregelung in § 1 Abs. 1b Satz 2 AÜG würde noch größer werden, als es nach bisheriger Rechtsprechung des BAG der Fall ist. Im Ergebnis wäre die geplante Regelung daher als überschießend und damit nicht mehr als verhältnismäßig anzusehen.

Die Regierungsparteien haben sich bei der Bemessung der Karenzzeit möglicherweise an der Rechtsprechung des BAG zur gebotenen Unterbrechungsdauer bei einer sachgrundlosen Befristung orientiert. Das BAG hatte eine sachgrundlose Befristung als zulässig erachtet, wenn die Vorbeschäftigung bei demselben Arbeitgeber länger als drei Jahre zurück lag.[710] Dieser Maßstab kann aber nicht auf eine Befristung mit Sachgrund übertragen werden, da bereits das Vorliegen eines Sachgrundes eine Befristung grundsätzlich rechtfertigt.[711] Dieser höhere Grad an Legitimation muss sich zur Wahrung der Vertragsfreiheit des Arbeitgebers auch bei der Dauer der Karenzzeit widerspiegeln. Unabhängig von der konkreten Dauer einer Karenzzeitregelung kann diese Dauer daher auch nicht für sachgrundlose Befristungen und solche mit Sachgrund gleichen Umfanges sein.

---

710 BAG, Urteil vom 06.04. 2011 – 7 AZR 716/09, Rz. 16 ff., NZA 2011, S. 905 – mittlerweile durch das BVerfG für verfassungswidrig erklärt (BVerfG, Beschluss vom 06.06.2018 – 1 BvL 7/14, NZA 2018, S. 774).

711 Siehe hierzu oben unter Ziffer C. I. 2. b. in diesem Teil der Arbeit ab S. 197.

Sechster Teil: Zusammenfassung und Fazit

1. Die Aufnahme der unternehmerischen Freiheit in die GRC war geprägt von kontroversen Diskussionen zwischen den politischen Lagern im Konvent. Im Ergebnis einigten sich die Konventsmitglieder auf den nunmehr in Art. 16 GRC geregelten Wortlaut, der die Gegensätze im Konvent widerspiegelt.
2. Die Arbeit hat gezeigt, dass Art. 16 GRC ein umfassendes, „echtes" Grundrecht darstellt, dessen Einschränkbarkeit sich ausschließlich nach Art. 52 Abs. 1 GRC richtet. Der Schutzbereich umfasst in sachlicher Hinsicht die positive und negative Vertragsfreiheit des Unternehmens. Der grundrechtliche Unternehmensbegriff entspricht demjenigen des Wettbewerbsrechtes, erfordert also keine Gewinnerzielungsabsicht. Anderenfalls bestünde eine Inkongruenz zwischen wettbewerbsrechtlichen Eingriffsbefugnissen und grundrechtlichem Schutz. In personeller Hinsicht bestehen keine Einschränkungen. Insbesondere sind auch juristische Personen geschützt. Juristische Personen des öffentlichen Rechtes und staatliche Stellen können sich allerdings nur im Bereich der unionalen Rechtssetzung und nicht bei Rechtssetzung im Bereich der mitgliedstaatlichen Kompetenzen auf die von Art. 16 GRC geschützte Vertragsfreiheit berufen.
3. Die Anwendbarkeit der GRC im nationalen Recht der Mitgliedstaaten ergibt sich unmittelbar aus Art. 51 Abs. 1 Satz 1 GRC, dem zu Folge die unmittelbare Durchführung von Unionsrecht erforderlich ist. Ungeachtet der grundsätzlichen Probleme bei der Auslegung von Art. 51 Abs. 1 Satz 1 GRC, stellte sich die Frage, ob die GRC auch im Bereich der übererfüllenden Umsetzung durch die Mitgliedstaaten Anwendung findet.

Das BVerfG sieht die Voraussetzung für eine Anwendbarkeit der GRC im nationalen Recht lediglich dann als erfüllt an, wenn unionsrechtliche Vorgaben hinreichend determiniert sind. Das ist laut BVerfG der Fall, wenn für den Mitgliedstaat kein Ermessens- oder Umsetzungsspielraum besteht. Nach dieser Ansicht wäre die GRC bei einer überobligatorischen Umsetzung mangels unionsrechtlicher Determinierung nicht anwendbar. Es wurde gezeigt, dass gegen diese Ansicht massive Bedenken bestehen. Die Voraussetzungen der geforderten unionsrechtlichen Determinierung sind nicht hinreichend bestimmt und auch nicht bestimmbar. Außerdem kann die Ansicht des BVerfG zu unterschiedlichen Maßstäben innerhalb eines Sachverhaltes, eines Gesetzes und sogar einer einzelnen Vorschrift führen. Darüber hinaus würde Art. 16 GRC im Bereich des europäischen Arbeitsrechtes faktisch leerlaufen. Eine Überprüfung von nationalem Recht am Maßstab der GRC wäre sogar insgesamt ausgeschlossen.

Die Ansicht des EuGH zur Anwendbarkeit der GRC bei Ermessens- und Ausgestaltungsspielraum der Mitgliedstaaten sowie bei der Beschränkung von Grundfreiheiten durch die Mitgliedstaaten verdient hingegen Zustimmung. Hinsichtlich der Ausführungen zur Anwendbarkeit der GRC bei einer übererfüllenden Umsetzung im Arbeitsrecht kann die widersprüchliche Argumentation des EuGH hingegen nicht überzeugen.

Die Anwendbarkeit der GRC ergibt sich in diesem Bereich allerdings aus der Regelung in Art. 153 Abs. 4 Spiegelstr. 2 AEUV, der zu Folge die Mitgliedstaaten für Arbeitnehmer strengere Schutzvorschriften beibehalten oder erlassen können, die aber mit den Verträgen vereinbar sein müssen. Die Arbeit hat gezeigt, dass die Vorgabe dieser unionsrechtlichen Schranke auch bei einer übererfüllenden Umsetzung unionsrechtlicher Vorgaben durch die Mitgliedstaaten zu einer Durchführung von Unionsrecht im Sinne des Art. 51 Abs. 1 Satz 1 GRC führt. Darüber hinaus sind die Rechte, Freiheiten und Grundsätze der GRC wegen deren Anerkenntnisses in Art. 6 Abs. 1 EUV mit den Verträgen im Sinne von Art. 153 Abs. 4 Spiegelstr. 2 AEUV gleichzusetzen. Daher folgt aus dem Erfordernis der Vereinbarkeit mit den Verträgen das Erfordernis der Vereinbarkeit mit den Rechten, Freiheiten und Grundsätzen der GRC. Art. 51 Abs. 1 GRC ist in diesen Fällen nicht einschlägig. Denn die unionsrechtliche Schranke in Art. 153 Abs. 4 Spiegelstr. 2 AEUV führt zu der besonderen Situation, dass Regelungszuständigkeit der Union und Anwendbarkeit der GRC auseinanderfallen. Der EuGH handelt bei einer Überprüfung übererfüllender nationaler Rechtsakte anhand der GRC auch nicht ultra vires. Die Mitgliedstaaten haben die unionsrechtliche Schranke nämlich ausdrücklich für den Bereich der ihnen kompetenzrechtlich zustehenden übererfüllenden Umsetzung von unionsrechtlichen Vorgaben in Art. 153 Abs. 4 Spiegelstr. 2 AEUV niedergelegt. Die in der Arbeit entwickelte Ansicht trägt somit lediglich den Vorgaben der Mitgliedstaaten Rechnung.

4. Aus der Anwendbarkeit der gemäß Art. 16 GRC geschützten Vertragsfreiheit ergeben sich für den Bereich des deutschen Arbeitsrechtes relevante Rechtsfolgen.

Das gilt zunächst für den Bereich des Sonderkündigungsschutzes nach dem MuSchG. Eine an Art. 16 GRC orientierte grundrechtskonforme Auslegung von dem Verbot der Vorbereitung einer Kündigung während der Schwangerschaft gemäß § 17 Abs. 1 Satz 3 MuSchG lässt lediglich ein deklaratorisches Verständnis zu. Ein weiterführendes Verständnis im Sinne eines zusätzlichen konstitutiven Regelungsgehaltes wäre angesichts des Schutzzwecks – Schutz vor Diskriminierung und Schutz der Gesundheit der Schwangeren – nicht erforderlich und würde daher die Vertragsfreiheit des Arbeitgebers verletzen.

Auch im Kontext eines Betriebsüberganges ist die gemäß Art. 16 GRC geschützte Vertragsfreiheit des Erwerbers zu berücksichtigen. Relevant wird dies bei dynamisch in Bezug genommenen tarifvertraglichen Regelungen. Diese Regelungen gehen gemäß § 613a Abs. 1 Satz 1 als schuldrechtliche Rechte und Pflichten dynamisch, also nach Maßgabe des jeweils gültigen Tarifvertrages, auf den Erwerber über. Dadurch greift § 613a Abs. 1 Satz 1 BGB schwerwiegend in die negative Vertragsfreiheit des Erwerbers ein. Um den Wesensgehalt der negativen Vertragsfreiheit zu beachten, muss der Erwerber unter bestimmten Voraussetzungen die Möglichkeit haben, die Bezugnahme zu entdynamisieren. Diese Möglichkeit bietet trotz formaler Schwächen und negativer tatsächlicher und finanzieller Begleitumstände die Änderungskündigung. Die Festlegung der Wirksamkeitsvoraussetzung einer solchen entdynamisierenden Änderungskündigung erfolgt anhand eines schonenden Ausgleichs zwischen den widerstreitendenden Interessen der Arbeitnehmer und des Erwerbers. Daraus ergibt sich, dass eine Änderungskündigung im Anwendungsbereich des ersten und zweiten Abschnittes des KSchG dann sozial gerechtfertigt und damit wirksam ist, wenn eine Entdynamisierung der Bezugnahme für eine selbstbestimmte und zweckmäßige Ausübung der wirtschaftlichen Tätigkeit des Erwerbers geboten ist. Das ist wiederum der Fall, wenn die in Bezug genommenen tariflichen Regelungen erheblich von denen der bisherigen Belegschaft abweichen und eine (durch den Arbeitnehmer widerlegbare) Prognose hinsichtlich der weiteren Tarifentwicklung dafür spricht, dass diese Abweichungen in Zukunft noch verstärkt werden. Die Verwendung von unbestimmten Rechtsbegriffen ermöglicht eine fallbezogene Anwendung dieser Vorgaben, die den Umständen des jeweiligen Einzelfalles gerecht wird. Je größer die Unterschiede zwischen den Arbeitsbedingungen der eigenen Belegschaft und denen des in Bezug genommenen Tarifvertrages sind, desto größer und schützenswerter ist das Unabhängigkeits- und damit das Entdynamisierungsinteresse des Erwerbers. Um die Wirksamkeitsvoraussetzungen für die entdynamisierende Änderungskündigung nicht unionsrechtswidrig zu hoch anzusetzen, gilt im Rahmen eines Gerichtsverfahrens eine abgestufte Darlegungs- und Beweislast. Bei einem bracheninternen Betriebsübergang ist grundsätzlich davon auszugehen, dass kein ausreichendes Entdynamisierungsinteresse besteht. Außerhalb des Anwendungsbereiches der ersten beiden Abschnitte des KSchG sind die rechtlichen Hürden für eine Änderungskündigung so gering, dass eine an Art. 16 GRC orientierte grundrechtskonforme Auslegung entbehrlich ist.

Zuletzt hat die Arbeit gezeigt, dass die gemäß Art. 16 GRC geschützte Vertragsfreiheit des unternehmerisch tätigen Arbeitgebers auch Auswirkungen auf die Rechtsmissbrauchskontrolle bei Befristungen mit Sachgrund zeitigt. Der EuGH hat nach Inkrafttreten der BefristungsRL und nach deren Umsetzung in § 14 TzBfG das Erfordernis einer zusätzlichen Rechtmissbrauchskontrolle entwickelt. Damit soll gewährleistet werden, dass Arbeitgeber zur Deckung eines tatsächlich bestehenden Dauerbedarfes an Arbeitskräften nicht rechtsmissbräuchlich auf aufeinanderfolgende befristete Arbeitsverträge zurückgreifen. Ungeklärt ist, wann befristete Arbeitsverträge als aufeinanderfolgend anzusehen sind. Bei der Beantwortung dieser Frage besteht eine Diskrepanz zwischen der Ansicht des EuGH, des BAG, den deutschen Instanzgerichten und der Literatur. Während der EuGH eine Unterbrechung im Umfang von 60 Tagen als ausreichend ansieht, um einen Rechtsmissbrauch auszuschließen, verlangt das BAG hierfür eine Unterbrechung von mindestens zwei Jahren. Die Instanzgerichte und die Literatur tendieren zu einer erheblichen Unterbrechungsdauer im Umfang von drei Wochen bis zu vier Monaten. Es hat sich aber gezeigt, dass bei der Ermittlung einer erheblichen Unterbrechungsdauer die gemäß Art. 16 GRC geschützte Vertragsfreiheit des Arbeitgebers zu berücksichtigen ist. Aus diesem Grund ist die Dauer im Rahmen eines schonenden Ausgleichs zwischen den Interessen der betroffenen Arbeitnehmer und des Arbeitgebers zu ermitteln. Da die BefristungsRL die Definition der maßgeblichen Rechtsbegriffe den Mitgliedstaaten überlassen hat, kann nicht unmittelbar auf die Ansicht des EuGH abgestellt werden. Eine Lösung muss vielmehr unter gebührender Berücksichtigung der unionsrechtlichen Vorgaben im nationalen Recht gefunden werden. Diese Lösung ergibt sich aus einer analogen Anwendung von § 1 Abs. 1b Satz 2 AÜG. Gemäß dieser Vorschrift ist eine Unterbrechung zwischen den Überlassungen eines Leiharbeitnehmers an denselben Entleiher im Umfang von drei Monaten ausreichend, um einen Rechtsmissbrauch durch Kettenüberlassungen zu verhindern. Die Arbeitnehmerüberlassung stellt eine mit der Befristung vergleichbare Abweichung von dem „normalen" unbefristeten Beschäftigungsverhältnis dar. Es besteht daher eine vergleichbare Interessenlage. Sowohl das AÜG als auch das TzBfG sollen einen Rechtsmissbrauch durch Kettenbefristungen bzw. Kettenüberlassungen verhindern, die dem Arbeitgeber tatsächlich dazu dienen, einen dauerhaft bestehenden Bedarf an regulären Arbeitskräften zu decken. Da der EuGH das Rechtsinstitut der Rechtsmissbrauchskontrolle nach Inkrafttreten der BefristungsRL und nach deren nationaler Umsetzung im TzBfG entwickelt hat, besteht im Befristungsrecht auch eine planwidrige Regelungslücke. Diese wird durch eine analoge Anwendung von § 1 Abs. 1b Satz 2 AÜG geschlossen. Die dort geregelte Unterbrechungsdauer im Umfang von drei Monaten berücksichtigt auch gebührend die Ansicht des EuGH, der eine Unterbrechung im Umfang von 60 Tagen als ausreichend zur Vermeidung von Rechtsmissbrauch angesehen hat.

Insgesamt lässt sich als Ergebnis der Arbeit Folgendes festhalten: Art. 16 GRC schützt umfassend die positive sowie negative Vertragsfreiheit des unternehmerisch tätigen Arbeitgebers. Diese Vertragsfreiheit ist im Vergleich zu anderen Grundrechten nicht unter erleichterten Voraussetzungen einschränkbar. Sämtliche Eingriffe, insbesondere in Gestalt von Arbeitnehmerschutzvorschriften, bedürfen daher der Rechtfertigung. Zu beachten ist neben dem unionsrechtlich determinierten Wesensgehalt auch die Geeignetheit, Erforderlichkeit und Angemessenheit des Eingriffes. Da Art. 16 GRC auch im Bereich der übererfüllenden nationalen Umsetzung von unionsrechtlichen Vorgaben Anwendung findet, stellt die Vertragsfreiheit des unternehmerisch tätigen Arbeitgebers eine globale Schranke des unionsrechtlich geprägten Arbeitnehmerschutzes dar.

Literaturverzeichnis

Alvensleben, Constantin von, Die Rechte der Arbeitnehmer bei Betriebsübergang im Europäischen Gemeinschaftsrecht, Baden-Baden 1992

Ascheid, Reiner / Preis, Ulrich; Schmidt, Ingrid (Hrsg.), Kündigungsrecht –, Großkommentar zum gesamten Recht der Beendigung von Arbeitsverhältnissen, 5. Aufl. München 2017

Bäcker, Matthias, Das Grundgesetz als Implementationsgarant der Unionsgrundrechte, in: Europarecht 2015, S. 389–415

Baeck, Ulrich / Winzer, Thomas / Abend, Tobias, Das neue Mutterschutzgesetz: Änderungen zum 01.01.2018, in: Neue Zeitschrift für Gesellschaftsrecht 2018, S. 23–24

Bartl, Marija / Leone, Candida, Minimum Harmonisation after Alemo-Herron: The Janus Face of EU Fundamental Rights Review, in: European Constitutional Law Review 2015, S. 140–154

Bauer, Jobst-Hubertus / Medem, Andreas von Betriebsübergang: Beschränkt kollektivrechtliche Fortgeltung nach § 613a Abs. 1 Satz 2 BGB, in: Der Betrieb 2010, S. 2560–2564

Bayreuther, Frank, Das neue Mutterschutzrecht im Überblick, in: Neue Zeitschrift für Arbeitsrecht 2017, S. 1145–1149

— Vorbehaltlose dynamische Bezugnahmeklauseln nach einem Betriebsübergang – Neues vom EuGH, in: Neue Juristische Wochenschrift 2017, S. 2158–2160

Bechtold, Rainer / Bosch, Wolfgang / Brinker, Ingo (Hrsg.), EU-Kartellrecht, 3. Aufl. München 2014

Becker, Ulrich / Hatje, Armin / Schoo, Johann / Schwarze, Jürgen (Hrsg.), EU-Kommentar, 4. Aufl. Baden-Baden 2019

Benkert, Daniel, Neuregelung des Mutterschutzes, in: NJW-Spezial 2017, S. 562–563

Berg, Peter / Kocher, Eva / Schumann, Dirk (Hrsg.), Tarifvertragsgesetz und Arbeitskampfrecht, 6. Aufl. Frankfurt am Main 2018

Bernsdorff, Norbert / Borowsky, Martin (Hrsg.), Die Charta der Grundrechte der Europäischen Union – Handreichungen und Sitzungsprotokolle, Baden-Baden 2002

Birk, Rolf, Vereinbarungen der Sozialpartner im Rahmen des Sozialen Dialogs und ihre Durchführung, in: Europäische Zeitschrift für Wirtschaftsrecht 1997, S. 453–459

Boecken, Winfried / Düwell, Franz Josef / Diller, Martin / Hanau, Hans (Hrsg.), Gesamtes Arbeitsrecht, Baden-Baden 2016

Boecken, Winfried / Joussen, Jacob (Hrsg.), Teilzeit- und Befristungsgesetz, 5. Aufl. Baden Baden 2018

Bogdandy, Armin von / Kottmann, Matthias / Antpöhler, Carlino / Dickschen, Johanna / Hentrei, Simon / Smrkolj, Maja, Ein Rettungsschirm für europäische Grundrechte – Grundlagen einer unionsrechtlichen Solange-Doktrin gegenüber Mitgliedstaaten, in: Zeitschrift für ausländisches öffentliches Recht und Völkerrecht 2012, S. 45–78

Braun, Axel / Sura, Stephan, Arbeits- und Sozialrecht im Koalitionsvertrag zur 19. Legislaturperiode, in: Zeitschrift für Rechtspolitik 2018, S. 75–78

Britz, Gabriele, Grundrechtsschutz durch das Bundesverfassungsgericht und den Europäischen Gerichtshof, in: Europäische GRUNDRECHTE-Zeitschrift 2015, S. 275–281

Bruns, Patrick, Institutioneller Missbrauch als Kontrollparameter im arbeitsrechtlichen Befristungsrecht, in: Neue Zeitschrift für Arbeitsrecht 2013, S. 769–772

— BB-Rechtsprechungsreport zum arbeitsrechtlichen Befristungsrecht 2012/2013 (Teil 2), in: Betriebsberater 2014, S. 53–60

Bühler, Margit, Einschränkungen von Grundrechten nach der Europäischen Grundrechtecharta, Berlin 2005

Busch, Ralf / Gerlach, Sandy, Dynamische Verweisung auf Tarifverträge vs. unternehmerische Freiheit nach Betriebsübergang, in: Betriebsberater 2017, S. 2356–2363

— Anpassungsmöglichkeiten bei dynamischer Verweisung auf Tarifvertrag, in: Betriebsberater 2018, S. 1780–1782

Buschmann, Rudolf, Dynamische arbeitsvertragliche Verweisung auf einen Tarifvertrag im Betriebsübergang – Asklepios, in: Arbeit und Recht 2017, S. 87–88

— Behördliches Verbot von Massenentlassung grundsätzlich zulässig, in: Arbeit und Recht 2017, S. 86–87

Calliess, Christian, Die Charta der Grundrechte der Europäischen Union – Fragen der Konzeption, Kompetenz und Verbindlichkeit, in: Europäische Zeitschrift für Wirtschaftsrecht 2001, S. 261 -268

— Europäische Gesetzgebung und nationale Grundrechte – Divergenzen in der aktuellen Rechtsprechung von EuGH und BVerfG?, in: JuristenZeitung 2009, S. 113–164

Calliess, Christian / Ruffert, Matthias (Hrsg.), EUV/AEUV Das Verfassungsrecht der Europäischen Union mit Europäischer Grundrechtecharta, 5. Aufl. München 2016

Classen, Claus Dieter, Zu wenig, zu fundamentalistisch – zur grundrechtlichen Kontrolle „unionsrechtlich determinierter“ nationaler Hoheitsakte, in: Europarecht 2016, S. 304–313

Commandeur, Gert / Kleinebrink, Wolfgang, Gestaltungsgrundsätze im Anwendungsbereich des § BGB § 613a BGB – Möglichkeiten zur Übernahme einer Wunschmannschaft, in: Neue Juristische Wochenschrift 2008, S. 3467–3473

— Das Ende der dynamischen Verweisungsklauseln beim Betriebsübergang, in: Betriebsberater 2014, S. 181–185

Cremer, Wolfram, Der programmierte Verfassungskonflikt: Zur Bindung der Mitgliedstaaten an die Charta der Grundrechte der Europäischen Union nach dem Konventsentwurf für eine Europäische Verfassung, in: Neue Zeitschrift für Verwaltungsrecht 2003, S. 1452–1457

Danwitz, Thomas von, Der Grundsatz der Verhältnismäßigkeit im Gemeinschaftsrecht, in: Europäisches Wirtschafts- und Steuerrecht 2003, S. 393–402

Däubler, Wolfgang (Hrsg.), Tarifvertragsgesetz mit Arbeitnehmer-Entsendegesetz, 4. Aufl. Baden-Baden 2016

Däubler, Wolfgang / Hjort, Jens Peter / Schubert, Michael / Wolmerath, Martin (Hrsg), Arbeitsrecht – Individualarbeitsrecht mit kollektivrechtlichen Bezügen, 4. Aufl. Baden-Baden 2017

Dauses, Manfred (Begr,) / Ludwigs, Markus (Hrsg.), Handbuch des EU-Wirtschaftsrechts, 44. Aufl. München 2018 (zitiert als: *Bearbeiter* in: Dauses/Ludwigs, Handbuch des EU-Wirtschaftsrechts)

Ehlers, Dirk (Hrsg.), Europäische Grundrechte und Grundfreiheiten, 4. Aufl. Berlin u.a. 2014

Eisner, Carolin, Die Schrankenregelung der Grundrechtecharta der Europäischen Union, Baden-Baden 2005

Evermann, Nils, Sind Vorbereitungsmaßnahmen zur Kündigung während des Mutterschutzes trotz § 17 MuSchG nF noch erlaubt?, in: Neue Zeitschrift für Arbeitsrecht, S. 550–557

Eylert, Mario / Schinz, Reinhard, Dynamische Bezugnahmeklauseln beim Betriebsübergang im Spannungsfeld zwischen nationalen und europäischen Regelungen, in: Recht der Arbeit 2017, S. 140–149

Fitting, Karl (Begr.) / Engels, Gerd / Schmidt, Ingrid; Trebinger, Yvonne / Linsenmaier, Wolfgang (Hrsg.), Betriebsverfassungsgesetz, 29. Aufl. München 2018 (zitiert als: Fitting – Betriebsverfassungsgesetz 2018)

Flockenhaus, Patrick, Alles bleibt anders – Dynamische Bezugnahmeklauseln und Betriebsübergang nach Asklepios – Besprechung des EuGH-Urteils vom 27.4.2017 – Rs. EUGH Aktenzeichen C68015 C-680/15, EUGH Aktenzeichen C-681/15 – Asklepios, in: Recht der Arbeit 2017, S. 316–323

Forst, Gerrit, Betriebsübergang: Ende der Dynamik einer arbeitsvertraglichen Bezugnahme auf einen Tarifvertrag?, in: Der Betrieb 2013, S. 1847–1850

Franzen, Martin, Gesetzesbindung im Tarifvertragsrecht, in: Neue Zeitschrift für Arbeitsrecht - Beilage 2011, S. 108–117

— Europäisches Recht und die Beendigung von Arbeitsverhältnissen in Deutschland, in: Neue Zeitschrift für Arbeitsrecht-Beilage 2015, S. 77–83

Franzen, Martin / Gallner, Inken / Oetker, Hartmut (Hrsg.), Kommentar zum europäischen Arbeitsrecht, 2. Aufl. München 2018

Franzius, Claudio, Grundrechtsschutz in Europa – Zwischen Selbstbehauptungen und Selbstbeschränkungen der Rechtsordnungen und ihrer Gerichte, in: Zeitschrift für ausländisches öffentliches Recht und Völkerrecht 2015, S. 383–412

Frenz, Walter, Handbuch Europarecht Band 4 – Europäische Grundrechte, Berlin/Heidelberg 2009

Fuchs, Maximilian / Marhold, Franz (Hrsg.), Europäisches Arbeitsrecht, 4. Aufl. Wien 2014

Fuhlrott, Michael, „Mutterschutz-RL" gebietet präventiven und repressiven Entlassungsschutz, in: Gesellschafts- und Wirtschaftsrecht 2018, S. 97

Gallner, Inken / Mestwerdt, Wilhelm / Nägele, Stefan (Hrsg.), Kündigungsschutzrecht, 6. Aufl. Baden-Baden 2018

Giesen, Richard, Bezugnahmeklauseln – Auslegung, Formulierung und Änderung, in: Neue Zeitschrift für Arbeitsrecht 2006, S. 625–632

Grabenwarter, Christoph, Die Charta der Grundrechte für die Europäische Union, in: Deutsches Verwaltungsblatt. 2001, S. 1–13

— *(Hrsg. des Bandes) / Hatje, Armin / Müller, Christian-Peter (Gesamthrsg.)*, Enzyklopädie Europarecht – Band 2: Europäischer Grundrechteschutz, Baden-Baden 2014

Grabenwarter, Christoph / Pabel Katharina (Hrsg.), Europäische Menschenrechtskonvention, 6. Aufl. München 2016

Grabenwarter, Christoph / Pöcherstorfer, Winfried / Rosenmayr-Klemenz, Claudia (Hrsg.), Die Grundrechte des Wirtschaftslebens nach dem Vertrag von Lissabon, Wien 2012

Grabitz, Eberhard / Hilf, Meinhard / Nettesheim, Martin (Hrsg.), Das Recht der Europäischen Union, 66. EL München 2019

Gragert, Nicola, Kündigungsschutz in Kleinbetrieben, in: Neue Zeitschrift für Arbeitsrecht 2000, S. 961–970

Groeben, Hans von der / Schwarze, Jürgen / Hatje, Armin (Hrsg.), Europäisches Unionsrecht Vertrag über die Europäische Union Vertrag über die Arbeitsweise der Europäischen Union Charta der Grundrechte der Europäischen Union, 7. Aufl. Baden-Baden 2015

Große Wentrup, Anna, Die Europäische Grundrechtecharta im Spannungsfeld der Kompetenzverteilung zwischen Europäischer Union und Mitgliedstaaten, Berlin 2003

Gündisch, Jürgen, Rechtsschutz in der Europäischen Gemeinschaft: ein Leitfaden für die Praxis, Stuttgart u.a. 1994

Hailbronner, Kay, „Der nationale Alleingang" im Gemeinschaftsrecht am Beispiel der Abgasstandards für Pkw, in: Europäische GRUNDRECHTE-Zeitschrift 1989, S. 101–121

Hanau, Peter, Die Europäische Grundrechtecharta – Schein und Wirklichkeit im Arbeitsrecht, in: Neue Zeitschrift für Arbeitsrecht 2010, S. 1–6

— Betriebsübergang – arbeitsvertragliche dynamische Bezugnahme auf Tarifvertrag – EuGH-Vorlage, in: Arbeit und Recht 2016, S. 159–162

Hartmann, Felix, Negative Tarifvertragsfreiheit im deutschen und europäischen Arbeitsrecht, Tübingen 2014

— Die Rechtsprechung des Europäischen Gerichtshofs zu dynamischen Bezugnahmeklauseln im Betriebsübergangsrecht, in: Europäische Zeitschrift für Arbeitsrecht 2015, S. 203–220

— Die Vertragsfreiheit des Betriebserwerbers als Grenze für dynamische Wirkungen arbeitsvertraglicher Bezugnahmeklauseln, in: Europäische Zeitschrift für Arbeitsrecht 2017, S. 521–533

Heine, Ralf, Die Auslegung arbeitsvertraglicher Bezugnahmeklauseln im Wandel der Rechtsprechung, Frankfurt am Main 2013

Henssler, Martin / Braun, Axel (Hrsg.), Arbeitsrecht in Europa, 3. Aufl. Köln 2011

Henssler, Martin / Heiden, Ralph, Wirkung kleiner dynamischer Bezugnahmeklauseln bei Verbandsaustritt des Arbeitgebers – Besprechung des Urteils BAG v. 19. 3. 2003 – 4 AZR 331/02, in: Recht der Arbeit 2004, S. 241–246

Herresthal, Carsten, Grundrechtecharta und Privatrecht – Die Bedeutung der Charta der Grundrechte für das europäische und das nationale Privatrecht, in: Zeitschrift für europäisches Privatrecht 2014, S. 238–280

Heselhaus, F. Sebastian / Nowak, Carsten (Hrsg.), Handbuch der Europäischen Grundrechte, München 2006

Heuschmidt, Johannes, Dynamische Bezugnahmeklauseln beim Betriebsübergang, in: Arbeit und Recht 2013, S. 500–502

— Dynamische Bezugnahmeklauseln auf Tarifverträge nach Unionsrecht, in: Arbeit und Recht 2017, S. 502–504

Heuschmidt, Johannes / Hlava, Daniel, Verfahren vor dem EuGH, in: Neue Zeitschrift für Arbeitsrecht 2017, S. 429–436

Hilf, Meinhard / Hörmann, Saskia, Der Grundrechtsschutz von Unternehmen im europäischen Verfassungsverbund, in: Neue Juristische Wochenschrift 2003, S. 1–9

Hohenstatt, Klaus-Stefan, Nach „Asklepios“: Sechs Thesen zum Schicksal von Bezugnahmeklauseln nach Betriebsübergang, in: Bepler, Klaus; Hohenstatt, Klaus-Stefan, Preis, Ulrich; Schunder, Achim (Hrsg.)„ Arbeitsrecht bei Änderung der Unternehmensstruktur: Festschrift für Heinz Josef Willemsen zum 65. Geburtstag, München 2018, S. 187–195

Honer, Mathias, Die Geltung der EU-Grundrechte für die Mitgliedstaaten nach At. 51 I 1 GRCh, in: Juristische Schulung 2017, S. 409–413

Höpfner, Clemens, Die Tarifgeltung im Arbeitsverhältnis: Historische, ökonomische und legitimatorische Grundlagen des deutschen Koalitions- und Tarifvertragsrechts, Baden-Baden 2015

Ipsen, Hans Peter, Europäisches Gemeinschaftsrecht, Tübingen 1972

Jacobs, Matthias / Frieling, Tino, Keine dynamische Weitergeltung von kleinen dynamischen Bezugnahmeklauseln nach Betriebsübergängen, in: Europäische Zeitschrift für Wirtschaftsrecht 2013, S. 737–740

Jacobs, Matthias / Krause, Rüdiger / Oetker, Hartmut / Schubert, Claudia (Hrsg.), Tarifvertragsrecht, 2. Aufl. München 2013

Jarass, Hans D., Verstärkter Umweltschutz der Mitgliedstaaten nach Art. 176 EG, in: Neue Zeitschrift für Verwaltungsrecht 2000, S. 529–531

— EU-Grundrechte:, Ein Studien- und Handbuch, München 2005

— Die Gewährleistung der unternehmerischen Freiheit in der Grundrechtecharta, in: Europäische GRUNDRECHTE-Zeitschrift 2011, S. 360–365

— Die Bindung der Mitgliedstaaten an die EU-Grundrechte, in: Neue Zeitschrift für Verwaltungsrecht 2012, S. 457–461

— *(Hrsg.)*, Charta der Grundrechte der Europäischen Union unter Einbeziehung der vom EuGH entwickelten Grundrechte, der Grundrechtsregelungen der Verträge und der EMRK, 3. Aufl. München 2016

— Die Bedeutung der Unionsgrundrechte unter Privaten, in: Zeitschrift für europäisches Privatrecht 2017, S. 310–334

Kainer, Friedemann, Gerechter Interessenausgleich und unternehmerische Freiheit: Ende der Dynamik von Bezugnahmeklauseln bei Betriebsübergängen nach Alemo-Herron, in: Europäische Zeitschrift für Arbeitsrecht 2014, S. 230–241

Kamanabrou, Sudabeh, Das Recht der Kettenbefristung in ausgewählten EU-Mitgliedstaaten, in: Neue Zeitschrift für Arbeitsrecht 2016, S. 385–394

Karb, Svenja, Das neue Mutterschutzgesetz 2018, in: öAT – Zeitschrift für das öffentliche Arbeits- und Tarifrecht 2018, S. 8–10

Kempter, Michael, Verweisungsklauseln – alles neu nach Alemo-Herron?, in: Betriebsberater 2014, S. 1785–1788

Kiel, Heinrich / Lunk, Stefan / Oetker, Hartmut (Hrsg.), Münchener Handbuch zum Arbeitsrecht, 4. Aufl. München 2018

Kingreen, Thorsten, Ne bis in idem: Zum Gerichtswettbewerb um die Deutungshoheit über die Grundrechte – Anmerkung zur Entscheidung des EuGH vom 26. 2. 2013 C-617/10 –, in: Europarecht 2013, S. 446–454

Klein, Thomas, Die Weitergeltung von kollektivvertraglichen Normen nach der Betriebsübergangsrichtlinie, in: Europäische Zeitschrift für Arbeitsrecht 2014, S. 325–342

— Das Schicksal dynamischer Bezugnahmeklauseln bei Betriebsübergang – Korrekturmöglichkeiten durch EuGH, in: Neue Zeitschrift für Arbeitsrecht 2016, S. 410–414

Klein, Thomas / Leist, Dominik, Nationales Arbeitsrecht und negative Integration, in: Zeitschrift für europäisches Sozial- und Arbeitsrecht 2017, S. 468–476

Kling, Michael, Hoheitliche versus wirtschaftliche Betätigung des Staates – Zur Anwendbarkeit des Kartellrechts auf staatliches Handeln –, in: Neue Zeitschrift für Kartellrecht 2017, S. 611–618

Koch, Oliver, Der Grundsatz der Verhältnismäßigkeit in der Rechtsprechung des Gerichtshofs der Europäischen Gemeinschaften, Berlin 2003

Kocher, Eva, Europäisches Arbeitsrecht, Baden-Baden 2016

Korte, Stefan, Die Grundrechtsfähigkeit gemischt-wirtschaftlicher Unternehmen nach europäischem Gemeinschaftsrecht, in: Kluth, Winfried (Hrsg.), Wirtschaft – Verwaltung – Recht, Festschrift für Rolf Stober zum 65. Geburtstag am 11. Juni 2009, Köln 2008, S. 127–144

Krebber, Sebastian, Die Unionsrechts- und Kompetenzakzessorietät des unionsrechtlichen Grundrechtsschutzes im Bereich des Arbeitsrechts: Grundsatz und Ausnahmen, in: Europäische Zeitschrift für Arbeitsrecht 2016, S. 3–21

— Die unionsrechtlichen Vorgaben zur Zulässigkeit der Befristung von Arbeitsverhältnissen, in: Europäische Zeitschrift für Arbeitsrecht 2017, S. 3–22

Kühling, Jürgen, Der Fall der Vorratsdatenspeicherungsrichtlinie und der Aufstieg des EuGH zum Grundrechtsgericht, in: Neue Zeitschrift für Verwaltungsrecht 2014, S. 681–685

Laber, Jörg, BAG: Fortgeltung der Arbeitsvertragsrichtlinien der Diakonie Deutschland nach Betriebsübergang, in: öAT – Zeitschrift für das öffentliche Arbeits- und Tarifrecht 2018, S. 56

Lange, Friederike, Verschiebungen im europäischen Grundrechtesystem?, in: Neue Zeitschrift für Verwaltungsrecht 2014, S. 169–174

Latzel, Clemens, Unternehmerische Freiheit als Grenze des Arbeitnehmerschutzes – vom Ende dynamischer Bezugnahmen nach Betriebsübergang – Zugleich Besprechung des EuGH-Urteils vom 18. 7. 2013 – Rs. C-42611 – Alemo-Herron u.a., in: Recht der Arbeit 2014, S. 110–118

— Die Anwendungsbereiche des Unionsrechts, in: Europäische Zeitschrift für Wirtschaftsrecht 2015, S. 658–664

Leder, Tobias / Seidler, Christoph, Fortgeltung einer dynamischen Verweisungsklausel nach Betriebsübergang („Asklepios Kliniken"), in: EWiR – Entscheidungen zum Wirtschaftsrecht 2017, S. 441–442

Lerche, Peter, Übermaß und Verfassungsrecht – Zur Bindung des Gesetzgebers an die Grundsätze der Verhältnismäßigkeit und der Erforderlichkeit, Köln u.a. 1961

Lindner, Josef Franz, Grundrechtsschutz gegen gemeinschaftsrechtliche Öffnungsklauseln – zugleich ein Beitrag zum Anwendungsbereich der EU-Grundrechte, in: Europäische Zeitschrift für Wirtschaftsrecht 2007, S. 71–75

Lobinger, Thomas, EuGH zur dynamischen Bezugnahme von Tarifverträgen beim Betriebsübergang – Rechtsprechung des BAG erneut zu korrigieren, in: Neue Zeitschrift für Arbeitsrecht 2013, S. 945–947

Loewenheim, Ulrich / Meessen, Karl M. / Riesenkampff, Alexander / Kersting, Christian / Meyer-Lindemann, Hans Jürgen (Hrsg.), Kartellrecht, 3. Aufl. München 2016

Löwisch, Manfred / Rieble, Volker (Hrsg.), Tarifvertragsgesetz, 4. Aufl. München 2017

Ludwigs, Markus / Friedmann, Carolin, Die Grundrechtsberechtigung staatlich beherrschter Unternehmen und juristischer Personen des öffentlichen Rechts – Kontinuität oder Wandel der verfassungsrechtlichen Dogmatik?, in: Neue Zeitschrift für Verwaltungsrecht 2018, S. 22–28

Magiera, Siegfried, Die Grundrechtecharta der Europäischen Union, in: Die Öffentliche Verwaltung 2000, S. 1017–1026

Maunz, Theodor / Dürig, Günter (Begr.) / Herzog, Roman / Scholz, Rupert / Herdegen, Matthias / Klein, Hans H. (Hrsg.), Grundgesetz, 85. Aufl. München 2018 (zitiert als: *Bearbeiter* in: Maunz/Düring, GG)

Meinel, Gernod / Heyn, Judith / Herms, Sascha (Hrsg.), Teilzeit- und Befristungsgesetz, 5. Aufl. München 2015

Merten, Detlef / Papier Hans-Jürgen (Hrsg.), Handbuch der Grundrechte in Deutschland und Europa – Band VI/1 Europäische Grundrechte, Heidelberg, Hamburg 2010

Mestmäcker, Ernst-Joachim / Schweitzer, Heike (Hrsg.), Europäisches Wettbewerbsrecht, 3. Aufl. München 2014

Meyer, Jürgen (Hrsg.), Charta der Grundrechte der Europäischen Union, 4. Aufl. Baden-Baden 2014

Meyer, Jürgen / Hölscheidt, Sven, Die Europäische Verfassung des Europäischen Konvents, in: Europäische Zeitschrift für Wirtschaftsrecht 2003, S. 613–621

Meyer, Michael, Kündigungsschutz im Kleinbetrieb oder in der Wartezeit nach der Grundrechtecharta?, in: Neue Zeitschrift für Arbeitsrecht 2014, S. 993–998

Michl, Fabian, Zur selektiven Rezeption europäischer Rechtsprechung, in: Europarecht 2018, S. 456–477

Möller, Tobias, Zeitdynamische Bezugnahmeklauseln. Die Verweisung auf einen Tarifvertrag beim Betriebsübergang im Lichte des europäischen Rechts, Tübingen 2018

Mückl, Patrick, Alemo-Herron – Ende der Dynamik einer Bezugnahmeklausel bei Betriebsübergang?, in: ZIP – Zeitschrift für Wirtschaftsrecht 2014, S. 207–212

Müller-Glöge, Rudi / Preis, Ulrich / Schmidt, Ingrid (Hrsg.), Erfurter Kommentar zum Arbeitsrecht, 19. Aufl. München 2019

Müller-Graf, Peter-Christian, Der Vertrag von Lissabon auf der Systemspur des Europäischen Primärrechts, in: Integration 2008, S. 123–144

Naber, Sebastian / Krois, Christopher EuGH zum Schicksal von Bezugnahmeklauseln bei Betriebsübergang – Anpassungsbedarf im deutschen Recht?, in: Zeitschrift für europäisches Sozial- und Arbeitsrecht 2014, S. 121–128

— LAG Berlin-Brandenburg: Dynamische Bezugnahmeklausel – Betriebsübergang BB-Kommentar, in: Betriebsberater 2015, S. 1600

Nerlich, Jörg / Kreplin, Georg (Hrsg.), Münchener Anwaltshandbuch Insolvenz und Sanierung, 3. Aufl. München 2019

Nettesheim, Martin, Grundrechtliche Prüfdichte durch den EuGH, in: Europäische Zeitschrift für Wirtschaftsrecht 1995, S. 106–108

Nusser, Julian, Die Bindung der Mitgliedstaaten an die Unionsgrundrechte, Tübingen 2011

Ohler, Christoph, Grundrechtliche Bindungen der Mitgliedstaaten nach Art. 51 GRCh, in: Neue Zeitschrift für Verwaltungsrecht 2013, S. 1433–1438

Oppermann, Thomas / Classen, Claus Dieter / Nettesheim, Martin, Europarecht, 8. Aufl. München 2018

Pache, Eckhard, Die Europäische Grundrechtscharta – ein Rückschritt für den Grundrechtsschutz in Europa?, in: Europarecht 2001, S. 475–494

Pawlak, Klaus; Jürgen, Marie, Ausgewählte Probleme beim Betriebsübergang im öffentlichen Dienst, in: Zeitschrift für das öffentliche Arbeits- und Tarifrecht 2018, S. 180–183

Pechstein, Matthias, EU-Prozessrecht: mit Aufbaumustern und Prüfungsübersichten, 4. Aufl. Tübingen 2011

Pechstein, Matthias / Nowak, Carsten / Häde, Ulrich (Hrsg.), Frankfurter Kommentar zu EUV, GRC und AEUV – Band I EUV / GRC, Tübingen 2017

Peers, Peter / Hervey, Tamara / Kenner, Jeff / Ward, Angela (Hrsg.), The EU Charter of Fundamental Rights, Oxford, Portland 2014

Pernice, Ingolf, Gemeinschaftsverfassung und Grundrechtsschutz. Grundlagen, Bestand und Perspektiven, in: Neue Juristische Wochenschrift 1990, S. 2409–2420

Philippi, Nina, Die Charta der Grundrechte der Europäischen Union: Entstehung, Inhalt und Konsequenzen für den Grundrechtsschutz in Europa, Baden-Baden 2002

Potcacs, Michael, Effet utile als Auslegungsgrundsatz, in: Europarecht 2009 465–488

Preis, Ulrich (Hrsg.), Der Arbeitsvertrag – Handbuch der Vertragsgestaltung, 4. Aufl. Köln 2011

Preis, Ulrich / Sagan, Adam (Hrsg.), Europäisches Arbeitsrecht – Grundlagen – Richtlinien – Folgen für das deutsche Recht, 2. Aufl. Köln 2019

Rancke, Friedbert (Hrsg.), Mutterschutz | Elterngeld | Elternzeit | Betreuungsgeld, 5. Aufl. Baden-Baden 2018

Rebhahn, Robert, Das Kollektive Arbeitsrecht im Rechtsvergleich, in: Neue Zeitschrift für Arbeitsrecht 2001, S. 763–774

— Betriebsübergang: Dynamische Verweisung des Arbeitsvertrages auf Kollektivverträge des Übergebers verpflichtet den Erwerber nicht, in: Das Recht der Arbeit 2014, S. 406–410

Rengeling, Hans-Werner, Die wirtschaftsbezogenen Grundrechte in der Europäischen Grundrechtecharta, in: Deutsches Verwaltungsblatt 2004, S. 453–524

Rengeling, Hans-Werner / Szczekalla, Peter, Grundrechte in der Europäischen Union – Charta der Grundrechte und Allgemeine Rechtsgrundsätze, Köln 2004

Rieble, Volker, Betriebsführungsvertrag und Betriebsübergang, in: Neue Zeitschrift für Arbeitsrecht 2018, S. 1302–1309

Riesenhuber, Karl (Hrsg.), Europäische Methodenlehre: Handbuch für Ausbildung und Praxis, 3. Aufl. Berlin 2015

Rolfs, Christian; *Giesen, Richard*; *Kreikebohm, Ralf*; *Udsching, Peter*, BeckOK Arbeitsrecht, 50. Aufl. München 2018

Röller, Jürgen (Hrsg.), Küttner – Personalbuch 2018 – Arbeitsrecht Lohnsteuerrecht Sozialversicherungsrecht, 25. Aufl. München 2018

Säcker, Franz Jürgen / Rixecker, Roland / Oetker, Hartmut / Limperg, Bettina (Hrsg.), Münchener Kommentar zum Bürgerlichen Gesetzbuch, 7. Aufl. München 2016

Sagan, Adam, Die kollektive Fortgeltung von Tarifverträgen und Betriebsvereinbarungen nach § BGB § 613a Abs. BGB § 613A Absatz 1 Sätze 2–4 BGB, in: Recht der Arbeit 2011, S. 163–173

— Die Vorlage des BAG in Asklepios, in: Zeitschrift für europäisches Sozial- und Arbeitsrecht 2016, S. 116–122

— Aktuelle Entwicklungen der Rechtsprechung im europäischen Arbeits- und Sozialrecht, in: Neue Zeitschrift für Arbeitsrecht – Beilage 2018, S. 47–54

Sasse, Thorsten, Die Grundrechtsberechtigung juristischer Personen durch die unternehmerische Freiheit gemäß Art. 16 der Europäischen Grundrechtecharta, in: Europarecht 2012, S. 628–654

Schiefer, Bernd; *Hartmann, Henning*, Ende der Dynamik einer arbeitsvertraglichen Bezugnahme im Falle eines Betriebsübergangs, in: Betriebsberater 2013, S. 2613–2615

Schlachter, Monika / Heinig, Hans Michael, Individualvertragliche Verweisungen auf kollektivvertragliche Arbeitsbedingungen und unternehmerische Freiheit im europäischen Recht, in: Bepler, Klaus; Hohenstatt, Klaus-Stefan, Preis, Ulrich; Schunder, Achim (Hrsg.),, Arbeitsrecht bei Änderung der Unternehmensstruktur: Festschrift für Heinz Josef Willemsen zum 65. Geburtstag, München 2018, S. 257–268

Schmidt, Frederik, Die unternehmerische Freiheit, Berlin 2010

Schmitt, Joachim / Hörtnagl, Robert (Hrsg.), Umwandlungsgesetz Umwandlungssteuergesetz, 8. Aufl. München 2018

Schneider, Elika, Die unternehmerische Freiheit des Art. 16 der Charta der Grundrechte der Europäischen Union als Grenze des europäischen Arbeitnehmerschutzes – Die Notwendigkeit eines gerechten Ausgleichs zwischen Arbeitgeber- und Arbeitnehmerinteressen im Rahmen europäischen Primär- und Sekundärrechts, Hamburg 2017

Schneider, Philipp, Die Wirkung arbeitsvertraglicher Bezugnahmeklauseln nach einem Betriebsübergang i.S.d. § 613a BGB, Würzburg 2017

Schubert, Claudia, Dynamische Bezugnahmeklauseln auf AVR und die Folgen des Betriebsübergangs der kirchlichen Einrichtung auf einen weltlichen Arbeitgeber - Anmerkung zu BAG vom 23.11.2017 - 6 AZR 739/15 und 6 AZR 683/16, in: Recht der Arbeit 2018, S. 367–372

— Die Bindung des Erwerbers an kleine dynamische Bezugnahmeklauseln beim Betriebsübergang und ihre Vereinbarkeit mit dem Unionsrecht - Besprechung zu EuGH vom 27.04.2017, C-680/15, Rs. Asklepios -, in: Zeitschrift für europäisches Sozial- und Arbeitsrecht 2018, S. 8–15

— Kollektivverträge und kleine dynamische Bezugnahmeklauseln beim Betriebsübergang - zum widersprüchlichen Umgang mit kollektiv geregelten Arbeitsbedingungen, in: Bepler, Klaus; Hohenstatt, Klaus-Stefan, Preis, Ulrich; Schunder, Achim (Hrsg.),, Arbeitsrecht bei Änderung der Unternehmensstruktur: Festschrift für Heinz Josef Willemsen zum 65. Geburtstag, München 2018, S. 463–473

Schulte-Herbrüggen, Elena, Der Grundrechtsschutz in der Europäischen Union nach dem Vertrag von Lissabon 2015, in: Zeitschrift für Europarechtliche Studien 2015, S. 343–377

Schwarze, Jürgen, Der Grundrechtsschutz für Unternehmen in der Europäischen Grundrechtecharta, in: Europäische Zeitschrift für Wirtschaftsrecht 2001, S. 517–524

— Das wirtschaftsverfassungsrechtliche Konzept des Verfassungsentwurfs des Europäischen Konvents - zugleich eine Untersuchung der Grundprobleme des europäischen Wirtschaftsrechts, in: Europäische Zeitschrift für Wirtschaftsrecht 2004, S. 135–140

— Europarecht - Strukturen, Dimensionen und Wandlungen des Rechts der Europäischen Union, Baden-Baden 2012

Schwier, Henning, Der Schutz der „Unternehmerischen Freiheit" nach Artikel 16 der Charta der Grundrechte der Europäischen Union, Frankfurt am Main 2008

Shirvani, Foroud, Klimaschutz und Unternehmensgrundrechte im EU-Recht, in: Verwaltungsarchiv 2013, S. 83–103

Stein, Jürgen vom, Missbrauchskontrolle bei befristeten Arbeitsverträgen, in: Neue Juristische Wochenschrift 2015, S. 369–373

Stein, Torsten, „Bananen-Split?" Entzweien sich BVerfG und EuGH über den Bananenstreit?, in: Europäische Zeitschrift für Wirtschaftsrecht 1998, S. 261–264

Streinz, Rudolf (Hrsg.), EUV/AEUV Vertrag über die Europäische Union und Vertrag über die Arbeitsweise der Europäischen Union, 2. Aufl. München 2012

— Europarecht: Präzisierung des Anwendungsbereichs des Unionsrechts – Geltungsbereich der Charta der Grundrechte abhängig vom Anwendungsbereich des Sekundärrechts, in: Juristische Schulung 2015, S. 281–283

Stürner, Rolf (Hrsg), Bürgerliches Gesetzbuch mit ROM-I-, ROM-II-VO, EuUnthVO/HUntProt und EuErbVO, 17. Aufl. München 2018

Sutschet, Holger, Werhof Reloaded – Oder: Kommt die Gleichstellungsabrede nach England?, in: Recht der Arbeit 2013, S. 28–36

Szczekalla, Peter, Grenzenlose Grundrechte, in: Neue Zeitschrift für Verwaltungsrecht 2006, S. 1019–1021

Terhechte, Jörg Philipp, Verfassung ohne Rhetorik – Zur neuen Gestalt der Europäischen Union, in: Europäische Zeitschrift für Wirtschaftsrecht 2007, S. 521

— Der Vertrag von Lissabon: Grundlegende Verfassungsurkunde der europäischen Rechtsgemeinschaft oder technischer Änderungsvertrag?, in: Europarecht 2008, S. 143–190

— Konstitutionalisierung und Normativität der europäischen Grundrechte, Tübingen 2011

Tettinger, Peter J. / Stern, Klaus (Hrsg.), Kölner Gemeinschaftskommentar zur Europäischen Grundrechte-Charta, München 2006

Thüsing, Gregor, Bindung des Betriebserwerbers an dynamische Bezugnahme auf Tarifvertrag nur bei Möglichkeit der Einflussnahme („Alemo-Herron u. a.“), in: EWiR – Entscheidungen zum Wirtschaftsrecht 2013, S. 543–544

— Europäisches Arbeitsrecht, 3. Aufl. München 2017

Thüsing, Gregor / Lambrich, Thomas, Arbeitsvertragliche Bezugnahme auf Tarifnormen – Verbandsaustritt, Verbandswechsel, Betriebsübergang, in: Recht der Arbeit 2002, S. 193–213

Thym, Daniel, Die Reichweite der EU-Grundrechte-Charta – Zu viel Grundrechtsschutz?, in: Neue Zeitschrift für Verwaltungsrecht 2013, S. 889–896

— Blaupausenfallen bei der Abgrenzung von Grundgesetz und Grundrechtecharta, in: Die Öffentliche Verwaltung, S. 941–951

Trstenjak, Verica / Beysen, Erwin, Das Prinzip der Verhältnismäßigkeit in der Unionsrechtsordnung, in: Europarecht 2012, S. 265–288

Ubben, Thomas / Massig, Michaela, Die Betriebsvereinbarungsoffenheit Allgemeiner Geschäftsbedingungen – ein Ausweg aus der “Ewigkeitsbindung” durch Bezugnahmeklauseln?, in: Betriebsberater 2017, S. 2230–2238

Vosskuhle, Andreas, Menschenrechtsschutz durch die Europäischen Verfassungsgerichte, in: Recht der Arbeit 2015, S. 336–343

Wagner, Ralph, Änderungskündigung im Kleinbetrieb: Vorbehaltsannahme zulässig?, in: ArbRAktuell 2016, S. 369–370

Wahlig, Thomas / Brune, Martin, Entdynamisierung von Bezugnahmeklauseln nach Betriebsübergang, in: Neue Zeitschrift für Arbeitsrecht 2018, S. 221–226

Weber, Albrecht, Die Europäische Grundrechtecharta – auf dem Weg zu einer europäischen Verfassung, in: Neue Juristische Wochenschrift 2000, S. 537–544

Weiß, Wolfgang, Öffentliche Unternehmen und EGV, in: Europarecht 2003, S. 165–190

— Grundrechtsschutz durch den EuGH: Tendenzen seit Lissabon, in: Europäische Zeitschrift für Wirtschaftsrecht 2013, S. 287–292

Wiedemann, Herbert, Dynamische Bezugnahmeklauseln und ein Gesetzesvorschlag zur Betriebsübertragung, in: Betriebsberater 2016, S. 1400–1404

Wiedemann, Herbert (Hrsg.), Tarifvertragsgesetz mit Durchführungs- und Nebenvorschriften, 8. Aufl. München 2019

Wiese, Markus, Mehrfach befristete Arbeitsverhältnisse: zur Problematik der Verlängerung befristeter Arbeitsverhältnisse und der Zulässigkeit von Kettenbefristungen, Frankfurt am Main 2016

Willemsen, Eva Maria, Die arbeitsvertragliche Bezugnahme auf den Tarifvertrag bei Tarifwechsel, Berlin 2009

— Bezugnahmeklauseln bei Betriebsübergang – neue Signale aus Luxemburg?, in: Bepler, Klaus; Hohenstatt, Klaus-Stefan, Preis, Ulrich; Schunder, Achim (Hrsg.),, arbeitsrecht bei Änderung der Unternehmensstruktur: Festschrift für Heinz Josef Willemsen zum 65. Geburtstag, München 2018, S. 619–629

willemsen, Heinz Josef / Grau, Timon, Zurück in die Zukunft – Das europäische Aus für dynamische Bezugnahmen nach Betriebsübergang?, in: Neue Juristische Wochenschrift 2014, S. 12–17

Willemsen, Heinz Josef / Krois, Christopher / Mehrens, Christian, Entdynamisierung von Tarifverträgen nach einem Betriebsübergang – Kommunikationsprobleme zwischen Luxemburg und Erfurt -, in: Recht der Arbeit 2018, S. 151–167

Willemsen, Heinz Josef / Sagan, Adam, Die Auswirkungen der europäischen Grundrechtecharta auf das deutsche Arbeitsrecht, in: Neue Zeitschrift für Arbeitsrecht 2011, 258 –262

Wißmann, Hellmut, Einige Entwicklungstendenzen im Arbeitsrecht, in: NZA-Beilage 2014, S. 91–95

— Europäisches Arbeitsrecht – Sockel oder Deckel?, in: Recht der Arbeit 2015, S. 301–304

Wißmann, Tim / Niklas, Thomas, Asklepios – Der Vorhang zu und neue Fragen offen, in: Neue Zeitschrift Arbeitsrecht 2017, S. 697–701

Wolf, Roland, Asklepios, Alemo Herron, Werhof – Bezugnahme auf Tarifverträge kollektivrechtlich denken, in: Bepler, Klaus; Hohenstatt, Klaus-Stefan, Preis, Ulrich; Schunder, Achim (Hrsg.),, Arbeitsrecht bei Änderung der Unternehmensstruktur: Festschrift für Heinz Josef Willemsen zum 65. Geburtstag, München 2018, S. 641–650

Wollenschläger, Ferdinand, Die unternehmerische Freiheit (Art. 16 GRCh) als grundrechtlicher Pfeiler der EU-Wirtschaftsverfassung – Konturen in der Charta-Rechtsprechung des EuGH, in: Europäische Zeitschrift für Wirtschaftsrecht 2015, S. 285–288

Wunderlich, Nina, Das Grundrecht der Berufsfreiheit im Europäischen Gemeinschaftsrecht – Der Schutz der Wirtschaftsteilnehmer gegenüber Eingriffen der Gemeinschaft in ihre berufliche Freiheit, Baden-Baden 2000

Zachert, Ulrich, Die Arbeitnehmergrundrechte in einer Europäischen Grundrechtscharta, in: Neue Zeitschrift für Arbeitsrecht 2001, S. 1041–1046

Ziegenhorn, Gero, Anmerkungen zu EuGH Rs. C-283/11 (Sky Österreich), in: Europäische Zeitschrift für Wirtschaftsrecht 2013, S. 347–352

www.ingramcontent.com/pod-product-compliance
Ingram Content Group UK Ltd.
Pitfield, Milton Keynes, MK11 3LW, UK
UKHW021935290926
8980IPUK00016B/1637

9 783631 801307